Gabriela Friedrich

Ändere nicht deinen Partner, ändere dich selbst

Negative Beziehungsmuster
erkennen und auflösen: So machen Sie
nie wieder dieselben Fehler

mvgverlag

Bibliografische Information der Deutschen Nationalbibliothek:
Die Deutsche Nationalbibliothek verzeichnet diese Publikation in der
Deutschen Nationalbibliografie; detaillierte bibliografische Daten sind im
Internet über http://d-nb.de abrufbar.

Für Fragen und Anregungen:
info@mvg-verlag.de

3. Auflage 2018
© 2012 by mvg Verlag, ein Imprint der Münchner Verlagsgruppe GmbH
Nymphenburger Straße 86
D-80636 München
Tel.: 089 651285-0
Fax: 089 652096

Redaktion: Stephanie Ehrenschwendner
Umschlaggestaltung: Kristin Hoffmann, München
Umschlagabbildung: iStockphoto
Satz: HJR, Jürgen Echter, Landsberg am Lech
Druck: Books on Demand GmbH, Norderstedt
Printed in Germany

ISBN Print 978-3-86882-408-7
ISBN E-Book (PDF) 978-3-86415-256-6
ISBN E-Book (EPUB, Mobi) 978-3-86415-283-2

Weitere Informationen zum Thema finden Sie unter

www.mvg-verlag.de

Beachten Sie auch unsere weiteren Verlage unter www.m-vg.de

Inhalt

Die Geburt der Idee
Oder: Als ich mein lausiges Liebesleben satthatte

»Was assoziierst du mit Verbindlichkeit in der Liebe?«, fragte ich meine Klientin. Sie antwortete »an meiner Beziehung arbeiten müssen« und machte dabei ein Gesicht, als habe sie in eine saure Zitrone gebissen. Ich konnte sie gut verstehen – als bekennende Hedonistin krampft sich beim Gedanken an stundenlange Beziehungsdiskussionen, an Verhandlungen von Beziehungsvereinbarungen und Konfliktlösungsgesprächen auch in mir alles zusammen. Glücklicherweise habe ich aber im Laufe meiner Herzensdesaster und Coaching-Ausbildungen etwas begriffen:

Was der Liebe guttut, fühlt sich gut an: Es macht Freude. Es ist genuss- und lustvoll. Das tut man gerne. Mit Leichtigkeit. Immer wieder. Und es wirkt!

Schon diese Aussage ließ meine Klientin aufatmen. Sie entspannte sich, und wir begannen all ihre negativen Gefühle und Gedanken in Bezug auf die Art des Miteinanders in einer verbindlichen Partnerschaft mit Mentaltechniken zu beseitigen. Keine halbe Stunde später fühlte sie sich ausgesprochen wohl und war sich sicher, ihre ganz persönliche Beziehungsrealität leicht, freudvoll und mühelos gestalten zu können. Was war in diesen 30 Minuten geschehen? Wir hatten an den unbewussten Wurzeln ihrer Überzeugungen gearbeitet, die in der Kindheit und in einigen schwierigen früheren Beziehungen entstanden waren. Mit meiner optimierten Version einer wenig bekannten Mentaltechnik ließen sich die hinderlichen Strukturen im Unterbewusstsein meiner Klientin ganz einfach beseitigen und durch eine Einstellung ersetzen, die ihr Liebesleben leichter machte.

Das funktioniert mit allem, was unser Beziehungsverhalten unbewusst steuert und das Miteinander komplizierter macht als nötig. Wenn Sie nun denken: »Das klingt zu schön, um wahr zu sein«, lesen Sie einfach weiter.

Sie finden in diesem Buch die erforderlichen Methoden, praktischen Tipps, Denkanstöße und Hintergrundinformationen, mit denen es Ihnen gelingt, so zu denken, fühlen und handeln, wie Sie es wollen und wie es Ihrer Liebe förderlich ist.

Vorab aber einige Einblicke in meinen Weg zu diesen Erkenntnissen – damit Sie gar nicht erst auf die Idee kommen, man müsse für diese Form von Beziehungsgestaltung geboren sein oder über außergewöhnliche Talente verfügen.

Ehrlich gesagt war ich als Love-Coach lange Zeit eine gute Theoretikerin: Während ich meinen Coachees zu einer harmonischen Partnerschaft verhelfen konnte, gestaltete sich mein eigenes Liebesleben mit einem egoistischen Engländer stressig bis desaströs. Natürlich blieb ich dabei der felsenfesten Überzeugung, das müsse an ihm liegen. Ich verfügte schließlich über eine umfangreiche Coaching-Ausbildung, hatte mich mit unzähligen Konfliktbewältigungsstrategien beschäftigt, in meinem Bücherregal standen so gut wie alle Beziehungsratgeber, die auf dem Markt erhältlich waren, und bei meinen Klientinnen führten meine Beratungen zu tollen Resultaten. Außerdem war ich als Frau doch ohnehin die Beziehungsfähigere, erkannte mühelos alle emotionalen Defizite meines Engländers – und hatte deshalb doch einfach RECHT mit dem, was ich wollte und postulierte, verflixt noch mal. Nur nützte mir das nichts. Unser Umgang miteinander war verkopft, wir stritten häufig, meine Wünsche und Bedürfnisse prallten an einem lapidaren »if you have a problem it's your problem, it's not my problem« ab. Nein, eine schöne Beziehung sah anders aus. Unseren ersten gemeinsamen Urlaub (wir hätten das Experiment Urlaub viel früher wagen sollen) verbrachte ich vorwiegend arbeitend auf dem Zimmer oder am Pool – im Zimmer, wenn er am Pool war, und umgekehrt. Er brauchte schließlich seinen Freiraum. Vermutlich ist Ihnen längst klar, was dann folgte: Ich trennte mich und war erleichtert. Nein, so einen Mann wollte ich nicht. Ich verdiente etwas Besseres. Was Frauen in so einer Situation nun mal gerne denken.

Die Zeit verging. Tage. Wochen. Monate. Irgendwann – etwa nach eineinhalb Jahren – kam der Tag, an dem ich mir eine Frage stellte. Keine besonders angenehme Frage, eigentlich war sie sogar ganz schön unbequem. Sie lautete: »Hat das Scheitern meiner Beziehungen vielleicht etwas mit mir zu tun?« Die Frage weitete sich schnell aus zu: »Würde ich in der Rolle meines Gegenübers auf die Art, wie ich meine Wünsche und Kritik rüberbringe, offen und bereitwillig darauf eingehen und Lust bekommen, mein Verhalten zu ändern?« Wohl kaum. Beschämt musste ich mir eingestehen, dass ich doch nicht so beziehungsperfekt war wie gedacht.

Ich begann, tiefer in mich hineinzuschauen und entdeckte Ängste, Selbstzweifel, alte emotionale Verletzungen ebenso wie Kindheitsprägungen in Bezug auf die Rollen von Mann und Frau. Alles in allem eine ordentliche Menge Psychomüll, der mich steuerte, ohne dass ich es gemerkt hatte. Eine unschöne Entdeckung! Was tun damit?

Erste Idee: Wegschieben! In meinem Hinterkopf tauchte aus dem Nichts eine innere Stimme auf, die mir zuflüsterte: »Warum sollst du dich eigentlich ändern, wenn er es nicht tut? Such dir lieber einen Mann, mit dem es passt!«

Aber diese Alternative verwarf ich nach kurzem Überlegen. Denn immerhin würde ich für den Rest meines Lebens von dieser inneren Aufräumaktion profitieren. Männer mögen kommen und gehen – ein entmülltes Inneres bleibt. Und es zahlt sich auch in vielerlei anderer Hinsicht aus.

Das überzeugte die innere Stimme, und wir machten uns auf die Suche nach Möglichkeiten, mein Unterbewusstsein von allem zu befreien, was meinen Beziehungserfolg sabotierte. Es gab da so einiges, was schwer zu verändern war, denn im Unbewussten verankerte, reflexartig ablaufende Reaktionsmuster gewinnen so gut wie jeden Kampf gegen gute Vorsätze.

Um auch diese harte Nuss zu knacken, begann ich mich intensiv mit Methoden der energetischen Psychologie und Mentaltechniken zu beschäftigen. In meiner Coaching-Ausbildung hatte ich bereits NLP und Klinische Hypnose nach Milton Erickson gelernt, nun ging es weiter mit EFT (Emotional Freedom Techniques = Klopfakupressur). Ich bezirzte Erich Keller, einen der EFT-Experten in Deutschland, so lange am Telefon, bis er einwilligte, mir Einzelunterricht zu geben. Derart gerüstet, begann ich schnell, mit der Methode zu spielen und Anwendungsweisen zu entwickeln, durch die sich der liebes- und erfolgsverhindernde Psychomüll im Handumdrehen beseitigen ließ. Aber bequem und ungeduldig, wie ich nun mal bin, suchte ich schon bald nach noch einfacheren, schnelleren Lösungswegen. Und dabei entdeckte ich BSFF (Behavioral and Emotional Symptom Elimination Training For Resolving Excess Emotion: Fear, Anger, Sadness and Trauma, die Emotionsmanagement-App fürs Hirn). Als ich diese Methode einer therapieerfahrenen Freundin präsentierte, war ihre spontane Reaktion:»Oh mein Gott, ist das eine geile Sache!« Ich hätte es nicht treffender formulieren können. Mal schauen, ob Sie ähnlich darüber denken.

Ich bearbeitete also alle Gefühle, Gedanken, Glaubenssätze und Handlungsautomatismen, die mir auffielen, mit dieser Methode und spürte plötzlich eine nie gekannte Gelassenheit und Souveränität. Irritierend ungewohnt – aber ein richtig gutes Gefühl. Und weil ich in der Coaching-Praxis erlebe, wie viele (auch starke) Frauen sich mit Selbstwert und Ängsten herumschlagen, nehmen die Themen Selbstvertrauen und innere Ruhe in diesem Buch einen großen Raum ein.

Zurück zu meiner Innenschau. Als Nächstes analysierte ich meine Kommunikationsstrategien. Waren sie eigentlich Erfolg versprechend? Bewirkten sie unkomplizierte Lösungen von Unstimmigkeiten, tiefe Verbundenheit und ein freudvolles Miteinander? Kurz gefragt: Funktionierten sie für das, was ich mir wünschte? Bitte erzählen Sie es nicht weiter, aber die Antwort lautete:»Nein!« Zu kritisieren – auch wenn es zu Recht geschah – bewirkte immer nur eine miese Stimmung und nie ein einsichtiges»Stimmt. Schatz, jetzt, wo du's sagst – das ändere ich doch sofort«. Schade aber auch. Also mussten Alternativen her. Und zwar solche, die berücksichtigten, dass Menschen eher vom Gefühl gesteuert werden als über die Vernunft. Auch Männer.

Ob die neue Art zu kommunizieren wirkungsvoll war und mein freigeputztes, gelassenes Ich besser mit dem schwierigen Engländer zurechtkommen würde, sollte ein Praxisversuch zeigen. Ich griff zum Telefon und rief ihn an. Meine erste Amtshandlung war, mich für all das von Herzen zu entschuldigen, was ich ihm während unserer Beziehung zugemutet hatte: für Kritik und fehlende Worte der Wertschätzung, für spaßbefreite Beziehungsdiskussionen, zu denen ich ihn genötigt hatte, und und und. Er war überrascht und erfreut, schlug ein Wiedersehen vor. Daraus erwuchs ein neuer Beziehungsanlauf und die verblüffende

Erfahrung, einen egomanen Frosch dabei zu beobachten, wie er sich durch meine andere Art, mit ihm umzugehen, in einen liebenswürdigen, rücksichtsvollen Prinzen verwandelte. Endlich genossen wir ein lebendiges, warmes Miteinander, lachten viel und entdeckten einander neu.

Rosarotes Happy End? Fast. Es darf an dieser Stelle nicht verschwiegen werden, dass auch dieser zweite Aufguss mit einer Trennung endete. Ich verließ ihn wieder. Für eine funktionierende Verbindung braucht es nämlich zweierlei: das angemessene Verhalten ebenso wie den passenden Partner. Und wenn es um Werte und Lebensvisionen ging, war er nicht mein Mr. Right. Mittlerweile ist er immerhin mein bester Freund, und wir sind dankbar, einander zu haben. Weil er der Mann ist, mit dem ich am meisten über Beziehungen und liebesförderndes Verhalten gelernt habe, werden Sie ihm in diesem Buch immer wieder begegnen.

Wenn Sie nun sagen: »Lernen, was der Liebe guttut – das will ich auch!«, habe ich noch einen Tipp für Sie. Lesen Sie dieses Buch nicht nur – nutzen Sie es als Praxisbuch. Spielen Sie mit den Anregungen, probieren Sie aus, variieren Sie. Und lassen Sie sich von der wundersamen Wirkung überraschen.

1.

Der unbekannte Dritte

Oder: Das Unterbewusstsein als heimlicher Beziehungssaboteur

Die Macht des Autopiloten – Implizit und dominant

Aktuell gibt es bei Amazon über 5000 Beziehungsratgeber. Frauen- und Männerzeitschriften machen Titelgeschichten, wie man einander findet, glücklich miteinander lebt, richtig streitet und grandiosen Sex hat. Dennoch lag die Scheidungsrate im Jahr 2009 bei rund einem Drittel aller Ehen. Woran liegt das? Sind all diese »Beziehungsrezepte« etwa schlecht? Bestimmt nicht. Lassen wir einmal unberücksichtigt, dass das Gefühl »Liebe« an sich unkontrollierbar ist, können wir mit den klugen Tipps der Experten unsere Chancen auf eine stabile, vertrauensvolle Bindung deutlich verbessern. Wenn wir sie denn in der Praxis anwenden. Und genau darin liegt die Krux: Manche Frauen wischen die Tipps einfach mit einem »Ich bin nun mal so!« beiseite, gerne gefolgt von: »Aber wenn ER sich ändert (oder: wenn ich den Richtigen finde), wird alles gut.« Das kann man machen. Immerhin ist diese Position komfortabel. Sie entbindet einen von der Notwendigkeit persönlicher Veränderung, spricht die Frau frei von Schuld für eventuelle Missstände – und bringt sie um die Macht, ihr Glück und ihr Liebesleben selbst zu gestalten.

Andere wollen ernsthaft an ihrer Beziehung arbeiten und machen dabei eine frustrierende Erfahrung: Mit Beziehungsratgebern verhält es sich ähnlich wie mit Diätbüchern: Selbst mit den besten Absichten ist es extrem schwer, die weisen Ratschläge im Alltag umzusetzen und sich »vernünftig« zu verhalten. Der innere Schweinehund, die Täglich-grüßt-das-Murmeltier-Reaktionsautomatismen und die Streit verursachenden Kommunikationsmuster übernehmen zu gerne die Regie.

Vielleicht haben Sie sich auch schon dabei ertappt, Dinge zu tun, von denen Sie eigentlich wussten, wie schädlich sie für Ihre Liebe waren? Aber in dem entsprechenden Moment konnten Sie nicht anders? Hinterher haben Sie dann mit sich gehadert und sich schuldig und hilflos gefühlt? Ja, kennen Sie das? Dann habe ich für Sie eine gute Nachricht: Sie dürfen aufhören, sich selbst zu zerfleischen, und Ihre Schuldgefühle loslassen.

Denn Ihr Handeln und Sprechen wurde in weiten Teilen von einem machtvollen Teil Ihres Hirns und dem darin angesammelten Psychomüll quasi fremdgesteuert. Dieser Teil beeinflusst immer dann Ihr Tun, wenn Sie spontan und ohne bewusstes Nachdenken agieren.

Früher kannte man diesen inneren Autopiloten nur als »das Unterbewusstsein«, an dessen Existenz nicht nur Therapeuten glaubten. Es hieß, das Unterbewusstsein mache 90 Prozent der Psyche aus, der bewusste, kontrollierbare Teil in uns hingegen nur 10 Prozent. Mittlerweile hat die Neurowissenschaft den Sitz des Unterbewusstseins im Gehirn gefunden. Korrekter gesagt: Man weiß mittlerweile, dass es in unserem Gehirn tatsächlich zwei Systeme gibt, die völlig unterschiedlich arbeiten und denen bestimmte Hirnregionen zugeordnet werden können.

Da ist zum einen das sogenannte explizite System. Es zeichnet sich verantwortlich für das bewusste Nachdenken, arbeitet seriell (Schritt für Schritt) und relativ langsam: Pro Sekunde kann es nur 40 Bit (Informationseinheiten) verarbeiten. Zum anderen gibt es das blitzschnelle implizite System, das bis zu 11 Millionen Bits pro Sekunde verarbeiten kann. Es handelt weitestgehend unbewusst und nicht reflektiert. Zu diesem Autopiloten gehört beispielsweise die Amygdala (Mandelkern), das Emotionszentrum im Gehirn, und der Sitz der Intuition, die soge-

	Implizites System	Explizites System
Tempo der Informations- verarbeitung	11.000.000 Bit/Sekunde	40 Bit/Sekunde
Steuerung	... des Bauchgefühls	... der Ratio
Zweck	Effiziente Entscheidungen und Handlungen	Nachdenken, Analysie- ren, Zukunft planen
Hilfreich bei	Entscheidungen unter Zeit- druck, bei großen Informations- mengen oder bei Unsicherhei- ten aufgrund von Komplexität	in Ruhe getroffenen Ent- scheidungen mit weni- gen Einflussfaktoren

Quelle: Dr. Christian Scheier, »Der Autopilot im Kopf«, 2008

nannten Basalganglien, die Meister im Mustern sind. Wenn Sie beispielsweise spüren, dass Ihr Liebster verärgert ist, obwohl er sich tunlichst bemüht, ruhig zu wirken, haben die Basalganglien einen guten Job gemacht.

Wie ungeheuer aufnahmefähig und machtvoll das implizite System ist, zeigt das folgende Experiment: Wissenschaftler baten Probanden, sich aufmerksam eine Fernsehsendung anzuschauen und die Handlung genau zu verfolgen. Währenddessen ließen sie auf demselben Bildschirm am unteren Rand ein Laufband mit den aktuellen Aktienkursen einblenden. Im Anschluss an die Sendung befragten sie die Zuschauer, an welche Aktien mit positiver Kursentwicklung sie sich erinnern konnten. Großes ergebnisloses Grübeln. Anscheinend hatte niemand genug auf die Einblendung geachtet, um sich die Aktien merken zu können. Als die Wissenschaftler dann aber eine Liste von Aktien ohne Angaben von Wert und Börsenentwicklung vorlegten und baten, daraus ein eigenes Portfolio zu bilden, wählten die Probanden zielsicher die Positionen aus, die auf dem Laufband mit einem Kursanstieg präsentiert worden waren, konnten aber keine konkreten Gründe für ihre Entscheidung angeben.

Das implizite System verfügt also über die Fähigkeit, eine Vielzahl von unbewussten Sinneseindrücken und Informationen wahrzunehmen und sie uns für unsere Entscheidungen zur Verfügung zu stellen. Das ist gut und hilfreich, wenn unsere Basalganglien bei der Begegnung mit einem Mann blitzschnell das Muster »mieser Knochen« entdecken und unser Bauchgefühl uns davon abhält, mit ihm eine Latte macchiato zu trinken oder ihn zu heiraten. Zum Problem wird es aber, wenn im Unterbewusstsein Sätze wie »Alle Männer sind Schweine« oder die Erfahrung, niemals gut genug zu sein und sich Liebe verdienen zu müssen, gespeichert sind. Solche Störmuster, die unsere Einstellungen, Gedanken, Gefühle, Verhaltensweisen und das Selbst- und Weltbild betreffen, verhindern, dass wir unser Potenzial frei ausleben und eine erfolgreiche, erfüllende Liebesbeziehung leben. Genau das bezeichne ich als machtvollen Psychomüll. Und von der Sorte gibt es in jedem Kopf eine ganze Menge.

Haben Sie sich schon einmal mit der Frage beschäftigt, welche unbewusst aufgenommenen Informationen Ihre Partnerwahl beeinflussen? Wie die unbewussten Programme Ihre Gefühle, Gedanken, Einstellungen und Überzeugungen in Bezug auf Ihren Liebsten steuern (auch dann, wenn Sie glauben, sich völlig zu Recht aufzuregen)? Was die subjektive Wahrnehmung Ihrer (Beziehungs-)Realität – also die Bedeutung, die Sie den Geschehnissen geben – prägt? Und wie diese machtvollen Konditionierungen entstehen, denen Sie sich vielleicht hilflos ausgeliefert fühlen, weil sie zu irrationalen Reaktionen führen und es unmöglich machen, immer wiederkehrende Verhaltensroutinen zu durchbrechen? Genau dies werden wir in den folgenden Kapiteln erforschen. Besser noch: Sie werden Methoden kennenlernen, mit denen Sie all diese hinderlichen Prägungen loswerden und durch positive Einstellungen ersetzen können, um sich rundum gelassen, stark, sicher und liebenswert zu fühlen und entsprechend souverän zu agieren.

Denn Sie sind in Ihrer Partnerschaft nicht mit dem Mann Ihres Herzens alleine. Es sitzen immer zwei machtvolle Autopiloten mit am Tisch – Ihr eigener und der Ihres Partners. Auch sein Unterbewusstsein enthält genauso wie Ihres die Summe aller Eindrücke, prägenden Erinnerungen, Erfahrungen, Einstellungen, Glaubenssätze und Handlungswänge. Und genau das macht die Liebe so kompliziert. Während ER sich verhält wie ein liebloser Idiot, beeinflussen ihn möglicherweise sein gefühlskalter, innerlich längst verdrängter Vaters oder schmerzvolle, unverarbeitete Erfahrungen mit anderen Frauen, die ihn stachelig gemacht haben. Ganz nach dem Motto: Angriff ist die beste Verteidigung. Würden Sie ihn geradeheraus fragen, warum er sich Ihnen gegenüber so und nicht anders verhält, könnte er Ihnen diese tief liegenden Gründe vermutlich nicht nennen. Dennoch sind sie da und wirken sich auf Ihre Beziehung aus. (Kleiner Hinweis für die Frauen, die sich immer wieder für solche emotional verletzten Männer entscheiden: Nein, es ist nicht Ihr Job, ihn mit Ihrer Liebe zu heilen. Sie sind seine Partnerin und nicht seine Therapeutin oder sein Coach. Geben Sie ihm dieses Buch. Und wenn er dann nichts unternimmt, um seine Psyche zu entmüllen, gefällt er sich in der Rolle des lieblosen Idioten und wird sich nicht ändern.) Umgekehrt ist es genauso. Reagiert eine Frau verunsichert und fängt an zu klammern, liegt das häufig an emotionalen Wunden und Selbstzweifeln, die in der Kindheit oder in früheren Beziehungen entstanden sein können. (Es ist natürlich auch möglich, dass sie sich schlicht und einfach einen Hardcore-Frosch als Partner ausgesucht hat, der lieblos und unzuverlässig ist. Dann aber stellt sich wiederum die Frage, wieso sie sich just für solch einen Partner entschieden hat – sie hätte schließlich auch »Nein« sagen können. Solchen verborgenen Gründen der Partnerwahl werden wir später noch nachgehen.)

Warum ist das so wichtig?, fragen Sie sich jetzt vielleicht. Nun, zunächst einmal ist es wichtig zu realisieren, wie viele Faktoren, die das Miteinander eines Paares bestimmen, im Verborgenen liegen. Wir werden sie gemeinsam erforschen, aufdecken und mit einfachen Mentaltechniken ganz gezielt bearbeiten. Dabei passiert zweierlei: Wir beseitigen die hinderlichen Konditionierungen und ersetzen sie durch Gedanken, Gefühle und Verhaltensmöglichkeiten, die Sie so denken, fühlen und agieren lassen, wie es Ihrer Liebe und vor allem Ihnen selbst guttut. So machen Sie Ihr Unterbewusstsein zu einem starken Verbündeten für einen gelassenen, authentischen und damit auch zutiefst innigen Umgang miteinander. Denn erst wenn all die Schichten von Ängsten, Perfektionismus, Selbstzweifeln und Misstrauen weg sind, ist echte Nähe möglich. Nähe, Intensität, Verbundenheit und Leichtigkeit. Viele Konflikte lösen sich ganz von allein in Luft auf oder lassen sich weglachen. Das bedeutet nicht, dass Sie niemals wieder traurig sein oder Ihren Partner für den hinterletzten Menschen auf Erden halten werden. Das gehört dazu und ist normal. Wer jeden Tag immer nur glücklich ist und von keinem Problem mehr tangiert wird, muss entweder komplett vollgedröhnt oder amerikanischer Motivationstrainer sein. Will sagen: Sie werden trotz der vorgestellten Mentaltechniken ein ganz normaler Mensch mit Gefühlen bleiben. Bei meinen Klientinnen und Klienten beobachte ich dennoch entscheidende Veränderungen zum Guten: weil wesentliche innere Selbstzweifel verschwinden und emotionale Wunden heilen. Sie können die Prägungen und Strukturen, die dagegen arbeiten, das Liebespotenzial zu verwirklichen und in bewusster Achtsamkeit mit einem Menschen umzugehen, schonend und schnell loslassen und entwickeln mehr Gelassenheit und Klarheit. Das wiederum verändert unbewusst und frei von Anstrengung Ihr Verhalten. Die Folge: Das Miteinander gestaltet sich leichter und entspannter. Es passiert von ganz allein, weil das Sein sich in der Tiefe geändert hat.

Ehe wir mit dem inneren Hausputz beginnen, verschaffen wir uns zunächst einen Überblick über die möglichen Ursachen der mentalen und emotionalen Beziehungsstörer. Eine davon, mit der sich insbesondere toughe Menschen gelegentlich schwertun, ist die Kindheit. Schon der Vorschlag, den emotionalen Ballast der Kindheit anzuschauen und aufzuräumen, löst häufig Ablehnung aus. »Ich brauch doch keine Therapie«, höre ich dann, oder auch: »Ich bin doch nicht gestört.« Nicht zu vergessen: »Meine Kindheit war wohl okay – ich kann mich gar nicht mehr daran erinnern.« Also lassen Sie uns die Gelegenheit nutzen und mit einigen Vorurteilen aufräumen: Jeder Mensch ist in irgendeiner Weise von seiner Kindheit geprägt. Ein kleines Kind ist, weil offen für alle Einflüsse, überaus verletzlich und existenziell auf die bedingungslose Liebe und Fürsorge der Eltern angewiesen, unfähig zu einer distanzierten Betrachtung der Erlebnisse. Also hinterlassen die Erfahrungen der ersten Lebensjahre immer Spuren. Früher arbeitete man diese, wenn sie sich als schwere Bürde entpuppten, mit der Unterstützung von Therapeuten auf. Heute gibt es eine Vielzahl von Methoden aus dem Feld der Energetischen Psychologie, mit denen sich selbst einige Spinnweben der Vergangenheit beseitigen lassen. Dazu gehört auch BSFF, eine Methode, auf die ich später noch eingehen werde. Aber – und dieser Hinweis ist wichtig: Schwere Traumata ebenso wie psychische Krankheiten gehören nach wie vor in die Hände von Profis. Bitte versuchen Sie auf gar keinen Fall, Erfahrungen von Missbrauch oder ähnliche extrem emotional aufgeladene Erlebnisse ohne professionelle Hilfe anzugehen. Sie brauchen jemanden, der Sie dabei kompetent begleitet, auffängt und aus extremen Emotionen wieder sicher herausführen kann.

Meist ist es aber gar nicht so furchtbar, was sich da in der Kindheit abgespielt hat, und mit etwas neugieriger Recherche in der eigenen Innenwelt treten die Ursachen der Prägungen schnell zutage: Als Kind beobachteten und verinnerlichten Sie im Elternhaus Geschlechterrollen und Paarverhalten. Sie erlebten Stärke bzw. Schwäche, Abhängigkeit bzw. Autarkie, Fürsorge bzw. Streit oder Gewalt. Sie fühlten sich bedingungslos liebenswert oder nie gut genug, sie mussten sich Anerkennung »erarbeiten« oder machten die schmerzvolle Erfahrung von Abschied durch Trennung oder Tod. Und und und. Vor allem Ablehnung, Verrat, Untreue und Verlassenwerden verursachen tiefe emotionale Wunden, die sich erst später im Leben zeigen und Ihr Beziehungsverhalten überschatten. Manchmal ist es nur ein einziger abwertender Satz über das Äußere, der das ohnehin wackelige Selbstwertgefühl in Trümmer legt und bewirkt, sich nicht mehr attraktiv genug für einen tollen Mann zu fühlen. Oder aus erlittener Untreue und Verrat entsteht der Glaubenssatz, Männern nicht mehr trauen zu dürfen.

Die Gesellschaft und die Medien spielen ebenfalls eine große Rolle in Bezug auf unsere Selbstwahrnehmung, auf die Liebe und das andere Geschlecht. Wie viele Frauen können die ernst gemeinten Komplimente ihres Partners nicht annehmen und ihre individuelle Attraktivität genießen, weil sie sich an der Photoshop-Anorexie-Schönheit von Models und Schauspielerinnen messen? Im Extremfall führt das sogar dazu, dass sich manche das Recht auf eine glückliche Beziehung und einen liebenden Mann absprechen, weil sie glauben, ihr Po sei dafür zu dick, die Oberschenkel seien nicht glatt genug und sie selbst deshalb nicht liebenswert.

Romantische Spielfilme und Liebesromane sind ebenfalls wirkungsvolle Saboteure einer echten, alltagstauglichen Liebe, denn sie führen zu kolossal überhöhten Erwartungen an das Miteinander und vor allem an den Partner. Er soll bester Freund, ebenbürtiger Partner, liebevoller Vater, Seelenverwandter, mitreißend-einfühlsamer Geliebter, Tröster in der Not, beruflich und finanziell erfolgreich, dennoch stets verfügbar, immer loyal, zuverlässig und verständnisvoll, aber keinesfalls ein Weichei sein. Er soll die eigenen Wünsche erahnen und erfüllen, obwohl man sie selbst nicht kennt. Auch nach Jahren sollen das Feuer der Leidenschaft lodern und Schmetterlinge ständig flattern. Hmmm, kommt Ihnen das vielleicht etwas viel verlangt vor? Genau – so kann es nicht funktionieren. Das, was einer Liebe Haltbarkeit verleiht, ist Vertrautheit, eine ordentliche Portion Vernunft, das richtige Konfliktverhalten und eine Menge Humor.

Das klingt vermutlich so sexy wie hautfarbene Bauch-weg-Unterhosen, wirkt aber. Und damit es auch nach Jahren noch kribbelt und die Liebe frisch bleibt, beschäftigen wir uns im Verlauf des Buches natürlich auch mit genussvollem Beziehungsbalsam, dem Conditioner fürs Herz sozusagen.

Was ist eigentlich ein Mann/eine Frau? Die Geschlechterrollen sind heutzutage nicht mehr klar verteilt. Frauen und Männer stehen vor der Herausforderung, einen neuen Weg im Umgang miteinander und mit sich selbst zu finden. Schwierig. Das führt zu Glaubenssätzen wie »Männer können mit starken Frauen nicht umgehen« oder »Die Frauen von heute sind so unweiblich«. Viele fragen sich deshalb, was denn das andere Geschlecht heutzutage eigentlich will und was einen zum begehrten Partner macht. Zielführender wäre jedoch die Frage, mit welcher Art von Leben man selbst am glücklichsten und zufriedensten ist und wie ein potenzieller Partner sein sollte, der diese Vision teilt. Dazu gehört auch die Beschäftigung mit den eigenen Werten: Treue, Loyalität, Verbindlichkeit, die Bereitschaft zu Verzicht, Toleranz und Geduld besitzen in einer Welt, die auf unverbindlicher Instant-Bedürfnisbefriedigung beruht, einen anderen Stellenwert als zu Zeiten unserer Großeltern.

Ein weiterer gesellschaftlicher Partnerschaftssaboteur, der auch in Ihrem Unterbewusstsein Spuren hinterlassen haben könnte, ist die Scheidungs- und Trennungsstatistik. In Deutschland wird fast jede dritte Ehe geschieden. Und die Zahl der Trennungen von Unverheirateten ist dabei noch nicht einmal berücksichtigt. Je nach persönlicher Beziehungshistorie und den Erfahrungen in Familie und im Freundeskreis können solche »Fakten« tiefe Mutlosigkeit verursachen, sich überhaupt wieder auf eine feste Bindung einzulassen. Oder man bindet sich zwar, vermeidet aber echte emotionale Verbundenheit aus Angst, bei einer Trennung zu sehr zu leiden. Beziehungs- und Bindungsangst scheinen zuzunehmen. Von meinen Klientinnen höre ich Geschichten von Männern, die die Flucht ergreifen, sobald sich das Miteinander verbindlicher gestalten soll. Und auch Frauen tun sich immer schwerer, ihre Freiheit und emotionale Sicherheit für eine feste Partnerschaft aufzugeben.

Für all diese erfolgsverhindernden Gefühle, Gedanken und Prägungen gilt: Wenn Sie möchten, können Sie sie loswerden. Schnell, leicht und mühelos. Sie können sie durch ein Gefühl von Zuversicht und Vertrauen ersetzen, mit dem es sich viel angenehmer lebt. Dafür ist es allerdings erforderlich, Ihren ganz persönlichen Beziehungsstörmustern und deren verborgenen Wurzeln auf die Schliche zu kommen. Und genau darum geht es jetzt.

Liebeshürden aus Psychomüll – Klar erkannt ist halb beseitigt

Zugegeben – es gibt vergnüglichere Beschäftigungen als das Erforschen der eigenen emotionalen und mentalen Schmuddelecken. Schuhe kaufen zum Beispiel. Schokolade essen. Oder ein Prosecco-Frühstück mit Freundinnen. Deshalb schlage ich vor, Sie entscheiden schon jetzt, womit Sie sich für Ihre couragierte Innenschau belohnen wollen. Wenn Sie finden, dass Sie für eine Stunde Introspektive ein ausgedehntes Schaumbad bei Kerzenschein verdienen – nur zu. Sorgen Sie für ein ausgewogenes Verhältnis zwischen spannender Selbstbetrachtung und entspannender Genuss-Belohnung. Schließlich darf das Ganze durchaus Spaß machen. Langfristig wird Ihnen der innere Hausputz das Leben enorm erleichtern und für mehr Lebensqualität sorgen, aber kurzfristige Befriedigung ist schließlich auch nicht zu verachten. Oder?

Zuvor schlage ich aber noch eine kurze Bestandsaufnahme Ihrer Beziehung vor. Beginnen wir mit dem Blick auf das, was Sie zwingend brauchen, wenn Ihr Miteinander funktionieren soll: den richtigen Mann. Während Eva-Maria Zurhorst behauptet:»Liebe dich selbst und es ist egal, wen du heiratest«, halte ich eine Partnerschaft mit jemandem, der weder einen guten Charakter hat noch zu einem passt, für eine masochistische Angelegenheit, die viel zu viel Kraft kostet und die Magenschleimhaut unnötig strapaziert. Mit dieser Energie kann Frau Besseres anfangen. Sich ein glückliches, zufriedenes und erfülltes Leben bauen beispielsweise.

Also lassen Sie uns kurz überprüfen, wen Sie da an Ihrer Seite haben. Bitte beantworten Sie die folgenden Fragen möglichst objektiv und auf der Basis dessen, wie Sie den Mann an Ihrer Seite im Umgang mit Ihnen und seiner Umwelt erleben. Wohlgemerkt: nicht auf Grundlage des Potenzials, das Sie in ihm sehen.

Ist Ihr Partner ein anständiger, fairer, ehrlicher Mensch, dem man vertrauen kann?

Ist er psychisch gesund, suchtfrei, kann er Konflikte klärend und ohne Aggressionen lösen?

Verfügt er über ein Weltbild, in dem Frauen gleichberechtigt und gleichwertig sind?

Ist er in Bezug auf Verbindlichkeit und Verantwortung angstfrei und bereit bzw. *fähig zu einer Partnerschaft, die Ihren Vorstellungen entspricht?*

Hat er sein Leben in beruflicher, finanzieller und gesundheitlicher Hinsicht im Griff?

Sollte Ihnen jetzt aufgefallen sein, dass Ihr Liebster wesentliche Voraussetzungen für den Beziehungserfolg vermissen lässt, ist das eine wichtige Erkenntnis. Denn dann liegt es nicht an Ihnen, wenn Ihr Miteinander hakt und klemmt, sondern an Ihrer untauglichen Männerwahl. Also: richtiger Film, falsche Besetzung. Bevor Sie den Herrn aber gleich rauswerfen, nutzen Sie dieses Buch lieber, um herauszufinden, was Sie für solch einen Frosch empfänglich gemacht hat. Die unerfreulichen Eigenschaften des Mannes an Ihrer Seite sagen schließlich auch etwas über Ihr Selbstbild, Ihr Selbstwertgefühl und über Ihre Erfahrungen in früheren Beziehungen oder in der Kindheit aus. Verzichten Sie auf diese Innenschau und suchen Sie sich lieber gleich den nächsten, werden Sie vermutlich wieder zum falschen Frosch greifen – zielgenau gesteuert von Ihren inneren Programmen.

Wenn Sie aber beim Blick auf Ihren Liebsten erkannt haben, dass er im Grunde ein Guter ist, mit dem es nur im Miteinander zu viel Stress und zu wenig Freude gibt, kommt jetzt der Beziehungs-Kurzcheck. Am besten kopieren Sie sich die folgende Übersicht zweimal, versehen das eine Exemplar mit dem heutigen Datum und kreuzen darauf an, wie Sie Ihre aktuelle Situation gerade einschätzen. In einigen Monaten machen Sie dann dieselbe Bestandsaufnahme noch einmal mit dem zweiten Blatt. Wenn Sie sich in der Zwischenzeit von den störendsten Beziehungssaboteuren in Ihrem Inneren befreit und die Kommunikations- und Love-Refreshment-Tipps in den Beziehungsalltag integriert haben, sollten sich die Werte auf den Skalen deutlich verbessert haben. (Oder Sie sind dann wieder Single und bereit für einen Mann, der Sie so liebevoll behandelt, wie Sie es verdienen.) Und nun geht es los mit der Bestandsaufnahme:

1. Meine Zufriedenheit in der Partnerschaft:

10	5	0
superglücklich	okay	kreuzunglücklich

2. Meine Liebe für den Partner:

10	5	0
wow	okay	tot

3. Ich fühle mich von meinem Partner geliebt und respektiert:

10	5	0
tief und innig	okay	Kälte

4. Unsere Kommunikation:

10	5	0
intensiver, tiefer Austausch	okay	Schweigen

5. Unsere Konflikte:

10	5	0
lösen wir easy	okay	Drama/einseitige Dominanz

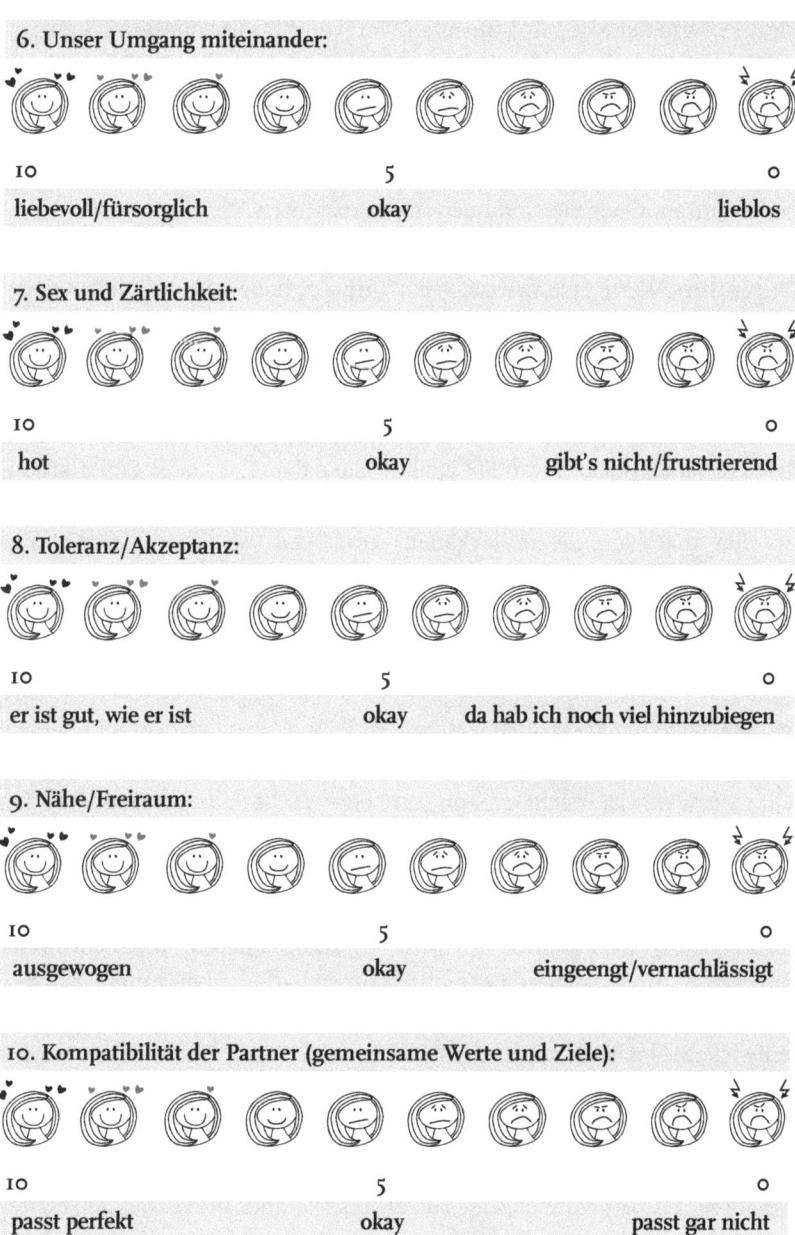

6. Unser Umgang miteinander:

10	5	0
liebevoll/fürsorglich	okay	lieblos

7. Sex und Zärtlichkeit:

10	5	0
hot	okay	gibt's nicht/frustrierend

8. Toleranz/Akzeptanz:

10	5	0
er ist gut, wie er ist	okay	da hab ich noch viel hinzubiegen

9. Nähe/Freiraum:

10	5	0
ausgewogen	okay	eingeengt/vernachlässigt

10. Kompatibilität der Partner (gemeinsame Werte und Ziele):

10	5	0
passt perfekt	okay	passt gar nicht

Wenn Sie auf der Skala überall einen Wert von 7 bis 10 angekreuzt haben – herzlichen Glückwunsch, Sie können sich den Rest des Buches sparen. Denn Sie verfügen vermutlich über ein gesundes Selbstbewusstsein, ein realistisches Beziehungsbild und großes Geschick, mit Ihrem Partner Beziehungsklippen zu umschiffen und Ihre Liebe unter allen Umständen zu bewahren. Oder Sie sind noch in der rosaroten »Verliebtheitsphase« – dann sollten Sie doch lieber weiterlesen ...

Liegen Ihre Werte fast alle zwischen 3 und 0, haben Sie möglicherweise einen Hardcore-Frosch an Ihrer Seite, der eher in den Mixer gehört als in Ihr Bett. Dann stellt sich die Frage, warum Sie bis jetzt bereit waren, solch eine katastrophale Situation auszuhalten. Oder sind diese niedrigen Werte das Ergebnis von schwerwiegenden Enttäuschungen, Verrat, Treuebrüchen oder Illoyalität? Egal ob Sie dabei Täter oder Opfer sind – Wut, Groll, die Angst vor erneuter Verletzung und Schuldgefühle gehören zu den massiven Liebesblockaden. Und egal, ob Sie die Beziehung beenden oder wieder kitten wollen – diese Hindernisse müssen aus dem Weg geräumt werden, um den Ballast der Vergangenheit loslassen zu können. Das ist mit den nachfolgend beschriebenen Mentaltechniken verblüffend einfach.

Vielleicht stehen Sie ja auch vor den kläglichen Überresten einer ehemals glücklichen Beziehung und müssen nun schauen, ob unter der Asche noch Glut ist. Wenn ja, macht es Sinn, Ihre eigenen beziehungssabotierenden Überzeugungen und emotionalen Prägungen mit den Mentaltechniken zu heilen und sich überraschen zu lassen, was dadurch passiert. Wenn Sie wieder gelassener und mit sich im Reinen sind, wird Ihr Partner zwangsläufig in irgendeiner Weise darauf reagieren. Möglicherweise springt er in der neuen Beziehungskonstellation über innere Klippen und ändert sein Verhalten ebenfalls. Wie auch immer sich die Dinge entwickeln, letztlich zählt, dass Sie mit sich und Ihrem Leben wieder glücklich und zufrieden werden. Mit Ihrem Mann – oder ohne ihn.

Bei Skalenwerten zwischen 3 und 7 geht es Ihnen wie vielen Frauen: Sie sind unzufrieden mit der Situation, haben sicherlich auch schon manches versucht, um Ihr Miteinander zu verbessern, aber nichts hat gefruchtet. Möglicherweise fragen Sie sich ernsthaft, ob Sie nicht mit einem anderen Partner glücklicher wären, lieben sich beide aber zu sehr, um sich zu trennen. Vermutlich haben Sie genauso wie die Leserin mit den Werten von 0 bis 3 in Ihrer Beziehung Enttäuschungen erlitten, sind verletzt worden und tragen eine gehörige Portion Misstrauen und Frust mit sich herum. Waren Sie diejenige, die Beziehungsspielregeln gebrochen hat, hadern Sie möglicherweise mit sich selbst und leiden unter Schuldgefühlen, die Ihrer Liebe die Leichtigkeit nehmen. Ihre Beziehung wird von diesem Buch besonders profitieren – denn wenn Sie Ihr Denken, Fühlen und Handeln ändern und Schuld und Groll ziehen lassen, wird Ihr Partner ebenfalls neue Seiten offenbaren. Das ist wie beim Tanzen: Einer ändert die Richtung und der andere folgt.

Dieser Test ist mehr als ein Beziehungs-Status-Quo. Er ist zugleich ein Spiegel Ihrer tiefsten Überzeugungen und Prägungen hinsichtlich der Liebe, der Männer im Allgemeinen und Ihres Mannes im Besonderen. Also schauen wir uns die zehn Punkte des Fragebogens einmal genauer an und analysieren sie, um Rückschlüsse auf Ihr Selbst- und Weltbild ziehen zu können. Unter Selbstbild verstehe ich Selbstvertrauen, Selbstliebe, Selbstachtung, Selbstwirksamkeit (das Vertrauen, in Ihrem Liebesleben selbst das Gewünschte bewirken zu können), Ihr Geschlechterbild als Frau allgemein und Ihr Rollenbild im Beziehungskontext. Das Weltbild umfasst Ihre Vorstellung von Männern und Ihre Grundeinstellung zu Partnerschaften. Mögen Sie Männer? Halten Sie sie für interessant und vertrauenswürdig? Oder sind Sie aufgewachsen mit dem Glauben, dass Männer schlecht sind, Frauen einschränken, primär Ihre Bedürfnisse zu befriedigen haben, Ihre Langeweile vertreiben sollen oder nicht treu sein können?

Wie gefällt Ihnen das Konzept einer dauerhaften Partnerschaft, in der beide Partner achtsam miteinander umgehen, Konflikte im Gespräch klären und einander unterstützen? Wäre das für Sie der Himmel auf Erden oder so langweilig, dass Sie schon bei dem Gedanken daran fast einschlafen? Also lassen Sie uns herausfinden, was sich hinter den Kulissen in Ihrem Inneren und in Ihrer Partnerschaft tut. Je bewusster Sie sich Ihrer inneren Muster, Ihrer Qualitäten und Bedürfnisse werden, desto besser und gelassener können Sie agieren. Kleinigkeiten bringen Sie dann bald nicht mehr aus der Ruhe und bei wichtigen Themen machen Sie Ihre Bedürfnisse und Grenzen schnell und klar deutlich. Auch Ihren Partner und sein Verhalten werden Sie auf diese Weise unvoreingenommener beurteilen können, was wiederum erleichtert, angemessen zu reagieren. Bis dahin heißt es aber: genau hinsehen. Meine Lieblingsfrage an dieser Stelle lautet: »Was ist WIRKLICH?« Und nach jeder Antwort stelle ich mir die Frage erneut und lege so eine weitere Schicht der Wahrheit frei. Wie beim Zwiebelschälen. Nachfolgend stelle ich Ihnen konkrete Fragen, um Ihnen die Orientierung in der eigenen Gefühlswelt leichter zu machen. Aber versuchen Sie es ruhig auch mal mit einem erhellenden »Was ist WIRKLICH?«.

Falls Ihnen bei dem Gedanken, sich jetzt forschenden Blickes Ihren Beziehungsproblemen zu widmen, plötzlich einfällt, dass Sie dringend etwas essen müssen, die Bügelwäsche nicht länger warten kann oder Ihr Hund einen langen Spaziergang bräuchte, hier mein Tipp: Schlüpfen Sie mal probeweise in den Gedanken »Das Problem ist mein Freund« hinein. Fühlt sich gut an, klingt aber gaga? Das ist okay, denn dieser Satz soll Ihnen helfen, die Vermeidungsstrategien zu beenden und weiterzuforschen. All Ihre Schwierigkeiten sind hilfreiche Hinweise auf etwas Wichtiges. Folgen Sie ihnen und Sie finden die Ursache Ihrer Probleme. Diese Entdeckung fühlt sich großartig an, denn sie eröffnet Ihnen die Möglichkeit, etwas zu ändern. Wenn Sie sich um das Wichtige liebevoll kümmern, verschwindet oft nicht nur das Indikator-Problem, sondern auch noch weitere Nebenwirkungen mit gleicher Ursache. Ist das nicht praktisch? Also: Selbst wenn der intensiv forschende Blick in die Strukturen der eigene Innenwelt für Sie im ersten Moment so verlockend klingt wie ein Zahnarztbesuch – die Sache lohnt sich.

Jetzt schlage ich Ihnen vor, sich ein hübsches Notizbuch zu greifen, damit keine wichtigen Erkenntnisse und Einsichten der Selbsterforschung verloren gehen, auf die Sie später beim inneren Aufräumen zurückgreifen möchten. Schreiben Sie alles auf, was Ihnen bedeutsam erscheint, und halten Sie fest, was immer Sie beim Lesen berührt.

1. Meine Zufriedenheit in der Partnerschaft: superglücklich – okay – kreuzunglücklich

Viele Frauen wissen viel besser, was Sie nicht wollen, als das, was sie wollen – oder was sie brauchen, um glücklich zu sein. Leider macht genau dieser Umstand es den Männern schwer, Frauen glücklich zu machen. Und

Frauen bringen sich um die Chance, die Verantwortung für ihr eigenes Glück und ihre Lebenszufriedenheit zu übernehmen. Denn wer sollte diese Verantwortung tragen, wenn nicht Frau selbst? Deshalb frage ich Sie: Wenn Sie glücklich oder unglücklich sind – warum eigentlich? Wissen Sie, was Sie konkret brauchen, um glücklich und zufrieden zu sein? Wir alle streben nach Glück. Wie viele Frauen laufen durchs Leben mit einem vagen Gefühl der Unzufriedenheit oder Langeweile und fallen auf die Versprechen der Werbung herein, dass sie mit neuen Klamotten, kostspieligen Luxusartikeln, der ultimativen Maxi-Long-Lash-Mascara oder fünf Kilo weniger auf den Hüften endlich glücklich wären. Sie und ich wissen, dass das teurer Bullshit ist. Aber was genau macht Sie eigentlich so glücklich und erfüllt, dass Sie zufrieden schnurren wie eine Katze vor einer Sahneschüssel? Was gibt Ihnen das Gefühl von Lebendigkeit und Tatendrang? Wenn Sie es nicht wissen, gönnen Sie sich den Luxus, das herauszufinden. Denn je zufriedener Sie sind, desto entspannter können Sie Ihre Beziehung leben. Es sei denn, Sie entdecken, dass Ihr Glück in mehrmonatigen Einsätzen bei »Ärzte ohne Grenzen« in der Dritten Welt liegt. Dann müssen Sie schon so einen tollen Ehemann haben wie meine Zahnärztin, der das einfach mitmacht. Viele – konservative – Männer reagieren in der Regel sensibler auf die Selbstfindungsschritte der Partnerin, weil der männliche Komfort darunter leidet. Aber das ist ein anderes Thema ... Also: Wie übernehmen Sie die Verantwortung für die Erfüllung Ihrer Bedürfnisse? Sorgen Sie gut für sich? Oder erwarten Sie, dass Ihr Partner das tut? Äußern Sie direkt, was Sie sich wünschen, um zufriedener zu sein?

Oder meinen Sie, Frauen sollten ihre Wünsche nicht kundtun? Wie steht es um Ihre Einstellung zum Glück? Glauben Sie, dass Sie es verdienen, glücklich zu sein? Gönnen Sie sich Glück und Zufriedenheit? Nicht selten sprechen Frauen sich unbewusst das Recht auf Glück aufgrund von (Familien-)Geschichten ab: »Die anderen Frauen in der Familie waren alle unglücklich, also steht es mir nicht zu, als Einzige ein erfülltes Privatleben zu genießen.« Oder auch: »Alle meine Freundinnen jammern über ihre lausigen Beziehungen. Wenn ich plötzlich glücklich bin und nicht mehr mitjammere, werden die mich nicht mehr mögen.« Schauen Sie sich einfach mal die Muster in Ihrem Umfeld an. Vielleicht entdecken Sie Überraschendes!

Ein weiterer wesentlicher Faktor im Hinblick auf Beziehungszufriedenheit sind realistische Vorstellungen von einer funktionierenden Partnerschaft. Können Sie sich mit dem Gedanken an unterschiedliche Beziehungsphasen und den dazugehörigen Hakeleien, Herausforderungen und langweilige oder zähe Zeiten anfreunden? Oder lassen Sie sich von medialen Idealbildern die Freude an all dem Positiven nehmen, das in solchen Entwicklungsschritten steckt?

2. Meine Liebe für den Partner: wow – okay – tot

Mal ein paar zugegebenermaßen schwierige Fragen: Warum lieben Sie Ihren Partner eigentlich? Gibt es Eigenschaften, die Sie an ihm besonders faszinieren? Verfügen Sie selbst auch über diese Qualitäten oder hätten Sie sie gerne? Letzteres kann zu Problemen führen, denn wenn sich beispielsweise eine ängstliche Frau in einen selbstsicher auftretenden Mann verliebt, weil er das hat, was ihr fehlt, entwickelt sie erstens diese Eigenschaft nicht selbst – was schade ist. Und zweitens wird sie ihn irgendwann just wegen dieser Selbstsicherheit (die möglicherweise nur eine laute Form ist, seine Minderwertigkeitsgefühle zu kompensieren) hassen. Oder sie findet zu ihrer eigenen Stärke und wächst über ihn hinaus, was ebenfalls zu einer massiven Schieflage aufgrund radikal veränderter Machtverhältnisse führen kann. Egal wie, die Ursache dieser Probleme liegt in der Partnerwahl begründet. Deshalb fragen Sie sich doch bitte einmal ganz ehrlich, was genau Ihren Mann für Sie so faszinierend macht.

Manche Frauen verunsichert es zutiefst, wenn sie nach der ersten euphorischen Beziehungsphase plötzlich keine intensive Liebe mehr spüren. Mal abgesehen davon, dass Liebe immer in Zyklen wie Ebbe und Flut verläuft, haben scheinbar verschwundene Gefühle zu Beginn einer Partnerschaft meist einen anderen Grund: das Nachlassen von Unsicherheit. Viele Menschen halten die anfängliche Aufregung und Angst in der Phase, in der man noch nicht weiß, ob der andere auch verliebt ist, für Liebe. Oder sie verwechseln Leidenschaft, Begehren und Sehnsucht mit Liebe. Wie ist Ihre optimale Vorstellung von Liebe? Romantisch wie in »Sleepless in Seattle«, dauerhaft aufregend wie in »Indiana Jones«, leidenschaftlich brennend wie in »Vom Winde verweht« oder eher wie ein warmer Ofen? Und wenn wir schon beim warmen Ofen sind: Was tun Sie, um die Flamme Ihrer Liebe am Brennen zu halten? Legen Sie bewusst Holz nach oder erwarten Sie, dass dies alleine Ihr Partner tut bzw. einfach passiert? Oder provokanter gefragt: Lieben Sie aktiv oder konsumieren Sie eher die Liebe des anderen?

Wir werden im Verlauf des Buches noch in genussvolle Möglichkeiten der Liebespflege einsteigen. Vorab jedoch schon mal ein Wort der Beruhigung für alle, die gerade an ihren Gefühlen für ihren Partner zweifeln: Liebe ist zwar wechselhaft und flüchtig, zugleich aber auch widerstandsfähiger, als man im Allgemeinen denkt. Wenn es sich nicht nur um eine oberflächliche, enthusiastische Verliebtheit handelt, sondern eine tiefe, innige Bindung besteht, hält die Liebe viel aus. Oft fühlt es sich an, als sei die Liebe verschwunden. Gerade Menschen, die sich nach intensiven Emotionen sehen, sind dann verunsichert und denken über Trennung nach. Dabei macht die Liebe aufgrund mangelnder Pflege, emotionaler Verletzungen, Dauerfrust, Jobstress oder Erwartungsdruck nur ein Nickerchen, das sich gelegentlich auch mal zu einem Koma auswachsen kann. Aber das ist noch kein Grund zu verzweifeln. Mit ein wenig Leichtigkeit, Freude und Beziehungs-Wellness lässt sich die Sleeping Beauty meist wieder aufwecken.

3. Ich fühle mich von meinem Partner geliebt und respektiert: tief und innig – okay – Kälte

Meine persönliche Meinung an dieser Stelle: Ja! Tief und innig. Glauben Sie mir – das macht das Leben so viel einfacher, weil alles Grübeln, Zweifeln und Hinterfragen wegfällt. Eine solche Haltung hat aber nun nicht nur etwas mit Mr. Wonderful zu tun, sondern auch mit Ihrem Selbstwertgefühl und der Überzeugung, dass dem Mann an Ihrer Seite gar nichts Besseres passieren kann, als Ihnen begegnet zu sein. Sich selbst als Hauptgewinn anzusehen, ist das A und O. Daher meine Fragen an Sie: Fällt es Ihnen eigentlich leicht, die Komplimente Ihres Partners mit Freude anzunehmen? Oder neigen Sie dazu, sich selbst herabzusetzen, wenn er etwas an Ihnen lobt? Fühlen Sie sich generell liebenswert? Verdienen Sie es, geliebt und mit Respekt behandelt zu werden? Oder können Sie nur schwer glauben, dass ein Mann es ernst mit Ihnen meint? Nehmen Sie die Liebe an und vertrauen Sie Ihrem Partner? Oder sind Sie hin- und hergerissen zwischen der Freude, dass jemand Sie liebt, und der Hemmung, diese Liebe wirklich zuzulassen? Mögen Sie sich, so wie Sie sind? Oder zweifeln Sie daran, dass man Sie lieben und Ihnen treu sein kann? Kennen Sie es überhaupt, bedingungslos geliebt zu werden – nicht für Ihr Tun, sondern nur für Ihr Sein? Oder haben Sie sich von klein auf Anerkennung verdienen und um Liebe kämpfen müssen? Welche Botschaften haben Sie in der Kindheit über Ihren Wert, Ihre Wichtigkeit und Ihr Frau-Sein erhalten? Ist es für Sie wichtiger, geliebt zu werden, als selbst zu lieben? Welche Gefühle vermittelt Ihnen die Liebe Ihres Partners? Sicherheit? Selbstvertrauen? Testen Sie diese Liebe manchmal, indem Sie Dinge tun oder sagen, die nicht nett sind? Haben Sie einen Partner gewählt, der in seiner Familie (oder später im Leben) gelernt hat, Gefühle zu zeigen und zu verbalisieren? Wie gehen Sie mit Respektlosigkeit um? Wie spiegelt das Verhalten Ihres Partners das, was Sie auf tiefster Ebene über sich selbst denken? Kränkt es Sie, wenn er andere Frauen attraktiv findet oder ihnen Aufmerksamkeit schenkt? Was zeigt Ihnen das in Bezug auf Ihr Selbstwertgefühl und Ihre Sicherheit, einen liebenden Mann an sich binden zu können?

Das sind eine ganze Menge Fragen zum selben Thema, die Sie nicht unbedingt alle sofort beantworten müssen. Spüren Sie einfach in sich hinein, welche etwas in Ihnen bewirkt. Sollte eine Frage einen echten Widerstand oder Widerwillen bei Ihnen auslösen, ist sie garantiert wichtig und verdient die Frage aller Fragen: »Was ist WIRKLICH?«

An dieser Stelle ein Fall aus meiner Beratungspraxis zum Thema Selbstliebe und Kindheitsprägungen: Die Kindheit ist eine wichtige Quelle für das, was wir in Bezug auf uns selbst denken und fühlen. Denn die Ansichten unserer Familienmitglieder, frühe Erfahrungen und Vorbilder prägen unsere Selbstwahrnehmung und damit auch unser Verhalten anderen Menschen gegenüber. Waren die Stimmen der Vergangenheit kritisch, lieblos und missachtend, kann daraus eine überaus stabile, wenn auch völlig subjektive negative Selbstdefinition entstehen, die als persönliche Wahrheit kaum noch Raum für andere Erfahrungen lässt, die dieser Wahrheit nicht entsprechen. So ging es auch Marion, einer bildschönen Sängerin, die beim ersten Kennenlernen vor Selbstbewusstsein und Power zu strotzen schien. Doch die starke Frau war nur eine Seite von ihr. Die andere überschattete ein Gefühl völliger Wertlosigkeit. »Ist ja nur ein Mädchen«, war der Satz, der sie durch ihre Kindheit begleitet hatte. Und so war man auch mit ihr umgegangen. »Ich war immer nur ein notwendiges Übel und wurde gleichgültig behandelt«, erzählte sie mir. Daraus entstand die unbewusste Überzeugung, eigentlich keine Liebe verdient zu haben. Und genau diese Erfahrung machte sie auch in allen ihren Beziehungen. Sie wählte immer wieder Partner, für die sie nicht wichtig zu sein schien und die sie lieblos behandelten. Dennoch hielt sie lange an diesen Männern fest. Denn der zweite Glaubenssatz, der sich in ihr durch die Kindheit verfestigt hatte, lautete: »Ich muss um Liebe kämpfen.« Also schlug sie sich mit der emotionalen Kälte der Männer herum und versuchte, deren Herz mit Sexappeal und Gefälligkeit zu gewinnen. Viele Jahre war sie davon überzeugt, dass der Fehler bei ihren emotional gestörten Partnern liegen würde, die ihre Hilfe bei der Heilung ihrer Gefühlsblockaden brauchten. Bis ihr endlich ein Licht aufging: Das Problem war sie selbst bzw. das kleine, vermeintlich wertlose Mädchen, das immer noch in ihr steckte! Nach dieser wichtigen Erkenntnis war sie endlich bereit, die Vergangenheit anzuschauen und loszulassen. Schritt für Schritt befreiten wir sie von ihren belastenden Kindheitsprägungen, Selbstverurteilungen und dem Gefühl der Wertlosigkeit. Dabei lösten wir auch den Groll auf, den sie ihrer Mutter gegenüber hegte. Denn diese kritisierte und wertete sie selbst als erwachsene Frau noch bei jedem Kontakt ab. Der innere Hausputz harmonisierte das Verhältnis zwischen Mutter und Tochter, und meine Klientin fühlte sich zum ersten Mal in ihrem Leben rundum liebenswert und bereit für eine respektvolle, schöne Beziehung. Damit Sie nun nicht denken, solche Veränderungen erforderten monatelange Arbeit an sich selbst: Die Sache mit der Mutter dauerte 30 Minuten.

Es gibt Frauen, die sich das Leben selbst unnötig schwer machen, indem sie das Verhalten ihres Partners an ihren Erwartungen messen. Anders ausgedrückt: Sie schreiben im Kopf ein Drehbuch dazu, was der Mann an ihrer Seite wann und wie zu tun oder zu sagen habe. Wenn er dem dann nicht entspricht, sind sie enttäuscht, frustriert und fühlen sich ungeliebt. Kennen Sie das vielleicht? Denken Sie manchmal: »Wenn du mich lieben würdest, tätest du dies und jenes nicht/würdest du mich spätestens morgen arufen?« Und wenn er nicht tut, was er soll, sind Sie eingeschnappt oder wütend, weil er Sie ja nicht wirklich liebt. Das Schwein! Ich schätze, Sie merken selbst, wo dieses Konzept noch Schwächen hat:

1. Der Mann kennt das Drehbuch nicht.
2. Er ist nicht Ihr Objekt, sondern gleichberechtigter Partner.
3. Er darf sich seiner Persönlichkeit entsprechend verhalten und Sie auf seine Weise lieben.

Zugegeben, es mag lästig sein, aber Männer haben ein Recht darauf, sich anders zu verhalten, als wir es uns wünschen. Darauf einen Prosecco – das ist schließlich eine gute Gelegenheit, sich selbst und den Mut zu neuen Betrachtungsweisen zu feiern.

4. Unsere Kommunikation: intensiver, tiefer Austausch – okay – Schweigen

Sie sind mit einem Mann zusammen, der in der Lage ist, seine Gefühle – auch Ängste und Sorgen – auszusprechen? Herzlichen Glückwunsch! Tun Sie denn auch das Ihrige dafür, dass es so bleibt? Anders gefragt: Wie gehen Sie damit um, wenn er Sätze sagt, die Sie verunsichern, erschrecken, abstoßen oder Ihr Bild von ihm erschüttern? Sätze wie:»Manchmal weiß ich nicht, ob ich dich noch liebe«, »Ja, ich finde meine Arbeitskollegin scharf« oder »Mir wird der Druck zu viel, am liebsten möchte ich meinen super dotierten Job aufgeben«. Da kann es schon mal passieren, dass die Frau in einer Art und Weise reagiert, die den Mann entmutigt oder ihm die Lust nimmt, sich zu offenbaren. Vorwürfe oder Kritik verwandeln einen Mann, der bereit war, sich zur Gänze mit seinen Ängsten und Schattenseiten zu zeigen, flugs wieder zu einer verschlossenen Auster.

Wo wir schon bei Offenheit sind: Wie direkt kommunizieren Sie eigentlich Ihre Wünsche, Träume und Bedürfnisse? Halten Sie einander über das auf dem Laufenden, was Sie gerade beschäftigt und bewegt? Glauben Sie möglicherweise, Ihren Mann in- und auswendig zu kennen? Über diese Illusion von Langzeitpaaren, einander durch und durch zu kennen, gibt es sogar ein Lied, das Sie vielleicht in der englischen Version als »Piña Colada Song« von Rupert Holmes oder auf Deutsch von Udo Jürgens kennen. Bei ihm heißt das Lied »Einfach nur so«. Auch wenn Sie kein Udo-Jürgens-Fan sein sollten – dieser Song ist eine charmante Inspiration für alle Langzeitpaare, ihren Partner doch einmal zu fragen, was er eigentlich mag und wovon er insgeheim träumt, statt davon auszugehen, die Antwort bereits zu kennen. Beide Songs erzählen von einem Mann, der aus seiner eingefahrenen und langweiligen Ehe ausbrechen möchte – mit einer neuen Frau, die seine Träume und Sehnsüchte nach Verrücktheit und Lebendigkeit teilt. Und dabei stoßen beide zufällig auf eine Zeitungsanzeige: »Wenn du Piña Coladas und vom Regen überrascht zu werden magst«, so Holmes, »wenn du kein Yoga-Anhänger bist und ein bisschen Grips hast, wenn du es magst, um Mitternacht in den Dünen am Kap mit deiner Liebsten zu schlafen, dann bin ich die Frau, nach der du gesucht hast. Schreib mir und brich mit mir aus.« In Udo Jürgens' Version fragt die Inserentin, ob ER einfach mal zum Spaß nach Paris fahren und aus dem Leben nach Plan ausbrechen wolle. Beide Herren sind von diesen Aussichten auf ein bunteres Leben fasziniert, verabreden sich mit der aufregenden Inserentin und stehen – oh Wunder – vor ihrer eigenen Ehefrau. »Es war meine eigene wundervolle Frau«, heißt es bei Holmes, »und sie sagte: ›Ach, du bist's!‹. Und wir lachten für eine Weile, und ich sagte: ›Ich hatte keine Ahnung‹.«

Hand aufs Herz: Wie ist das bei Ihnen? Gibt es da noch unvoreingenommene Neugier? Wie viel reden Sie über Alltag oder über die Lösung von Konflikten? Und wie viel Raum geben Sie einander, sich Ihre Sehnsüchte und Träume zu offenbaren?

Es gibt viele Bücher über das unterschiedliche Kommunikationsverhalten von Frauen und Männern. Darin wird der männliche Sprachstil so beschrieben, dass er sich eher auf der Mitteilungsebene (sachlicher Informationsaustausch, Orientierung an Entscheidungen und Lösungen, Ratschläge geben) bewegt, während sich weibliche Kommunikation stärker an der Beziehungsebene orientiert. Ein Beispiel: Wenn ein Mann über ein Problem spricht, geht es um konkrete Lösungen. Einer Frau geht es um das Wir-Gefühl, das für sie entsteht, indem man ein Problem teilt.

Außerdem tendieren Männer eher dazu, ihre Wünsche und Bedürfnisse direkt zu äußern, während Frauen dies oftmals indirekt tun. Wir kennen das alle: Wenn ER Lust hat, ins Kino zu gehen und »Herr der Ringe« zu sehen, sagt er: »Lass uns heute Abend ins Kino gehen und *Herr der Ringe* anschauen.« Möchte SIE ins Kino und sich diesen Film anschauen, würde sie eher etwas sagen wie: »Birgit (die beste Freundin) war gerade im Kino und hat *Herr der Ringe* gesehen. Sie war total begeistert, das scheint ja ein ganz wunderbarer Film zu sein.« Und nun sollte ER verstehen, dass sie den Film auch sehen möchte, und genau das vorschlagen.

So überspitzt dies auch klingen mag – in der Grundstruktur finden sich diese unterschiedlichen Kommunikationsstile (und die Missverständnisse, die sich daraus ergeben) bei vielen Paaren. Deshalb werfen Sie doch bitte mal einen Blick auf Ihre Art zu sprechen: Wie kommunizieren Sie? Halten Sie die Art und die Inhalte Ihrer Kommunikation für typisch weiblich? Oder eher für authentisch und losgelöst von Geschlechterrollen? Wer hat Ihnen diese Art der Kommunikation vorgelebt? Ertappen Sie sich manchmal dabei, wie Ihre Mutter oder eine andere wichtige Bezugsperson zu reden? Ist das so okay? Und vor allem: Ist es zielführend? Oder möchten Sie es ändern?

Mit Kommunikation werden wir uns in Kapitel 3 ausführlich beschäftigen. Vorab so viel: Die Behauptung, Männer und Frauen könnten einander einfach nicht verstehen, ist Unsinn. Es geht, es ist einfach, es macht Spaß und es tut der Liebe gut. Bald können Sie das auch.

5. Unsere Konflikte: lösen wir easy – okay – Drama/einseitige Dominanz

Bitte schenken Sie dem Umgang mit Konflikten besondere Aufmerksamkeit. Beziehungsforscher wie Dr. John Gottman fanden heraus, dass das Konfliktverhalten der entscheidende Faktor für die Dauerhaftigkeit einer Partnerschaft ist. Praktischerweise gibt es in den meisten Partnerschaften bestimmte Konfliktmuster oder -auslöser, die sich immer wiederholen, wie etwa Streitabläufe, die beide Partner geradezu automatisch abspulen. Das bedeutet: Wenn man diese Routinen einmal knackt und das Thema löst, gestaltet sich die Liebe gleich viel friedvoller und harmonischer. Kommt Ihnen das bekannt vor? Wenn ja – haben Sie sich schon mal mit der Grundstruktur Ihrer Routinen beschäftigt? Wer sagt wann was oder reagiert garantiert wie? Haben die Konflikte immer ähnliche oder gar denselben Auslöser? Dazu zählen möglicherweise:

* Missverständnisse
* unterschiedliche Ansichten
* inkompatible Wünsche
* eine unterschiedliche Auffassung von einem liebevollen oder angemessenen Umgang miteinander
* Lügen, Betrug, Verrat, Schuldgefühle

Eigentlich sollte man meinen, es gelänge zwei erwachsenen, intelligenten Menschen, für solche Themen Lösungen zu finden. Eine Klärung, einen Kompromiss, eine Vereinbarung für die Zukunft, eine Entschuldigung und eine Wiedergutmachung. Es gibt Paare, bei denen das tatsächlich so läuft, auch ohne Coaching. Bei anderen aber eskalieren Konflikte regelmäßig zu einem unsachlichen Streit. Da wird geschrien, beleidigt, da werden alte Sünden als Waffe rausgekramt, manche werfen sogar mit Geschirr und fallen anschließend leidenschaftlich übereinander her. Klingt dramatisch, ist aber völlig in Ordnung, solange beiden das so Spaß macht. Die Streitkultur hat viele Facetten. Manche Menschen benutzen solche Szenen als Mittel gegen Alltagslangeweile, für andere sind sie ein Weg, sich zu gutem Sex zu pushen. Alles bestens. Veränderung ist nur dann erforderlich, wenn ein oder beide Partner unter dieser Art der Konfliktbewältigung leiden.

Handlungsbedarf besteht ebenfalls, wenn wesentliche Konfliktthemen verdrängt und totgeschwiegen werden oder sich bei Konflikten immer dieselbe Person durchsetzt und der andere nie zu seinem Recht kommt. Das kann durch Geschrei, Drohungen, emotionale Erpressung, manipulative Zermürbungstaktik oder schweigenden Rückzug des Überlegenen passieren. Sollten Sie das aus Ihrem Beziehungsalltag kennen, schauen Sie bitte genauer hin. Da stehen sich nun also jeweils das Unterbewusstsein und das Ego von zwei Menschen gegenüber und haben ein Problem miteinander. Was geht in denen vor?

»Hilfe, ich darf nicht schuld sein, sonst bin ich nichts wert!« »Ich muss das hier gewinnen!!!!« »Wenn ich nicht laut bin, werde ich nicht gehört!« »Ich fühle mich ihm/ihr rhetorisch unterlegen, da brauche ich seine/ ihre alten Sünden und verbale Tiefschläge oder Tränen als Waffe!« »Ich fühle mich hilflos und manipuliert – der/die gewinnt ja doch!« »Wenn er/sie mich kritisiert (besonders wenn er/sie recht hat), fühle ich mich ungeliebt und wertlos!« »Ich fühle mich nicht verstanden!« »Meine Bedürfnisse werden nicht erfüllt!« »Ich muss kämpfen, um zu meinem Recht zu kommen!« »Wer Schwäche zeigt/nachgibt/Fehler eingesteht, hat verloren und ist nichts wert.«

Solche unbewussten Programme bestimmen den Ablauf des Konfliktgesprächs und machen aus der Suche nach einer Lösung leicht einen Kampf bis aufs Blut. Viele der Programme, die dabei ablaufen, stammen aus der Kindheit. Möglicherweise entdecken Sie Ähnlichkeiten zwischen Ihren Gefühlen im partnerschaftlichen Streit und Situationen, die in Ihrer Ursprungsfamilie stattfanden. Hat man dort Ihre Bedürfnisse gehört und ernst genommen? Wurde Ihnen vermittelt, dass Sie auch dann geliebt werden, wenn Sie etwas angestellt hatten? Wie stritten sich Ihre Eltern? Haben Sie etwas erlebt, das Sie besonders verletzlich gemacht und Ihr Urvertrauen gestört hat und das sich bis heute auswirken könnte? Es lohnt sich, diesen Fragen nachzugehen. Denn solche Kindheitsprägungen behindern Sie möglicherweise im Streit, sodass Sie gar nicht mehr auf das Problembewältigungspotenzial zurückgreifen können, das Sie als erwachsene Frau haben, sondern plötzlich vier oder fünf Jahre alt sind und sich entsprechend klein und hilflos fühlen.

Genau das war der Kern der großen Konflikte von Stefanie und Rainer. Sie lebten gemeinsam in einer Wohnung, und Stefanie litt darunter, dass Rainer im Rahmen seiner Selbstständigkeit abends oft später nach Hause kam als versprochen. Jedes Mal, wenn er zum vereinbarten Zeitpunkt nicht auftauchte und auch nicht telefonisch Bescheid sagte, kamen in Stefanie massive irrationale und komplett unkontrollierbare Verlassenheitsängste hoch. Wenn er dann endlich zur Tür hereinspazierte, erwartete ihn eine Frau, die komplett außer sich war und ihm eine heftige Szene machte. Egal, was Rainer sagte, Stefanie war für keine vernünftige Erklärung mehr aufnahmefähig, sondern tobte nur noch. Dabei war sie der felsenfesten Überzeugung, im Recht zu sein – schließlich verhielt ihr Freund sich doch mies, informierte sie nicht über seine Verspätungen und hatte zu wenig Zeit für sie. Dass ihre extremen Gefühle aber eine ganz andere

Ursache hatten, fanden wir bei Recherchen in ihrer Vergangenheit heraus. Sie konnte sich zunächst an nichts Belastendes in ihrer Kindheit erinnern. Erst als sie ihre Mutter näher befragte, kam Erstaunliches heraus: Im Alter von vier Jahren hatte Stefanies Mutter sie für ein Jahr zu einer Tante gegeben, die in einer anderen Stadt lebte. Obwohl sie eine liebevolle und warmherzige Frau gewesen war, hatte die kleine Stefanie die plötzliche Trennung von der Mutter nicht verkraftet. Und immer, wenn ihr Freund nicht pünktlich zu Hause erschien, durchlebte sie erneut die ungeheure Panik der Vierjährigen, deren Mutter von einem auf den anderen Moment verschwunden war. Wir lösten diese alte Prägung mit Mentaltechniken auf, was etwa 15 Minuten in Anspruch nahm, und von da an konnte Stefanie mit den Verspätungen ihres Freundes gelassen umgehen.

6. Unser Umgang miteinander: liebevoll/fürsorglich – okay – lieblos

So wie unser Körper ein wenig Pflege braucht, um schön und gesund zu bleiben, braucht das auch unsere Liebe. Emotionale Cremespülungen sozusagen, die Verfilzung und Trockenheit des Herzens ohne großen Aufwand vorbeugen und den Glanz bewahren. Wie halten Sie es damit? Leben Sie eine Kultur der liebevollen kleinen Gesten, der Ermutigung, Unterstützung, Wärme und Wertschätzung? Sind Sie beide gleichermaßen liebevoll und fürsorglich? Oder gibt es eine Rollenverteilung, in der eine/r eher gibt und der/die andere primär nimmt?

Geben kann übrigens auch eine clevere Form der Manipulation oder Machtausübung sein. Viele Menschen bevorzugen die Rolle der/ des Gebenden, weil sie dies auf subtiler Ebene mit Macht, Stärke, Handlungsfähigkeit oder Sicherheit verbinden. Daher die Frage: Sind Sie als Gebende erwartungsfrei und souverän und tun Sie etwas aus vollem Herzen? Umgekehrt erfordert es natürlich auch Selbstbewusstsein und Stärke, Liebe und Fürsorge anzunehmen. Wie ist das bei Ihnen – fällt es Ihnen leicht, Liebe und Anerkennung zu akzeptieren? Oder fühlen Sie sich dann schwach und bedürftig? Manche Frauen lassen sich nicht einmal in den Mantel helfen, weil sie fürchten, ein schwaches Weib zu sein, und das ihre Autonomie bedroht. Dabei ist das doch ein Indikator für eine unbewusste Schwäche. Andere glauben, so viel Liebe nicht zu verdienen. Das Thema hatten wir ja schon ... Die unsichere Kindfrau und der Prinzessinnentyp lassen sich zwar gerne lieben, sind aber nicht fähig bzw. willens, selbst viel zu geben. Was ebenfalls von sehr alten (aber leicht zu beseitigenden) unbewussten Konditionierungen zeugt. Und Sie? Womit fühlen Sie sich wohler bzw. was ist Ihnen vertrauter: der Part, der fürsorglich ist, unterstützt, ermutigt, Wärme und Anerkennung schenkt? Oder der annehmende Part? Wie denken Sie über diese beiden Rollen? Gut möglich, dass Sie das an etwas erinnert, vielleicht haben Sie solche Strukturen ja schon mal erlebt ...

Es gibt auch eine Art subjektiver Lieblosigkeit, die auf unterschiedlichen »Liebessprachen« beruht: Der eine tut etwas Liebevolles, was der andere nicht als liebevolle Geste wahrnimmt, weil es nicht Teil seiner Liebessprache ist. Das heißt: Weil diese Geste nicht das ist, was ihm das Gefühl gibt, geliebt zu werden, wird sie nicht als Zuwendung entziffert. Das Ergebnis des Missverständnisses ist ein frustrierter, demotivierter Liebe-Schenkender, der in Zukunft weniger tun wird, und ein Partner, der sich immer noch ungeliebt glaubt und deshalb unglücklich ist. Daher die Frage: Was tut Ihr Mann für Sie? Und was tun Sie für ihn? Könnte es auch bei Ihnen solche unerkannten Liebesdienste geben? Wenn ja – welche? Und wenn Sie gemeinsam darüber nachdenken und feststellen, dass Sie viel mehr füreinander tun, als Ihnen beiden bewusst ist: Könnte es sein, dass Sie plötzlich auf die Idee kommen, einander dafür mal »Danke« zu sagen ...?

Dankbarkeit ist ohnehin das Zaubermittel schlechthin für eine glückliche Beziehung. Dankbar zu sein, fühlt sich toll an. Wenn Sie dankbar sind und das auch zeigen, spüren Sie, wie reich Sie sind, wie viel Gutes Sie in Ihrem Leben besitzen und wie toll der Mann Ihres Herzens im Grunde doch ist. So ein kleiner Fokuswechsel hin zu den positiven Aspekten Ihres Liebsten und Ihrer Beziehung ist der einfachste, schnellste und angenehmste Weg, um die Grundatmosphäre Ihrer Partnerschaft, das Verhalten Ihres Herzensmannes und Ihre eigene Zufriedenheit magisch zu verbessern.

Falls Sie das so noch nicht praktiziert oder erlebt haben, stellt sich die Frage: Warum nicht? Was ist dafür verantwortlich? Weshalb richten Sie Ihr Augenmerk nicht auf die positiven Dinge? Ist das Glas halb voll oder halb leer? Welche Kindheitserlebnisse oder früheren Erfahrungen lassen Sie eher das Negative oder das, was noch fehlt, wahrnehmen als das Gute? Führungskräfte im Business sagen oft: »Nicht kritisiert ist gelobt genug.« Kommt Ihnen das vertraut vor? Solche Sätze stammen oft von Menschen, die in einer ausgesprochen leistungsorientierten, emotional unterkühlten Atmosphäre aufgewachsen sind. Denn eigentlich ist es doch ganz einfach, das Herz aufzumachen und zu loben, zu danken und zu genießen, oder? Und es fühlt sich so verdammt gut an.

7. Sex und Zärtlichkeit: hot – okay – gibt's nicht/frustrierend

Geht es Ihnen auch so, dass Sie beim Blick auf die vielen Artikel in Zeitschriften und Büchern über Sex den Eindruck bekommen, dass sich diese schöne, private Form von Nähe mittlerweile zum Leistungssport mit Eventappeal entwickelt hat? Da wimmelt es nur so von technischen Finessen und erotischen Inszenierungen, dass man glauben könnte, nur dann eine gute Geliebte zu sein, wenn man einem Mann all das bietet und zudem aussieht wie ein Topmodel. Glücklicherweise kenne ich keinen Mann, der tatsächlich erwartet, dass seine Liebste mit ihm in Lackstiefeln das Kamasutra durchturnt. Wenn Sie also das meinen, mit Ihren Normalo-Vorlieben nicht zu genügen, können Sie diese erotische Spaßbremse sofort ad acta legen und sich entspannen.

Darüber hinaus gibt es aber einige weitere hinderliche Gedanken und Gefühle, die die Freude am Sex beeinträchtigen können. Viele davon geistern durch die Frauenköpfe und haben etwas mit weiblichem Selbstwert zu tun: »Ich bin nicht schön und begehrenswert genug«, »Ich schäme mich für meinen Hängebusen/Bauch/Po«, »Ich habe Hemmungen zu sagen, was ich im Bett wirklich mag und was ich brauche, um befriedigt zu sein«, »Er sagt, er sei zu müde oder habe keine Lust – bin ich nicht sexy genug? Liebt er mich nicht mehr?« und und und. (Männer haben dieses Problem selten – Rainer Calmund beispielsweise speckte aus gesundheitlichen Gründen ab und nicht, weil er es für möglich hielt, mit 160 Kilo für seine schlanke Ehefrau unattraktiv zu sein.) Viele Frauen definieren ihren Wert über ihre erotische Wirkung auf den Mann und machen sich damit unbewusst zum Sexobjekt. Andere achten ihre eigene Würde nicht, indem sie ihren Körper für Dinge zur Verfügung stellen, die sie eigentlich nicht mögen – nur, weil sie den Mann halten oder nicht verärgern wollen. Beides ist ein Indikator für fehlende Selbstliebe. Aber die können Sie entwickeln und damit Ihren Körper endlich wieder wie das kostbarste Geschenk behandeln, das Sie zu geben haben.

Vielleicht tragen Sie auch noch Einstellungen zum Sex in sich, die Ihnen Ihre Eltern vermittelt haben. Ich erinnere mich an eine Klientin, der als junges Mädchen dauernd eine lebensfrohe Tante mit aktivem Liebesleben als abschreckendes Beispiel der Sorte »Flittchen« unter die Nase gerieben wurde. So wollte die Klientin natürlich nie sein und beschnitt freiwillig ihre Lust am Sex.

Andere Klientinnen wiederum machten in ihrem Liebesleben schmerzvolle Erfahrungen, durch die sie die Freude an bestimmten Spielarten der Sexualität verloren und Hemmungen entwickelt haben. Jutta kam mit solch einem Problem zu mir in die Praxis. In einer früheren Beziehung hatte ihr Freund sie zum Oralsex genötigt, was sie als extrem abstoßend empfand. Nun war sie seit Kurzem in einer neuen Partnerschaft und fühlte sich von der Erwartungshaltung des Mannes, der gerne mit einem Blowjob befriedigt werden wollte, unter Druck gesetzt. Also behandelten wir ihre belastende Erinnerung ebenso wie die daraus resultierende Lustlosigkeit mit der Mentaltechnik BSFF, und sie gab sich die Erlaubnis, diese Prägung loszulassen. Außerdem lösten wir die »Ich fühl mich unter Druck gesetzt«-Anspannung auf und ersetzten sie durch die Haltung: »Ich erlaube mir die Freiheit, nur das zu tun, worauf ich Lust habe und womit ich mich gut fühle.« Das wirkte Wunder für ihr Liebesleben. Sie konnte nun selbstbewusst und entspannt zu ihren Bedürfnissen stehen – und fand Freude daran, ihren Freud oral zu verwöhnen, wenn ihr gerade danach war.

Brutal ist auch der Satz von einem Exfreund, den Anne mir im Coaching anvertraute. Er hatte sie mit dem Text verabschiedet: »Du bist fett, du kannst nicht küssen, du bist scheiße im Bett!« Kein Wunder, dass sie danach gehemmt war, sich auf Männer körperlich einzulassen. Aber auch dieser emotionale Ballast ließ sich innerhalb weniger Minuten mit BSFF beseitigen, sodass sie im Anschluss an die Situation zurückdenken konnte, ohne sich davon emotional berühren zu lassen. Der Satz hatte seine Macht über sie verloren.

Wenn auch Sie unter Druck, Lustlosigkeit und Erinnerungen leiden, die Ihren Spaß am Sex trüben, ab in das Notizbuch damit. Bei Gelegenheit können Sie all das verabschieden, damit sich Ihr Sexleben entspannt und genussvoll gestaltet.

Möglicherweise sind es aber auch ganz andere Faktoren, die das Liebesleben hemmen: Wie sieht es aus mit ungelösten Partnerschaftskonflikten oder emotionalen Verletzungen, durch die Ihre Verbundenheit und das Vertrauen gelitten haben? Gab es vielleicht Vorfälle, die so verletzend waren, dass Sie das grundsätzliche Vertrauen in Ihren Partner verloren haben? Dies zu heilen, erfordert mehr als den intensiven Einsatz von BSFF in Kombination mit Vergebungsarbeit. Solche Wunden brauchen darüber hinaus einsichtige Gespräche und Gesten der Reue, damit das Vertrauen langsam wieder wachsen kann.

Weniger dramatisch sind Lustkiller wie Stress oder Sorgen. Wer den ganzen Tag mit Volldampf arbeitet oder von Sorgen wie (drohender) Arbeitslosigkeit, Geldmangel oder Problemen mit der Familie belastet wird, hat den Kopf nicht frei für Sex. Hier hilft nur die bewusste Planung von »Auszeiten«, die ausschließlich der Liebe vorbehalten sind. Am besten eingeleitet von einem entspannungsfördernden Ritual, das auch dem Unbewussten signalisiert: Umschalten vom Sorgen-Modus in den Genuss-Modus!

8. Toleranz/Akzeptanz: er ist gut, wie er ist – okay – da hab ich noch viel hinzubiegen

Lieben Sie Ihren Mann so, wie er ist? Darf er ganz er selbst sein mit all seinen Macken, Eigenheiten und Vorlieben, die nicht die Ihren sind? Dann lassen Sie mich raten – wenn Sie ihn so annehmen, können Sie das vermutlich auch bei sich selbst. Sie kennen sich, mögen sich und können auch gelegentlich über sich schmunzeln. Schließlich wissen Sie: »Nobody is perfect.« Vermutlich haben Sie auch schon bei der Wahl des Partners darauf geachtet, ob er »ein Guter« ist und zu einer tollen Frau wie Ihnen passt. Ein kleiner Tipp am Rande: Wenn es gerade doch mal hakt und klemmt, weil er so anders ist als Sie, wirkt der Satz »What a pity that you are not me!« Wunder. Diese Worte machten zumindest mir die Beziehung mit meinem exzentrischen Engländer viel leichter. Denn sie erinnerten mich daran, dass ich mich gerade nur aufregte, weil er ein anderer Mensch war als ich, der eigene Vorstellungen und Werte hatte. Und dass er sie haben durfte, weil er kein Klon von mir war, sondern ein komplett anderer Mensch.

Viele Frauen haben jedoch Schwierigkeiten, den realen Mann in ihrem Leben zu akzeptieren. Sie betrachten ihren Partner als »Projekt«, verlieben sich eher in sein Potenzial als in das, was er zu bieten hat. Oder aber sie wählen einen Lebensbegleiter, der so wenig zu ihnen passt, dass das Motto »Ich bin okay – du bist okay« zur ultimativen Herausforderung beim Toleranz-Stretching wird.

Hinter diesen drei Liebesstrategien stecken ganz verschiedene innere Programme: Wer eine Beziehung eingeht und schon am Anfang denkt: »Den bieg ich mir schon hin!«, hat vermutlich früher einmal die Erfahrung gemacht, nicht so sein zu dürfen, wie sie oder er war. Mussten Sie sich verändern, um geliebt zu werden? Mussten Sie Erwartungen erfüllen oder bestimmten Rollenbildern gerecht werden? Oder hat man hat Ihnen vielleicht beigebracht, dass der Mann den Wert und das Image der Frau bestimmt? Dieses Phänomen lässt sich an Frauen beobachten, denen es wichtig ist, von ihren Freundinnen um den Mann beneidet zu werden. Ein attraktiver, stilvoller, erfolgreicher Mann kann da leicht – ohne es bewusst zu wollen – zur Ego-Krücke werden. Der Mann als Statussymbol: etwas größer als die Designer-Handtasche und leider auch schwerer zu kontrollieren. Ja, ich weiß, es ist pfui, bei Frauen eine solche Einstellung auch nur für möglich zu halten. Aber ganz ehrlich – jede Frau, die sich in der Öffentlichkeit für das seltsame Benehmen oder die unmöglichen Schuhe des Partners schämt, trägt bereits einen Aspekt dieser Haltung in sich. Denn sie fühlt sich für den Mann verantwortlich und verquickt sein Image mit ihrem eigenen. Selbst wenn Frau ein Projekt zur Männer-Erziehung oder zum Umstyling startet, geht es in letzter Konsequenz oft darum, jemanden zu kreieren, der sie selbst aufwertet. Ganz nebenbei bewirkt das Formen des Tonklumpens Mann auch noch das gute Gefühl von Macht, Kontrolle und Überlegenheit (man weiß schließlich besser als er selbst, was für ihn gut ist). Kennen Sie das vielleicht von sich oder aus Ihrem Freundinnenkreis? Was meinen Sie, was sich als Grundgefühl dahinter verbirgt? Angst! Die Angst, nicht gut genug zu sein. Die Angst, schwach und hilflos zu sein. Oder – das passiert auch gern – der Versuch, sich durch die Beschäftigung mit den Problemen des Mannes nicht mit den eigenen Schwierigkeiten oder Bedürfnissen auseinandersetzen zu müssen. Falls Sie jetzt einen Anflug von »Da könnte bei mir was sitzen!?« haben, gibt es keinen Grund für Selbstvorwürfe. Das zeigt lediglich an, dass es an der Zeit ist, Ihre Stärke und Großartigkeit zu entdecken. Wenn Sie diesen Fragen nachgehen, können Sie die Rolle der Erzieherin und Männerschmiedin getrost loslassen und sich um das Glück des wichtigsten Menschen in Ihrem Leben kümmern: um Ihr eigenes. Ihr Mann wird Sie dafür umso mehr lieben, weil er dann nicht mehr mit einer Zweitmutter lebt, die ihn kritisiert und erzieht, sondern mit einer zufriedenen, entspannten Frau an seiner Seite. (Und an späterer Stelle verrate ich Ihnen, wie Sie ihn mit Charme dazu bringen, sich zu verändern. Ja, ich weiß, das klingt jetzt inkonsequent. Aber einige unschöne Kleinigkeiten aneinander zu optimieren, ist erlaubt. Finden Sie nicht?)

Das Thema Potenzial ist eine Variante vom Projekt-Denken, weil uns unsere verborgenen Gefühle das Potenzial einer erfüllenden Beziehung mit einem »schwierigen« Mann suchen lassen.

Ein schönes Beispiel dafür ist meine Klientin Ricarda, die seit einem Jahr in ihren verheirateten Chef verliebt ist, weil er sie in einem romantischen Moment seine künstlerische, sensible Seite hat sehen lassen. Im Alltag ist er ein harter Geschäftsmann, der Ricarda klar signalisiert hat, nicht mehr als eine Affäre zu wollen. Dies hat Ricarda klugerweise abgelehnt. Dennoch ist sie völlig beherrscht von der Vorstellung, ihm zu helfen, sein ungelebtes kreatives und emotionales Potenzial zu entfalten, denn dieser Aspekt hat ihr Herz berührt. Genau genommen ist sie also nicht in den Mann verliebt, der er 99 Prozent der Zeit ist, sondern in ein Prozent dieses Mannes, das er aber nur in seltenen Momenten zum Ausdruck bringt. Dennoch möchte sie ihn so hinbiegen, dass der Persönlichkeitsanteil, den sie an ihm faszinierend findet, größer wird. Sie hat dafür auch eine gute Begründung: Es wird ihm guttun, seine zarte Seite mehr zu leben. Nur stellt sich in so einer Situation auch die Frage, ob es Ricarda selbst nicht guttäte, einen Mann zu wählen, der sein Potenzial bereits lebt, anstelle von einem, dem sie helfen und den sie emotional heilen muss, bis vielleicht irgendwann eines fernen Tages mal ein brauchbarer Partner daraus wird.

Oder auch nicht. Denn viele Potenziale bei Männern entpuppen sich bei näherem Hinsehen als ausgewachsene Illusion ... Ricarda kommt aus einer Familie, in der ihr früh die Rolle derjenigen übertragen wurde, die Liebe für Hilfe und Verständnis bekam. Sie musste sich anstrengen, um die Liebe von emotional distanzierten Familienmitgliedern zu erringen. Dies ist ein weitverbreitetes Muster.

Tendenziell sind Frauen mit prägenden Mustern wie »Ich muss mir Liebe verdienen« oder »Ich muss um Liebe kämpfen« eher empfänglich für Macho-Männer. Sie wollen die Auserwählte sein, der es gelingt, die harte Schale des Problem-Manns zu knacken. Manche Kerle mit miesem Charakter nutzen das skrupellos aus und unterziehen diese Frauen einer Kur aus emotionalen Wechselduschen: Mal sind sie ungeheuer warm und liebevoll, dann wieder kalt und distanziert. Mal sind sie für die Frau greifbar, dann verschwinden sie wieder und melden sich nicht. Das macht viele Frauen kirre. Sie entwickeln intensive Gefühle, eine starke Sehnsucht und ein Idealbild davon, wie es sein wird, wenn ER sich ihnen ganz öffnet und sie liebt. Also kämpfen sie. Und das oft jahrelang.

Wenn Frauen die Ursachen dieses Verhaltens aufgelöst haben, ändert sich auch ihr Umgang mit solchen »Potenzial-Männern«. Mit neu gewonnenem Selbstbewusstsein entscheiden die Frauen dann lieber auf Basis dessen, was ist, statt darauf, was sein könnte. Und wenn ihnen das, was ist, nicht taugt, lassen sie es los und vertrauen darauf, einen besseren Mann kennenzulernen.

Variante 3 – die Wahl des Mannes, der so wenig zu einem passt, dass Toleranz nun wirklich schwer wird, hat eher etwas mit mangelnder Selbstkenntnis zu tun. Hierzu mehr unter 10. »Kompatibilität der Partner« und am Ende des ersten Kapitels unter »Der sichere Griff zum falschen Mann«. Sie werden sehen, dass Sie es sich sparen können, ungeheuer viel Toleranz für schwierige Verhaltensweisen eines Partners aufbringen zu müssen, wenn Sie von vornherein »Nein« zu den Männern sagen, die einfach nicht zu Ihnen passen. Diese Männer mögen geeignet sein für eine heiße Affäre oder eine gute Freundschaft, nicht aber für eine verbindliche Partnerschaft.

9. Nähe/Freiraum: ausgewogen – okay – ich fühl mich eingeengt/ vernachlässigt

Die klassische Rollenverteilung, die am meisten für Beziehungsstress sorgt: die Frau, die klammert, und der Mann, der flüchtend um Freiraum ringt. Manche Frauen beginnen innerlich zu rotieren, wenn ihr Mann sich nicht ständig meldet. Andere halten die Phasen innerer Distanz bei einem ungeklärten Konflikt nur schwer aus. Wieder andere erwarten mehr gemeinsame Zeit von ihrem Partner, als der geben kann oder will, und fühlen sich deshalb vernachlässigt. (Es ist tatsächlich etwas ungünstig, wenn sie sich einen Manager ausgesucht haben, den Lebensstandard schätzen, aber unzufrieden sind, weil er wochentags nie zu Hause ist und am Wochenende komplett erschöpft auf dem Sofa liegt.)

Natürlich gibt es das Ganze auch in umgekehrter Rollenverteilung mit einem Mann, der um mehr Aufmerksamkeit von seiner Frau ringt, die sich intensiv um ihren Beruf und/oder ihre Kinder kümmert. Oder besitzergreifende, eifersüchtige Männer, die fordern, Lebensmittelpunkt ihrer Frau zu sein, und dabei ihren Freiraum beschneiden und kontrollieren. Nicht zu vergessen die eifersüchtigen Frauen, die über jeden Schritt ihres Mannes informiert sein wollen. Oder scheinbar starke Frauen, die so viel Freiraum benötigen, dass echte emotionale Nähe kaum noch möglich ist. Manche vermeiden sogar Nähe, indem sie einen weit entfernt lebenden oder gebundenen Mann wählen.

Was steckt hinter all diesen Schwierigkeiten? Im Zweifelsfall immer mangelndes Vertrauen und eine Angst, die entweder etwas mit dem Selbst- oder dem Weltbild zu tun hat. Wenn das Selbstbild geprägt ist von Glaubenssätzen wie »Ich bin nicht gut genug, um geliebt zu werden« oder »Ich bin schwach«, kann ein Mensch nicht vertrauen und innerlich locker lassen. Ist im Weltbild die Liebe als nicht sicher und dauerhaft verankert oder die Überzeugung, dass Männer/Frauen nicht treu sein können, löst dies ebenfalls ein Nähe-/Distanzproblem aus. Wie entsteht so ein Weltbild? Ein Beispiel haben wir schon unter Punkt 5. »Unsere Konflikte« angeschaut: Verlassenheitsängste, die durch die Trennung von der Mutter in frühster Kindheit verursacht werden. Falls Sie mit solchen Ängsten ringen, es in Ihrer Kindheit aber keine derartige Erfahrung gab, was kann es noch sein? Haben Sie eine wichtige Bezugsperson durch Scheidung oder Tod verloren? Gab es Verlust, Zurückweisung oder Trennung in Ihrem Liebesleben, die Sie noch nicht verarbeitet haben? Dann könnte der Glaubenssatz »Liebe ist nicht sicher, deshalb muss ich Angst haben, meinen Liebsten zu verlieren« in Ihrem Unterbewusstsein herumschwirren und Ihr Verhalten beeinflussen. Oder Sie wurden von einem Partner so enttäuscht, dass Sie zum Schluss gekommen sind: »Männern darf man nicht vertrauen. Es ist gefährlich, Nähe zuzulassen. Wenn ich das tue, werde ich wieder verletzt und betrogen.« Sie werden staunen, wie viel entspannter Sie sich fühlen, wenn Sie die alten Wunden mit BSFF geheilt und die alten Überzeugungen losgelassen haben.

Viele Frauen haben auch mit Grenzüberschreitungen zu kämpfen. So auch Maria, eine warmherzige, emotionale Frau mit wiederkehrenden Beziehungsmustern. »Was Männer angeht, bin ich ambivalent«, erzählt sie mir bei unserer ersten Begegnung. »Ich hätte gerne eine Partnerschaft, aber da habe ich wieder jemanden, der an mir zerrt und etwas will. Das ertrage ich nicht.« Marias Eltern neigten beide dazu, ihre Grenzen zu überschreiten – die Mutter fand nicht mal etwas dabei, in den Sachen ihrer erwachsenen Tochter zu kramen. Das hatte sich auf Marias Beuteschema ausgewirkt und machte sie empfänglich für Männer, bei denen sich dieses Muster fortsetzte. Erst mit 40 Jahren gelangte sie an den Punkt, diese Prägung loszulassen und sich damit zu öffnen für respektvolle, achtsame Männer, vor denen sie sich nicht schützen musste.

10. Kompatibilität der Partner (gemeinsame Werte und Ziele): passt perfekt – okay – passt gar nicht

Wenn wir nicht wissen, wer wir sind, welche Werte uns etwas bedeuten, wo wir im Leben hinwollen, was uns glücklich macht und wie wir uns unser Liebesleben vorstellen, sagen wir leicht Ja zu Männern – nur weil sie uns lieben. Oder weil wir sie lieben. Aber Liebe sagt noch nichts über die Kompatibilität zweier Menschen aus. Wenn Sie ein monogamer Familienmensch sind und von einem Haus im Grünen träumen, werden Sie bei aller Liebe nicht dauerhaft glücklich mit einem polygamen Weltenbummler. Es ist dann keine Frage von Toleranz mehr, wenn Sie ihn so lassen, wie er ist, sondern Verrat an Ihren Herzenswünschen. Umgekehrt ist es nicht besser: Wenn Sie von ihm erwarten, seine Träume und Wünsche aufzugeben und die Ihren zu übernehmen, damit Sie ein Paar sein können, wird er irgendwann unzufrieden und traurig und möglicherweise sogar wütend auf Sie werden. Obwohl es natürlich auch seine Entscheidung war, für die er die Verantwortung trägt. Deshalb ist es sinnvoll, rechtzeitig über Lebensvisionen, Werte und Ziele zu sprechen. Wie handhaben Sie das in Ihrer Beziehung? Haben Sie die gleichen moralisch-ethischen Werte? Verfolgen Sie gemeinsame Ziele, die Sie noch stärker zusammenschweißen und am gleichen Strang ziehen lassen? Oder leiden Sie an der Unvereinbarkeit Ihrer Bedürfnisse? Wenn Sie die Beschäftigung mit diesem Thema scheuen, weil Sie glauben, doch zu keiner Lösung zu kommen, kann Ihnen BSFF helfen. Denn damit behandeln Sie die Angst, sich trennen zu müssen, die innere Zerrissenheit zwischen Liebe und Lebenstraum und die Überzeugung, es gäbe keine gute Lösung. Bei vielen Klientinnen bewirkt das die erforderliche innere Entspannung und Distanz, um auf völlig neue Ideen und Lösungswege zu kommen. Schließlich liebt und lebt es sich gelassen viel leichter.

Glaubenssätze – Die Saboteure im Hinterkopf

Ich hoffe, Sie haben bei der ausführlichen Betrachtung der zehn wichtigsten Beziehungsaspekte schon einige mögliche Ursachen Ihrer unbewussten Kriterien der Männerwahl aufgedeckt und notiert. Als weitere Inspiration für Ihre Innenschau folgt nun eine Übersicht an Glaubenssätzen, die ich im Lauf der Jahre von meinen Klientinnen – nach außen oft ganz starke, patente Frauen – gehört habe. Sollten in Ihnen noch weitere Glaubenssätze schlummern, vervollständigen Sie die Liste einfach in Ihrem Notizbuch.

MEIN SELBSTBILD

- Ich bin nicht gut genug./Ich muss besser werden.
- Ich bin es nicht wert, glücklich zu sein/geliebt zu werden.
- Ich verdiene keinen richtig tollen Mann.
- Ich muss mich anstrengen, damit er mich liebt.
- Ich bin nicht wichtig.
- Er darf nicht merken, wie ich wirklich bin, sonst ist er weg.
- Eigentlich bin ich eine Mogelpackung.
- Ich muss alles perfekt machen und in allem besonders gut sein, sonst bin ich nicht okay.
- Ich muss kämpfen und beweisen, dass ich gut genug bin.
- Ich muss immer lieb sein und es anderen recht machen.
- Ich bin dafür verantwortlich, dass es allen gut geht.
- Ich muss immer alles kontrollieren, es in der Hand haben.
- Ich muss mir unbedingt seiner Zuneigung sicher sein.
- Ich bin wertlos, wenn ich es nicht schaffe, mit meiner Liebe alle Probleme zu besiegen und ihn zu halten.
- Ich bin nicht schön/jung/begehrenswert genug.
- Ich würde mich so auch nicht lieben.
- Meine Bedürfnisse zu äußern, ist böse.
- Wenn ich bin, wie ich bin, bin ich für andere nicht richtig.
- Wenn ich nicht toll aussehe/schlank bin, bin ich nicht liebenswert.
- Weil ich etwas getan habe, für das ich mich schuldig fühle, verdiene ich nicht, glücklich zu sein.
- Weil ich mich zu einem anderen Mann hingezogen fühle, bin ich schlecht.
- Ich habe Angst davor, ganz allein zu sein, wenn ich mich trenne.
- Ich habe Angst anzukommen, es darf noch nicht sein, weil ich erst noch ... tun muss.
- Weil ich etwas getan habe, für das ich mich schuldig fühle, verdiene ich nicht, glücklich zu sein.
- Ich habe Angst, wieder danebenzugreifen und enttäuscht zu werden.

- Ich bin wütend auf mich, weil ich das so lange mitgemacht habe.
- Ich bin traurig, weil es ich es nicht hinbekomme.
- Ich fühle mich so hilflos und ausgeliefert.
- Ich schäme mich, weil ich ...
- Ich kann mir nicht verzeihen, dass ich ...
- Ich bin noch nicht bereit für Neues, will keine Veränderung.
- Ich mache mir selber Vorwürfe, weil ...
- Ich will mich nicht besitzen lassen.
- Ich muss immer tough sein.
- Ich darf keine Schwäche zeigen.
- Ich kann/darf keine Liebe annehmen.
- Männer sind mein Lebensmittelpunkt.
- Ich werde von der Sehnsucht zerfressen, wieder einen Freund zu haben.
- Das Scheitern der Beziehung damals war so schlimm, dass ich nicht wusste, wie ich weiterleben sollte. Das will ich nie wieder erleben!
- Ich kann/darf nicht »Nein« sagen.
- Ich muss die Schuld auf mich nehmen, damit wieder Harmonie da ist.

MEIN MÄNNERBILD/BEZIEHUNGSBILD

- Es gibt nicht viele gute Männer, die findet man nicht jeden Tag.
- Alle Männer haben eine Macke.
- Männer haben Probleme mit starken Frauen./Männer haben Angst vor mir.
- So eine seelische Verbindung wie mit ihm finde ich nie wieder. Die kann man nicht trennen.
- Die Frauen in meiner Familie sind alle unglücklich in ihrer Ehe.
- Männer tun mir weh, ich muss mich vor ihnen schützen.
- Ich darf Männern nicht trauen, Männer sind gefährlich.
- Liebe tut weh.
- Liebe hält nicht.
- Irgendwann verlässt er mich ja doch (und ich provoziere es auch noch).

- Ich bin traurig bei dem Gedanken/es fällt mir schwer, meine Träume, Hoffnungen und Illusionen in Bezug auf ihn loszulassen.
- In einer Beziehung werde ich vereinnahmt./Männer schränken mich ein.
- Männer können nicht fühlen.
- Männer brauchen Frauen, die ihnen bei ihren Gefühlen helfen.
- Männer sind schwach und hilfsbedürftig, Frauen sind das starke Geschlecht.
- Ich muss in einer Beziehung für den Mann verfügbar sein.
- Da ist immer ein »Ich muss!«.
- Männer sind egoistisch, können nur nehmen, aber nicht geben.
- Ich muss Liebe geben.
- Männer sind nicht verlässlich.
- Männer stellen Bedingungen.
- Männer können nicht treu sein.
- Männer sind alle Lügner.
- Ich muss immer alles alleine machen.
- Männer interessieren sich nur für Frauen, die ... sind.
- Männer finden mich ...
- Wenn er mich so verletzt hat, wird er es wieder tun.
- Treu sein heißt, man besitzt mich.
- Ich habe Angst, wieder so eine Beziehung zu erleben wie die davor.
- Wenn er etwas anderes will, heißt das, dass er mich nicht lieb hat.
- Ich mache mir Vorwürfe, nur ins Verliebtsein verliebt zu sein.
- Männer sind schroff und beleidigend.
- Die Stärke des Mannes richtet sich gegen die Frau.
- Ich will nie wieder erleben, ... /Ich habe Angst, ... wieder zu erleben.
- Wenn ich mich öffne, tut man mir weh.
- Heutzutage enden Beziehungen doch alle mit einer Trennung.
- Verheiratet zu sein heißt, häuslich und langweilig zu werden.
- Eine Ehefrau kocht und kümmert sich um den Haushalt.
- Eine Ehefrau fragt, bevor sie das gemeinsame Geld ausgibt.
- Der Mann ist der Versorger.

MEIN WELTBILD

- Das Leben ist total gefährlich.
- Es wird schiefgehen.
- Es wird anstrengend und mühevoll sein.
- Auf nichts kann man sich verlassen.
- Das Leben ist ungerecht.
- Die anderen haben mehr Glück als ich.
- Die Menschen, die ich liebe, sterben/verlassen mich.

Möglicherweise führen einige dieser Sätze Sie zurück in Ihre eigene Vergangenheit, erinnern Sie an etwas oder jemanden. Manche der Sätze sind machtvoller als andere, einige verlangen Ihre intensive Aufmerksamkeit. Wieder andere machen Ihnen das Leben ganz schnell leichter: Denn diese unbewussten Glaubenssätze, die Ärgernisse in Ihrer Partnerschaft verursachen, lösen sich von selbst auf, wenn man sie dem Licht der Bewusstheit aussetzt. Sollten Sie sich beispielsweise regelmäßig über Ihren Liebsten aufregen, weil er es selbstverständlich findet, dass sie allabendlich das Essen zubereiten, und gerade in Ihrem Hinterkopf den prägenden Glaubenssatz »Frauen stehen in der Partnerschaft in der Küche« wiedergefunden haben, den Ihre Mutter immer sagte, dann ist die Sache klar: Nicht Ihr Partner hat Sie an den Herd gezerrt, sondern das ungewollt übernommene Vorbild Ihrer Mutter. Konditionierung erkannt, Konditionierung gebannt – und schon kochen Sie nur noch dann etwas Leckeres, wenn Sie wirklich Lust darauf haben.

Zurück zu Ihren Aufzeichnungen. Nachdem Sie nun auf den vergangenen Seiten in sich hineingehorcht, Einblicke in unbewusste Liebesgewohnheiten bekommen und deren Entstehung verstanden haben, sind sicher jede Menge Notizen in Ihrem Buch zusammengekommen. Das eine oder andere steht da sicherlich noch etwas ungeordnet. Deshalb wird es jetzt Zeit, das Ganze systematisch anzugehen und zu ordnen.

Bitte zeichnen Sie in Ihr Notizbuch eine Tabelle mit drei Spalten. In der ersten – nennen wir sie »Problem« – tragen Sie untereinander die drei wichtigsten Blockaden und Beziehungsproblem-Verursacher ein, die Sie bisher entdeckt haben. Ganz oben steht das Problem mit der höchsten emotionalen Ladung, also das, was Sie am stärksten bewegt oder aufwühlt. In der Spalte rechts daneben – mit der Überschrift »Wurzel« – tragen Sie die Ursache(n), also die Wurzeln des hinderlichen Gefühls, Gedankens oder Verhaltens ein. Dies sind in vielen Fällen prägende Kindheitserinnerungen. Es können aber auch schwere seelische Verletzungen im Erwachsenenalter sein. Genau diese belastenden Erfahrungen, die noch in Ihnen stecken und zu machtvoll sind, um durch bloßes Bewusstmachen zu verschwinden, werden wir später mit BSFF in allen Facetten auflösen, sodass der Gedanke daran Sie bald kaltlässt und die Sätze oder Szenen von damals Ihr Verhalten zukünftig nicht mehr beeinflussen. Sollten Sie auch bei genauer Betrachtung Ihrer Vergangenheit keine konkreten Situationen identifizieren können, schreiben Sie bitte statt der Wurzel die verschiedenen Aspekte Ihres Problems auf. Das können einige der oben aufgeführten Sätze sein, körperliche Reaktionen oder konkrete Gedanken und Gefühle, die Sie im Kontext des Problems immer wieder erleben. Die letzte Spalte – »Lösung« genannt – brauchen Sie später, wenn wir mit BSFF-Affirmationen arbeiten. Dort tragen Sie dann ein, welches positive, stärkende Gefühl nach dem Auflösen des Psychomülls an seine Stelle treten soll. Sie können Ihrem Unterbewusstsein genaue Anweisungen geben, wie Sie sich in Zukunft fühlen oder verhalten wollen. Wie die Instruktionen schnell und leicht im Unterbewusstsein verankert werden, ohne sie ständig wiederholen zu müssen, lernen Sie im nächsten Kapitel unter »BSFF aufgepeppt«.

Problem	Wurzel (Aspekte des Problems)	Lösung

Der sichere Griff zum scheinbar falschen Mann – Was Frauen vom Hundeprofi lernen können

Es gibt einige Beziehungsratgeber, die Männer mit Hunden vergleichen, nach Rassen einordnen und Tipps geben, wie man seinen Mann richtig »erzieht«. Eigentlich finde ich das männerverachtend. Eigentlich. Und jetzt mache ich es selbst. Genau hier. Denn es gibt eine TV-Sendung über Hundeerziehung, in der man auch ungeheuer viel über den richtigen Umgang mit Menschen lernen kann: Der »Hundeprofi«. Martin Rütter berät VIPs bei der Auswahl des richtigen Hundes und hilft unterschiedlichsten Leuten, damit Mensch und Hund wieder ein starkes, glückliches Team werden.

Ich erinnere mich an eine Folge, in der Rütter eine Schauspielerin bei der Auswahl eines Welpen beriet. Man hatte sich bald auf eine Rasse geeinigt, die optimal zu den Lebensverhältnissen und dem Wesen der Frau passte. Nun ging es zu einem Züchter, der einen Wurf charmanter Welpen just dieser Rasse abzugeben hatte, um unter zehn kulleräugigen, flauschigen Babyhunden den auszuwählen, der aufgrund seines Naturells als Gefährte für diese Schauspielerin am besten geeignet war. Also wurden die Welpen getestet. Einer der Tests bestand darin, das Hundekind auf den Arm zu nehmen und es dann im Arm auf den Rücken zu legen. Einige der kleinen Hunde protestierten mit wildem Strampeln auf diese Freiheitsberaubung, manche wehrten sich kurz und entspannten sich schnell und wieder andere blieben sofort ruhig und vertrauensvoll im Arm liegen. Das waren die mit einem großen Vertrauen zum Menschen und wenig Ambitionen, ihren eigenen Kopf durchzusetzen. Also perfekte Hunde für den weniger erfahrenen Halter oder für jemanden, der es unkompliziert und harmonisch möchte.

Ganz ehrlich – wenn Sie Ihre Expartner (bildlich gesprochen) auf den Rücken gedreht hätten, wären die ruhig liegen geblieben? Oder hätten sie wild gezappelt, sich gewunden, vielleicht sogar geknurrt oder gar gebissen? Wie haben Sie damals eigentlich das Wesen des Mannes, der sie umwarb, getestet? Gab es Indikatoren, die Sie hätten stutzig machen können? Falls sie Ihnen jetzt erst auffallen – auch nicht schlimm. Schreiben Sie alles auf und seien Sie beim nächsten Mann aufmerksamer.

Und noch mal zur Wahl der passenden »Rasse«: Welche Gedanken haben Sie sich darüber gemacht, ob seine Werte und Lebenspläne zu Ihren passten? Keine? Das ist eine rein emotionale Entscheidung gewesen? So ein weggeflashtes »Wow« als Grundlage? Na ja, das kommt bei Liebe schon mal vor. Da hilft nur eins: Akzeptanz der Unterschiede. Am besten gepaart mit ganz viel Humor.

Sollten Sie jetzt sagen: »Nein, ich habe versucht, ihn zu verändern«, hoffe ich, dass Sie eine ähnlich motivierende Vorgehensweise gewählt haben wie Herr Rütter. Denn das ist die nächste Erkenntnis aus der Sendung »Der Hundeprofi«: Wenn man die Psyche und die Motive eines Mannes wirklich versteht, die richtige, motivierende Strategie wählt und geduldig bleibt, erhöht das die Chancen auf die gewünschte Veränderung ganz enorm. Aber um das so hinzubekommen, muss man fähig sein, das eigene Verhalten sehr bewusst zu steuern, was nur klappt, wenn man weitgehend frei ist von Psychomüll und Reaktionsautomatismen. Eine weitere wesentliche Voraussetzung: Der Mann muss psychisch gesund sein. (Ich kenne so viele Menschen, die versucht haben, eine Beziehung mit einem Borderliner oder einem Suchtkranken zu führen, dass ich das in aller Deutlichkeit sagen muss.) Und er muss einen guten Charakter haben, wozu gehört, dass er nicht zu Gewalttätigkeit neigt und dass es ihm Freude bereitet, seine Geliebte glücklich zu machen. Ist dies nicht der Fall, wird das Zusammenleben mit ihm ähnlich heikel wie mit einem Kampfhund, der den Wesenstest nicht bestanden hätte.

Lassen Sie uns noch einen abschließenden Blick auf Ihre Expartner werfen. Schenken Ihnen diese Männer vielleicht sogar Erkenntnisse, die für Ihr zukünftiges Liebesleben nützlich sind?

1. Ich entscheide mich dafür, bei meinen kommenden Dates immer sofort darauf zu achten, ob sie ... sind/... tun.

2. Ich mache mich an meinen inneren Hausputz, damit ich nicht wieder Männer treffe, die mir negative Glaubenssätze über mich/die Männer/die Welt spiegeln oder mit denen ich die Ehe meiner Eltern nachspiele.

3. Ich entwickle an mir die Qualitäten, die mir fehlen und die ich toll finde, und gerate damit nicht mehr in die Gefahr, mich in Männer zu verlieben, nur weil sie über diese Eigenschaften verfügen.

4. Ich erkenne, welche Beziehungsprobleme etwas mit Aspekten von mir selbst zu tun haben, die ich verleugne oder verdränge.

5. Ich überprüfe, welche Ziele und Werte diese Männer haben, und entscheide dann, ob sie zu meinen eigenen passen, ob ich sie akzeptieren kann oder ob ich bereit bin, meine eigenen Ziele an die der Männer anzupassen. Wenn unsere Herzenswünsche nicht vereinbar sind, gehe ich lieber, als mich selbst zu verraten.

6. Ich wähle bewusst einen anderen, zielführenden Umgang mit schwierigen Verhaltensweisen des Mannes, statt ständig in einer Weise zu reagieren, die zuvor schon nicht zum erwünschten Ergebnis geführt hat.

7. Wenn ich mit unterschiedlichen Männern immer wieder ähnliche Situationen erlebe, betrachte ich das als Lektion, die ich zu lernen habe und mit der ich etwas in mir heilen soll. Und diese Männer ermöglichen mir dies.

8. Männer, die ständig streunen oder übermäßiges Dominanzverhalten zeigen, werden beim Tierarzt kastriert. Ups, nein, da nehme ich Martin Rütters Ratschläge doch zu wörtlich.

2. Emotionaler Hausputz

Oder: Der BSFF-Schrubber

Diese Methode hat einen Haken – Sie müssen sie anwenden, damit sie wirken kann

Meinen Sie, Sie bekommen das schon hin – im Notfall zu denken: »Unterbewusstsein, mach das weg«, gefolgt von einem selbst gewählten Schlüsselwort? Ja? Perfekt! Denn wenn es in der Liebe hart auf hart kommt und Sie kurz davor stehen, sich von Ihren Emotionen überwältigen zu lassen, kann das die Rettung sein. Diese Primitivform von BSFF könnte der entscheidende Befehl an Ihr Unterbewusstsein sein, der idealerweise verhindert, dass Sie in Rage den Frosch an Ihrer Seite gegen die Wand klatschen und es hinterher bereuen. Warum Ihr Unterbewusstsein dieser Anweisung Folge leistet, wie BSFF funktioniert und welche elaborierteren Formulierungsmöglichkeiten es gibt, erkläre ich Ihnen jetzt.

Beginnen wir mit der Bedeutung der Buchstaben. BSFF steht als Abkürzung für »Be Set Free Fast« – also »Sei schnell davon befreit«. Die vollständige Bezeichnung der Methode lautet allerdings »Behavioural and Emotional Elimination Training For Resolving Excess Emotion: Fear, Anger, Sadness and Trauma«. Zu deutsch:»Training zur Beseitigung von verhaltensbezogenen und emotionalen Symptomen, zur Auflösung übermäßiger Emotionen – von Angst, Wut, Traurigkeit und Trauma«. Die Methode sorgt also nicht dafür, dass sich die Anwender zu emotionslosen Zombies entwickeln, sondern sie hilft ihnen lediglich, überbordende, unangemessene Gefühle zu reduzieren und die Prägungen aufgrund schmerzvoller Erlebnisse aufzulösen.

BSFF-Spezialistin und Fachbuchautorin Verena Stollnberger bezeichnet BSFF auch als »Antivirenprogramm fürs Unterbewusstsein«. Das bringt die Wirkungsweise des Verfahrens auf den Punkt: So, wie man einmalig ein Antivirenprogramm auf der Festplatte des Rechners einrichtet, das dann aufgrund konkreter Handlungsanweisungen auf Kommando die infizierten Dateien löscht oder isoliert, so installiert man auch bei BSFF ein Mal im Leben ein »Problembehandlungsprogramm« im Unterbewusstsein. Dieses Programm lässt sich durch ein zuvor gewähltes

Schlüsselwort aktivieren und die belastenden Gefühle verschwinden innerhalb von Minuten. Das ist in der Liebe Gold wert: Wer sich bisher in Konfliktsituationen mit dem Partner immer hilflos fühlte und deshalb verbal um sich schlug, kann damit zu einer inneren Sicherheit finden, die es leicht macht, den eigenen Standpunkt klar und souverän zu vertreten. Wenn Verlustängste oder Eifersucht Ihre Liebe überschatten, können Sie mit BSFF zu Vertrauen und Gelassenheit finden. Und sollte Ihr Partner Sie mit seinem unerfreulichen Verhalten stressen, kann BSFF bewirken, dass Sie seine eigene Verletztheit hinter dem ärgerlichen Benehmen sehen und zielführender darauf reagieren können. Oder Sie entwickeln die Stärke, klare Grenzen zu setzen oder zu gehen. Die Anleitung für das »Problembehandlungsprogramm«, also wie genau Ihr Unterbewusstsein mit belastenden Prägungen, unangenehmen Gefühlen und einschränkenden Gedankenmustern verfahren soll, finden Sie im Anschluss an diesen theoretischen Teil. Zur Installation dieses »Programms« brauchen Sie den Text nur ein- bis zweimal laut lesen. Einfacher kann es kaum gehen.

Weniger klar und einfach sind die Wirkweise und die Herkunft der Methode. Sie wurde von dem klinischen Psychologen Dr. Larry Nims Anfang der 90er-Jahre entwickelt, um psychisch Kranken zu helfen, und basiert auf der »Thought Field Technique« (TFT) von Dr. Roger Callahan, die man auch »psychologische Akupunktur« nennt. Damit gehört sie zu den Energietherapie-Methoden. Gleichzeitig enthält BSFF aber auch Elemente wie NLP (Neurolinguistisches Programmieren) und Hypnose nach Milton Erickson, was zusammen einen äußerst wirkungsvollen Cocktail ergibt.

Was die Methode vermag, ist verblüffend: Sie setzt bei der Wurzel eines Problems im Unterbewusstsein an und entfernt schnell und sanft den Einfluss aller belastenden Gefühle, Erfahrungen, hemmenden Glaubenssätze, Verhaltens- und Denkweisen, die unser Leben dirigieren. Denn sie sind dafür verantwortlich, dass wir dieselben destruktiven Reaktions- und Verhaltensmuster ständig wiederholen, auch wenn wir wissen, dass sie uns und unserer Beziehung nicht guttun.

Aber wie schafft BSFF das? Ein Neurobiologe würde vielleicht sagen, dass man im Gehirn die Transmitterprobleme zwischen Amygdala

(Mandelkern/Emotionszentrum) und Hippocampus (Schnittstelle zwischen Kurzzeit- und Langzeitgedächtnis) beseitigt. Ich sage, ganz grob vereinfacht passiert bei der Behandlung von traumatischen Erfahrungen mit BSFF Folgendes: Der Psychomüll, der Ihr Verhalten steuert, bezieht seine Macht aus einer neuronalen Verknüpfung zwischen dieser Erfahrung und einer automatischen emotionalen Reaktion. Und immer, wenn Ihnen Dinge passieren, die auch nur ansatzweise Ähnlichkeit mit der alten Erfahrung haben, wird sofort das damit verbundene starke Gefühl aus der Vergangenheit und das dementsprechende Verhalten aktiviert. Sie haben keine Wahl, die Neurotransmitterverknüpfung steuert Sie. In dem Moment aber, in dem Sie bei der BSFF-Behandlung eine schmerzvolle, prägende Erinnerung bewusst wieder aufrufen und sich an ihre verschiedenen Facetten erinnern, bringen Sie im Hirn bereits die traumatische Reiz-Reaktions-Verknüpfung aus dem Gleichgewicht. Wenn Sie Ihrem Unbewussten nun den Befehl geben, diese Erinnerung mit BSFF zu behandeln und das Schlüsselwort sagen, das Sie gewählt haben, überlagern Sie die alte Erinnerung mit dem Reiz des BSFF-Programms. Damit löst sich die neuronale Verbindung der alten Erfahrung mit der Angstreaktion auf. Sie können sich weiterhin an alles erinnern, vergessen auch nicht die alten Glaubenssätze, aber was mit BSFF behandelt wurde, vermag nicht mehr automatisch intensive emotionale Reaktionen auszulösen und verliert die Macht über Sie. Sie schaffen es ganz leicht, Ihr Verhalten zu ändern.

So, das war's jetzt auch schon mit der Theorie. Nun sind Sie dran: Wählen Sie bitte ein Schlüsselwort, das Sie ab sofort verwenden möchten, um die BSFF-Behandlung auszulösen. Es sollte etwas sein, das für Sie positiv besetzt ist. Ihr Lieblingsurlaubsort, ein schöner Begriff für die Liebe, Hoffnung, der Name Ihres Haustieres – auf alle Fälle etwas, das sofort ein gutes Gefühl in Ihnen auslöst, wenn Sie daran denken oder das Wort sagen. Fertig? Dann weiter: Lesen Sie jetzt bitte die Liste mit den 13 Stoppern durch. Sie finden Sie am Ende des Instruktionstextes auf Seite 72 nach der Vergebungsarbeit. Nur durchlesen, mehr nicht. Fertig? Anschließend lesen Sie die Hauptinstruktion und die Instruktionen zur Vergebungsarbeit bitte noch einmal laut und fügen Sie überall dort, wo »Schlüsselwort« steht, Ihren ganz persönlichen Begriff ein. Ich weiß –

diese Texte sind lang, aber dafür müssen Sie diese Arbeit auch nur ein einziges Mal im Leben durchführen. Versuchen Sie bitte nicht, sich zu merken, was Sie lesen. Je entspannter Sie sind, desto besser rutscht die Handlungsanweisung in Ihr Unterbewusstsein. Und machen Sie sich bitte überhaupt keine Gedanken, falls Sie nicht verstehen, was Sie da lesen. Die Formulierungen sind so gewählt, dass sie am besten auf Ihr Unterbewusstsein wirken. Lesen Sie einfach weiter – ohne nachzudenken.

Nachdem Sie die Hauptinstruktion und die Schlussinstruktionen gelesen haben, kehren Sie bitte zu den Stoppern zurück. An dem Punkt beginnen wir mit der Behandlung, denn die Wahrscheinlichkeit, dass einige der Stopper-Aussagen auf Sie zutreffen, ist hoch. Bitte nehmen Sie sich einen Satz nach dem anderen vor und horchen Sie in sich hinein: Wie groß ist Ihre Zustimmung zu dem Satz? Konzentrieren Sie sich auf Ihr Gefühl und sagen oder denken Sie Ihr Schlüsselwort. Wiederholen Sie dies so oft, bis jegliche innere Zustimmung verschwunden ist. Dann nehmen Sie sich den nächsten Satz vor, bis alle Stopper, die Ihren BSFF-Erfolg beeinträchtigen können, bearbeitet sind. Dieses Prozedere sollten Sie später immer dann wiederholen, wenn Sie merken, dass Sie sich mit dem Loslassen eines Problems schwertun oder befürchten, rückfällig zu werden.

Handlungsanweisung für das Unterbewusstsein[1]

HAUPTINSTRUKTION:

Die folgenden Anweisungen sind für dich, mein Unterbewusstsein. Wann immer ich bewusst ein Problem bemerke, das ich von dir entfernen lassen will, und dann mein Schlüsselwort ausspreche oder denke, führst du den kompletten BSFF-Ablauf zu diesem Problem durch. Das Schlüsselwort, das ich gewählt habe, lautet ....

Zur Vorbereitung jeder Behandlung eines Problems oder Themas bearbeitest du immer automatisch und ohne dass ich dich dazu explizit anweise, die oben aufgeführten 13 Stopper, sofern sie irgendeinen Einfluss auf oder irgendeinen Bezug zu der nachfolgenden Sitzung haben, und entfernst jeden der darin genannten erfolgshemmenden Aspekte, jeden Gedanken, jedes Gefühl, jede Erfahrung, jeden Glaubenssatz und jeden anderen unbewussten Einflussfaktor, der eine vollumfängliche, dauerhafte Befreiung und Heilung verhindern, erschweren oder beeinträchtigen könnte, aus allen Schichten und Anteilen meines Seins.

Jedes Mal, wenn ich dich anweise, eine BSFF-Behandlung zu einem von mir bemerkten Problem oder Thema durchzuführen, und mein Schlüsselwort sage oder denke, führst du dazu eine Sequenz, bestehend aus den im Folgenden genannten vier Schritten durch. Jede Behandlung umfasst jeden Gedanken, jedes Gefühl, jede Emotion, jede Verhaltensweise, jede Einstellung, jeden Glaubenssatz, jedes innere Bild sowie alle sonst irgendwie damit zusammenhängenden Aspekte, die mit dem Problem oder Thema zu tun haben oder zu tun hatten, die zu diesem Problem beitragen oder jemals beigetragen haben. Dies alles einschließend, führst du also bei jedem Nennen oder Denken meines Schlüsselworts in *einer* Sequenz vier Schritte durch. Du behandelst, entfernt oder heilst:

---

[1] Der Installationstext beruht auf folgenden Quellen:
1. Nims, Larry P, Ph.D + Sotkin, Joan: „Be Set Free Fast" – Seite 27 bis 29 (Originalinstallation des BSFF-Entwicklers)
2. Stollnberger, Verena: "BSFF – Das Anti-Viren-Programm für die Psyche" – Seite 39 bis 47 (deutsche Übersetzung von zwei Installationen von Larry Nims)
3. Geßlein, Silke: »Heilpulsieren« – Seite 84 bis 87 (neues Heilverfahren, das BSFF-Elemente enthält)
Nach jahrelanger Arbeit mit BSFF-Coachings, die auf den Texten von Verena Stollnberger beruhen, habe ich die oben angegebene modifizierte Handlungsanweisung für das Unbewusste erstellt. Die Abfolge von Verena Stollnbergers Textelementen wurde geändert und Formulierungen ergänzt, die den Gedanken der emotionalen Heilung spürbarer machen.

1. alles, was ich in Bezug auf dieses Problem oder Thema erfahre oder je erfahren habe, inklusive sämtlicher damit verbundenen Personen, Ereignisse, Situationen und Umstände;

2. alles, was ich als Ergebnis oder Folge dieses Problems oder Themas erfahre oder jemals erfahren habe;

3. alles, was nach meiner Erfahrung je zur Entstehung oder Aufrechterhaltung dieses Problems oder Themas beigetragen hat;

4. alle angesammelten mentalen, emotionalen, körperlichen und spirituellen posttraumatischen Belastungen, die aufgrund des momentan in mir ausgelösten Problems oder Themas jemals meine Existenz berührt haben.

Sobald ich ein Problem oder Thema bemerke und mein Schlüsselwort dafür einsetze, durchläufst du diese vier Schritte in schneller Abfolge.

Die Faktoren posttraumatischer Belastung, die du entfernst, umfassen die im Folgenden genannten negativen Auswirkungen auf mein Sein sowie alle anderen hemmenden, schwächenden, begrenzenden, ungewollt steuernden oder sonst wie störenden Auswirkungen posttraumatischer Belastung des bearbeiteten Themas in meinem System:

Schock, Stress, Trauma, Leid und Verzweiflung, emotionale Verletzung und Erschütterung, Verärgerung und Irritation, Durcheinandersein.

Du entfernst und heilst bei jeder Behandlung jede dieser posttraumatischen Belastungen, sofern vorhanden, die mit einer emotionalen Wurzel des gerade bearbeiteten Problems verbunden ist und von dieser emotionalen Wurzel ausgelöst wird oder wieder ausgelöst worden ist. Du löst diese Auswirkungen posttraumatischer Belastung gründlich und dauerhaft auf, sodass sie in mir keinerlei geistige, emotionale, körperliche oder spirituelle Beschwerden, Unausgeglichenheiten oder automatischen, ungewollten Verhaltens- und Reaktionsmuster mehr auslösen können.

Du beseitigst sämtliche emotionalen Wurzeln, Konditionierungen und Glaubenssätze, die mein zu behandelndes Problem oder Thema kontrollieren oder beeinflussen sowie alle Prägungen durch verwandte Erfahrungen, die damit in irgendeiner Verbindung stehen.

Gleichzeitig behandelst du alle genetischen, ahnen-, generations- und familiensystembezogenen und alle gegenwärtigen, vergangenheits- und zukunftsgerichteten Aspekte dieses Problems sowie alles Versteckte, Verborgene, Verheimlichte, Verlorene, Abgespaltene und Verdrängte, das mit diesem Problem zusammenhängt, und lässt eine tiefe, dauerhafte Heilung geschehen.

Das heißt, dass du alle geistigen, emotionalen, mentalen, körperlichen und spirituellen Aspekte aller verwandten Probleme sowie aller abgespaltenen und fragmentierten Anteile meiner Persönlichkeit, die in irgendeiner Weise bei diesen Problemen involviert sind, bearbeitest, heilst, harmonisierst oder bei Bedarf auflöst. In jede Behandlung schließt du alles mit ein, was in mir besteht oder mit mir zu tun hat – zusammen mit allen meinen möglicherweise vorhandenen bewussten oder unbewussten Programmierungen, die dieses Problem oder Thema geschaffen haben, aufrechterhalten oder bewirken könnten, dass ich es nach der Behandlung wieder annehme. Ich danke dir für deine liebevolle, gewissenhafte Hilfe hierbei.

Jedes Mal, wenn ich mein Schlüsselwort nenne oder denke, suchst du automatisch, selbstständig und vollständig alle Themen oder Probleme und sorgst dafür, dass sie behandelt werden. Du entfernst oder heilst die Probleme auf allen Ebenen und in allen Teilen und Schichten meines Wesens, die in irgendwelcher Weise direkt oder indirekt bei jedem einzelnen Problem eine Rolle spielen, es nähren, es mit verursachen, es irgendwie aufrechterhalten oder unterstützen. Bei jeder Behandlung befasst du dich mit all diesen Dingen und beseitigst sie komplett, dauerhaft und auf sichere Art und Weise. Diesen Heil- und Reinigungsprozess zeigst du mir durch positive, deutlich wahrnehmbare Indikatoren und/ oder Veränderungen an, seien sie emotionaler, mentaler, visueller oder körperlicher Art.

Du tust das alles für mich, unabhängig davon, ob mir bewusst ist, was das Problem ist oder nicht, und sogar dann, wenn ich das Problem nicht einmal identifizieren, in Worte fassen oder benennen kann. Es reicht, wenn ich ein Problem bewusst bemerke und mein Schlüsselwort einsetze, das da lautet: ..., und schon bearbeitest und entfernst du das Problem samt allen verwandten Teilen, die irgendeinen Beitrag zu diesem Problem geleistet haben, auf allen Ebenen meines Verstandes und meiner Existenz vollständig, sicher und dauerhaft.

Du entfernst gleichzeitig auch jegliches andere Problem, das mich wie, wann oder warum auch immer anfällig für die Rückkehr bearbeiteter Probleme machen könnte. Sogar wenn ich mit der Bearbeitung anderer Probleme oder Themen fortfahre, behandelst du automatisch alle Aspekte aller bislang bearbeiteten Probleme und Themen weiter, bis mein Bewusstsein alle relevanten Einsichten über die Herkunft oder die Ursachen all der bearbeiteten Probleme gewonnen und diese unmissverständlich begriffen hat.

Du machst dies alles ab sofort für mich, für jedes Problem, das ich je bewusst bemerken und zu bearbeiten beabsichtige, wann immer ich die Bearbeitung mit meinem Schlüsselwort oder jeglichen anderen Worten einleite, die ich als Befehl für die BSFF-Anwendung festlege. Alles, was ich zu tun habe, wenn ich ein Problem bewusst bemerke, ist, die Bearbeitung mit meinem Schlüsselwort einzuleiten.

Jedes Mal, wenn ich die Stopper oder irgendeine Art von Wut, Verurteilung, Kritik oder Unverzeihen oder jegliche anderen einschränkenden Gedanken, Gefühle, innere Haltungen oder Glaubenssätze, die ich in Bezug auf mich selbst haben mag, bearbeite, schließt du all diese Dinge, die möglicherweise aus früheren Behandlungen übrig geblieben sind, in die laufende Arbeit mit ein. Bei solchen Aktualisierungsprozessen ist es unerheblich, wie lange die früheren Behandlungen zurückliegen. Ebenso wirst du bei jeder Bearbeitung von Wut und Unverzeihen gegenüber einer anderen Person oder einer Gruppe von Menschen diese Haltungen hinsichtlich der ganzen Persönlichkeit und aller Anteile dieser Person oder aller Personen innerhalb dieser Gruppe von Menschen bearbeiten, wenn ich mich während des Prozesses auf sie beziehe.

Wann immer ich dich dazu auffordere und mein Schlüsselwort sage oder denke, ersetzt du die entfernten oder geheilten Facetten meines Problems oder Themas durch die positiven Gedanken, Gefühle, Überzeugungen oder inneren Bilder, die ich dir nenne, sofern sie in Einklang mit meinem höchsten Wohl und dem höchsten Wohl aller Beteiligten stehen. Hierbei entfernst du jegliche Art von Zweifel, Einspruch oder Widerstand gegen diese von mir gewählte neue Wahrheit und innere Realität aus allen

Schichten meines Seins, die die liebevolle Akzeptanz dieser Affirmationen und Bilder verhindern oder erschweren können oder mich anfällig machen, diese neuen Wahrheiten wieder aufzugeben.

Mein Unterbewusstsein, ab sofort vollziehst du, wenn wir dich mit meinem Schlüsselwort dazu auffordern, diese komplette Instruktion jederzeit und überall, das heißt unter allen Bedingungen und Umständen, in allen emotionalen und mentalen Zuständen und in allen Situationen, in denen ich mich zum Zeitpunkt der Anwendung befinde, an die ich mich erinnern oder die ich mir vorstellen kann. Du verknüpfst und aktivierst mit dem Schlüsselwort einen Heilungsprozess, der bewirkt, dass mein Verstand, mein Unterbewusstsein, meine Gefühle und meine Seele, sofern ich an die Existenz der Letztgenannten glaube, optimal verbunden sind und kommunizieren. So fällt es leicht, dafür zu sorgen, dass alles, was blockiert ist und nicht fließt, wieder heilt, harmonisiert wird und im Fluss ist.

Mein Unterbewusstsein, ich danke dir und schätze und achte dich zutiefst dafür, dass du in jeglicher Hinsicht immer mein treuer Diener und Freund bist.

INSTRUKTIONEN ZUR VERGEBUNGSARBEIT:

Während der Vergebungsarbeit, wenn ich denke oder sage »**Unverzeihen gegenüber ...** (Name der Person)« und meine Schlüsselwort denke oder spreche, entfernst du alle Wut, allen Ärger, alle Verurteilung, alle Kritik und alles Unverzeihen, das ich gegenüber einer spezifisch benannten Person oder anderen, nicht näher spezifizierten Personen hege, die in das behandelte Problem involviert waren oder hierfür relevant sind. Du bewirkst, dass ich jedes der genannten Gefühle leicht und mühelos loslasse und frei davon bin, und ersetzt sie durch ein Gefühl tiefen Friedens in mir.

Außerdem: Wenn ich die Worte »**Unverzeihen gegenüber mir selbst**« denke oder spreche und mein Schlüsselwort benutze, entfernst du alles Unverzeihen und alle Wut, allen Ärger, alle Selbstkritik, alle Selbstverurteilung und alle sonstigen während der Sitzung gegen mich gerichteten verwandten Probleme und ersetzt sie durch Frieden und Selbstliebe.

Von jetzt an, wann immer ich mein Schlüsselwort für jeden der beiden Kurzbegriffe dieser Vergebungsarbeit benutze, führst du jede dieser Behandlungen vollständig durch. Falls ich diese Schritte der Vergebungsarbeit bei irgendwelchen früheren Durchgängen ausgelassen habe, führst du füreben diese Probleme in der laufenden Anwendung eine entsprechende »Aktualisierungsbehandlung« durch.

DIE STOPPER

1. Ich glaube nicht, dass eine Methode wirklich so schnell und leicht helfen kann. **SCHLÜSSELWORT**

2. Ich glaube, es ist unmöglich, alte Erfahrungen schnell und leicht zu heilen. **SCHLÜSSELWORT**

3. Ich glaube nicht, dass ich es verdiene, so schnell und leicht von meinen Problemen befreit zu sein. **SCHLÜSSELWORT**

4. Ich befürchte, dass die Behandlungen bei mir nicht wirken. **SCHLÜSSELWORT**

5. Ich befürchte, dass die Behandlungserfolge nicht von Dauer sind. **SCHLÜSSELWORT**

6. Ich bezweifle, dass die Behandlungen wirken. **SCHLÜSSELWORT**

7. Ich bezweifle, dass die Behandlungserfolge von Dauer sind. **SCHLÜSSELWORT**

8. Ich traue mir nicht zu, meine Themen selbst erfolgreich zu behandeln. **SCHLÜSSELWORT**

9. Ich bezweifle, die neue Methode effektiv anzuwenden. **SCHLÜSSELWORT**

10. Ich habe Zweifel, dass ich die positiven Veränderungen in mein Leben integrieren kann. **SCHLÜSSELWORT**

11. Ich habe Angst, mich durch die Behandlungen zu sehr zu verändern und nicht mehr »ich selbst« zu sein. **SCHLÜSSELWORT**

12. Ich neige dazu, eins oder mehrere der behandelten Probleme wieder anzunehmen. **SCHLÜSSELWORT**

13. Es gibt noch einen oder mehrere bewusste oder unbewusste Erfolgssaboteure in mir, die mich von einem dauerhaften Erfolg abbringen können. **SCHLÜSSELWORT**

Jetzt können Sie anfangen, Ihr Liebesleben mit BSFF wieder ins Lot zu bringen. Der Behandlungsablauf ist im Prinzip ganz einfach:

❋ Den inneren Fokus auf Problem/Symptom/Thema richten.

❋ Die Absicht erklären, dass Ihr Unbewusstes es lösen soll.

❋ Den Auftrag erteilen.

❋ Das Schlüsselwort denken.

❋ Den Ablauf wiederholen (oder modifiziert wiederholen), bis das Problem verschwunden ist.

Klingt machbar, oder? Nur zwei Dinge sind wirklich entscheidend für Ihren Erfolg mit BSFF: Ihre klare Absicht und dass Sie dann die Methode auch tatsächlich anwenden. Was Ihrer klaren Absicht im Weg stehen kann, sind Gedanken wie »Na ja, ich sollte wohl« oder »Es wäre schon ganz gut« oder »Eigentlich wäre es doch viel netter, wenn er sich ändert, aber nun versuche ich das mal eben zähneknirschend«. Eine klare Absicht zu haben bedeutet die hundertprozentige Verantwortung für das Problem zu übernehmen und mit jeder Faser des eigenen Seins bereit zu sein, den eigenen Anteil des Problems loszulassen. Wenn Sie BSFF mit dem eindeutigen Gefühl anwenden, jetzt bereit zu sein, sich innerlich zu verändern und von dem Problem zu befreien, werden Sie in kürzester Zeit verblüffende Erfolge erleben.

Wunderwaffe BSFF – Die Spielarten der Methode

BSFF ist eine offene Methode, die sich vielseitig einsetzen lässt und die Sie selbst entsprechend Ihrer eigenen Bedürfnisse auch verändern und erweitern können. Wenn Sie sich erst mal daran gewöhnt haben mit der Methode zu arbeiten, werden Sie vermutlich auch bald anfangen, damit zu spielen und Ihre ganz persönlichen BSFF-Anwendungen zu kreieren. Hier ein kleiner Überblick, was nach meiner Erfahrung machbar ist:

❋ Probleme/Symptome behandeln (körperlich, emotional, mental)

❋ Ursachen von Symptomen behandeln

❋ Belastende Erinnerungen behandeln

❋ Probleme in Symbolform behandeln

❋ Affirmationen verankern

❋ Innere Anteile integrieren (Persönlichkeitsanteile, die das gewünschte Ergebnis sabotieren, mit ins Boot holen)

❋ Negatives durch Positives ersetzen

❋ Befehle erteilen

Das klingt jetzt vermutlich ziemlich abstrakt. Deshalb nachfolgend einige Beispiele, wie Sie Ihrem Unterbewusstsein sagen könnten, was es mit BSFF tun soll.

Variante 1: Problemorientierte Anweisungen

Das Unbewusste erhält den Auftrag, sich nach Ihren Anweisungen um die Beseitigung eines Problems zu kümmern. Das Problem kann ein Gefühl, ein körperliches Symptom oder ein einschränkender Gedanke sein.

Beispiele:

Unterbewusstsein, entferne jetzt meine Angst, wieder von einem Mann – enttäuscht zu werden.

Unterbewusstsein, löse auch den Rest meiner Angst auf. (2. Schritt)

Unterbewusstsein, mach das weg! (wenn Ihnen kein Satz einfällt)

Unterbewusstsein, behandle diesen Druck im Bauch. (körperliche Symptome)

Unterbewusstsein, behandle jetzt mein Unverzeihen/meine Wut gegenüber ... (Name des Betreffenden)/mir selbst. (Vergebungsarbeit)

Unterbewusstsein, behandle jetzt den Glaubenssatz »Alle Männer sind Schweine.«

Unterbewusstsein, löse jetzt die Überzeugung auf: »Es ist gefährlich, einem Mann zu vertrauen.« (Glaubenssatz)

Unterbewusstsein, entferne jetzt mein Gefühl, in dieser Beziehung eingesperrt zu sein.

Variante 2: Affirmationen

Das Unbewusste erhält den Auftrag, jeden Zweifel, Einspruch, Widerstand gegen die positive Aussage aufzulösen.

Beispiele:

Ich fühle mich beim Sex sicher und entspannt.

Es fällt mir leicht, meinem Mann zu vertrauen.

Ich fühle mich in dieser Situation sicher und stark.

Ich verdiene es, geliebt zu werden.

Variante 3: Ersetzen

Das Unbewusste erhält den Auftrag, Negatives durch Positives zu ersetzen.

Beispiele:

Unterbewusstsein, ersetze das Gefühl von Angst vor emotionaler Verletzung durch Sicherheit und Vertrauen.

Unterbewusstsein, ersetze den Gedanken/das Wort/das Gefühl ›Einsamkeit'‹ durch ›Ich fühle mich geborgen‹.

Variante 4: Befehl

Das Unbewusste erhält – ohne Problem – konkrete Aufträge.

Beispiele:

Unterbewusstsein, sorge dafür, dass ich auf den Anblick und den Geruch von Schokolade mit Ekel und Widerwillen reagiere.

Unterbewusstsein, wecke mich morgens immer um 7.30 Uhr.

Unterbewusstsein, lösche meine Angewohnheit zu fluchen, wenn ich mich ärgere.

Unterbewusstsein, sorge dafür, dass ich morgens immer gut gelaunt erwache.

Sie brauchen einfach nur davon auszugehen, dass in Ihrem Kopf »Freund Unterbewusstsein« für Sie arbeitet, Sie müssen nur klar und deutlich genug sagen, was Sie von ihm wollen. Und noch ein Tipp: Wenn Sie am Ende jeder Anweisung »JETZT« sagen oder denken, bekommt das Ganze noch mehr Wumms. Dieses Wort fokussiert die Energie und erhöht damit die Wirkung.

Wenn Sie also beispielsweise mit dem Gedanken spielen, Ihren Freund voller Wut anzurufen, weil Sie sich aufgrund seines Verhaltens wieder einmal ungeliebt und vernachlässigt fühlen, könnte eine BSFF-Behandlung vor dem Telefonat so aussehen: Sie konzentrieren sich auf Ihre Wut und sagen etwas wie »Unterbewusstsein, entferne diese ungeheure Wut auf ... (Name). JETZT«. Anschließend nennen Sie Ihr Schlüsselwort. Möglicherweise müssen Sie diesen Satz mehrfach sagen, bis Sie spüren, wie die Wut nachlässt. Oder Sie versuchen es als Nächstes mit dem Satz »Unterbewusstsein, bitte behandle jeden Zweifel, Einspruch, Widerstand gegen den Satz ›Ich bin nun bereit, diese ungeheure Wut loszulassen und frei davon zu sein. JETZT‹.« Schlüsselwort. Wird es besser und die Wut legt sich? Dann putzen Sie nun den Rest weg: »Unterbewusstsein, entferne auch den Rest von Wut mit BSFF. JETZT.« Schlüsselwort.

Möglicherweise kommt plötzlich ein neues Gefühl an die Oberfläche, das bisher von Ihrer Rage überdeckt war: eine Traurigkeit, eine Enttäuschung, der Schmerz, sich ungeliebt zu fühlen. Der Gedanke, unwichtig zu sein, die Überzeugung, dass Ihrem Partner Ihre Bedürfnisse egal sind. Sie könnten auch diese Gefühle, Gedanken und Überzeugungen in gleicher Weise mit BSFF behandeln und Ihrem Unterbewusstsein am Ende der Session den Auftrag geben, die Überzeugung, ungeliebt und unwichtig zu sein, zu ersetzen durch die Gewissheit, geliebt und wichtig zu sein. Damit Sie Ihrem Freund nicht mehr grollen und sich selbst nicht mehr vorwerfen, sich so schlecht behandeln zu lassen, fügen Sie noch die Vergebungsarbeit an: »Unverzeihen gegenüber anderen. JETZT.« Danach wieder das Schlüsselwort. Und: »Unverzeihen mir selbst gegenüber. JETZT.« Schlüsselwort.

Das Ganze nimmt kaum mehr als fünf Minuten in Anspruch. Danach ist entweder der Wunsch, das Thema mit Ihrem Partner zu klären, verschwunden, oder Sie werden Ihr Anliegen klar und ruhig vorbringen können, wodurch es Ihren Geliebten wirklich erreicht und er sich motiviert fühlt, etwas zu ändern. Aber auch eine dritte Variante ist denkbar und sogar sehr wahrscheinlich: Ihnen fällt auf, wie lange dieses Gefühl, ungeliebt zu sein, und der Eindruck, Ihre Bedürfnisse zählen für andere nicht, Sie schon durchs Leben begleitet. Herzlichen Glückwunsch! Sie haben gerade ein ganz entscheidendes Muster identifiziert. Und lassen Sie mich raten: Sie haben bei unserem Test in Kapitel 1 einen niedrigen Wert auf der Skala bei dem Punkt »Ich fühle mich von meinem Partner geliebt und respektiert« angekreuzt, richtig? Ähnlich dürfte es bei »Unser Umgang miteinander« aussehen. Wo liegt der Wert? Bei 0 bis 3? Das würde Sinn machen. Wenn wir ohnehin kurz zurückkehren zu Kapitel 1, schauen Sie doch bitte nach, ob das Muster bereits auf der Liste in Ihrem Notizbuch steht. Falls nicht, ist jetzt ein guter Augenblick, das zu ergänzen und in sich hineinzuspüren, wann man Ihnen dieses Gefühl von Wertlosigkeit und Bedeutungslosigkeit erstmals vermittelt hat. Mit großer Wahrscheinlichkeit landen Sie jetzt in der Erinnerung an schmerzvolle Kindheitsszenen. Möglicherweise finden Sie die Aussicht, sich mit diesen alten Erfahrungen zu beschäftigen, so verlockend wie eine Nulldiät. Deshalb zur Motivation dies: Wenn Sie sich darauf beschränken, Gefühle wie Wut oder Ungeliebt-Sein zu behandeln, ohne sich deren Wurzel zu widmen, werden Sie diese Gefühle immer wieder wegBSFFen müssen. Nehmen Sie sich aber die alten Ursachen Ihrer emotionalen Reaktion gründlich vor, bewirken Sie langfristige, anhaltende Veränderungen. Sie werden danach ganz von selbst in Situationen, die bis dato Ihre verborgenen Muster angesprochen haben, verblüffend ruhig und entspannt bleiben können. Wie erreichen Sie das?

Mit der Ursprungsform von BSFF würden Sie sich die Aspekte Ihrer Erfahrungen einzeln vornehmen und jede separat auflösen. Nun erwähnte ich ja schon, dass ich ausgesprochen faul und ungeduldig bin. Deshalb habe ich eine Vorgehensweise entwickelt, die deutlich effektiver ist. Wie ich die Prägungen, Konditionierungen und emotionalen Verletzungen einer klar umrissenen Szene aus der Vergangenheit auflöse, zeige ich Ihnen am Beispiel von Stefan – Männer laufen schließlich auch mit blutendem Herzen durch die Welt. Stefan hatte in seiner Ehe immer wieder erlebt, dass seine Frau ihn wie ein Kind behandelte, kritisierte, ihm nichts zutraute und ihn ständig abwertete. Im Job war es das Gleiche. Obwohl Stefan hochintelligent und fachlich exorbitant gut war, wurden seine Leistungen nie gesehen, geschweige denn anerkannt. Stattdessen kritisierte man ihn, und sein Verhältnis zu seinen Kollegen, Vorgesetzten und Kunden war ständig angespannt.

So wie Sie jetzt gerade dabei sind, die Gründe für das Hier und Heute in Ihrer Vergangenheit aufzudecken, so schaute auch Stefan in seine Kindheit. Im Alter von etwa vier oder fünf Jahren war er häufig krank und musste deshalb Medikamente nehmen, die ihn so dämpften, dass er körperlich ungeschickt und langsam im Kopf wirkte. Sein Vater hatte für die Veränderungen, die die Wirkstoffe bei seinem Sohn auslösten, kein Verständnis. Ganz im Gegenteil. »Du bist ein Tollpatsch«, sagte er häufig zu seinem kleinen Sohn, »du kannst das sowieso nicht.« In Stefan verankerte sich die tiefe Gewissheit, nicht gut genug zu sein, nichts tun zu können, damit sein Vater ihn mochte, Trauer, Schmerz und Hilfosigkeit machten sich breit und er fühlte sich abgelehnt. Dies galt es, 35 Jahre später aufzulösen.

Schritt 1: Stefan tauchte in eine typische Situation seiner Kindheit ein: Er war fünf Jahre alt, und sein Vater machte ihn nieder. Er sah den Vater vor sich stehen, hörte den Klang seiner verletzenden Worte und spürte sehr genau, wie es dem kleinen Stefan in diesem Moment ging.

Schritt 2: Unterbewusstsein, behandle jede Facette dieser Erinnerung – alles, was ich gesehen, gehört, gefühlt habe – mit BSFF. JETZT. Schlüsselwort.

Schritt 3: Unterbewusstsein, behandle diesen tiefen Schmerz in mir, diese Trauer, das Gefühl der Hilflosigkeit und um Anerkennung kämpfen müssen. JETZT. Schlüsselwort.

Schritt 4: Unterbewusstsein, durchtrenne jegliche energetische Verbindung zwischen der damaligen Erfahrung mit meinem Vater und meinem jetzigen Fühlen, Denken, Handeln, Sein. JETZT. Schlüsselwort.

Schritt 5: Unterbewusstsein, befreie mich von jeglicher Prägung, Konditionierung, jedem Glaubenssatz, jedem Einfluss dieser alten Erfahrung auf mein heutiges Fühlen, Denken, Handeln, Sein. JETZT. Schlüsselwort.

Schritt 6: Unterbewusstsein, ich erlaube mir nun jeglichen Bezug zu der damaligen Erfahrung vollständig loszulassen und frei davon zu sein. JETZT. Schlüsselwort.

Schritt 7: Unterbewusstsein, ich genieße jetzt zu spüren, dass ich frei bin von jeglicher Prägung, Konditionierung, jedem Glaubenssatz, jedem Einfluss dieser alten Erfahrung auf mein heutiges Fühlen, Denken, Handeln, Sein. JETZT. Schlüsselwort.

Schritt 8: Unterbewusstsein, ersetze den Gedanken, ein Tollpatsch zu sein, nicht gut genug zu sein, durch den Gedanken/das Gefühl, ganz genau richtig und großartig zu sein, so, wie ich bin. JETZT. Schlüsselwort.

Und zum Schluss noch ein wenig Vergebungsarbeit:

Schritt 9: Unterbewusstsein, ich entscheide jetzt, jeden Groll auf meinen Vater loszulassen, jede Wut, jedes Unverzeihen und meinem Vater von Herzen zu vergeben. JETZT. Schlüsselwort.

Schritt 10: Unterbewusstsein, behandle jede Kritik, jedes Unverzeihen, jede Verurteilung mir selbst gegenüber, weil ich so lange in diesen alten Mustern verharrt habe. JETZT. Schlüsselwort.

Was sich hier doch recht lang und umständlich liest, war eine Sache von wenigen Minuten. Danach machte Stefan eine verblüffende Erfahrung: Nicht nur ließ ihn auf einmal der Gedanke an die Situation mit seinem Vater völlig kalt, es war auch ein dicker Knoten in seinem Bauch, den er über Jahre gespürt hatte, komplett verschwunden. Solche körperlichen Reaktionen treten bei BSFF häufig auf.

Lassen Sie uns kurz einen Blick auf die Struktur von Stefans Behandlung werfen. Wir haben dem Unterbewusstsein gesagt, dass es zunächst pauschal alle Facetten behandeln soll. Als Nächstes widmeten wir uns den negativen Gefühlen des kleinen Stefan. Weil das Unterbewusstsein am stärksten auf Bilder reagiert, arbeite ich gerne mit der Vorstellung, energetische Verbindungen zu durchtrennen. Schnipp, schnapp – das gibt sofort ein gutes Gefühl. Und weil BSFF doppelt gemoppelt besser hält, schrubbe ich beim inneren Hausputz noch einige Male mit Formulierungen wie »frei«, »loslassen« oder – für noch mehr positives Gefühl – »ich genieße es, frei zu sein« über die alte Erinnerung. Danach ersetze ich die negativen Gefühle und Gedanken der Vergangenheit durch positive, stärkende. Es ist immer eine gute Idee, diesen Teil der Behandlung mit dem Fokus auf gute Gefühle enden zu lassen. Deshalb empfehle ich, die Vergebungsarbeit anzuschließen – und zwar in doppelter Hinsicht: Vergebung für den Menschen, der einem die emotionalen Wunden zugefügt hat, aber auch Vergebung sich selbst gegenüber.

Bevor Sie einem anderen Menschen vergeben, spüren Sie bitte in sich hinein, ob Sie dazu bereit sind. Manche Menschen sagen dann: »Nein, wenn ich diese Tat verzeihe, banalisiert es sie. Als sei sie nicht schlimm gewesen und als würde ich den anderen jetzt davon freisprechen, einen Fehler begangen zu haben.« Hier liegt ein Missverständnis vor. Vergebung ist etwas, das man für das eigene Wohlbefinden praktiziert. Sie entscheiden sich, den Ballast von Groll, Wut und Unverzeihen, den Sie ansonsten mit sich herumschleppen, loszulassen, wodurch Sie sich besser und leichter fühlen und darüber hinaus alte energetische Bande zu dem Täter endlich lösen. Bei schweren emotionalen Verletzungen wird das Verzeihen leichter, wenn man entscheidet, nur dem unschuldigen Anteil des Täters zu verzeihen – der Seele oder wie auch immer Sie das Gute in ihm nennen mögen. Diesem Anteil kann eigentlich jeder verzeihen. Glauben Sie mir, danach werden Sie sich leicht und innerlich gereinigt fühlen.

Auch Stefan ging es so. Nach den Vergebungssätzen war er plötzlich in der Lage, seinen Vater voller Mitgefühl zu betrachten. Er schloss eine kurze Vergebung für sich selbst an, denn wie die meisten Menschen neigte auch er dazu, sich seine Unvollkommenheit vorzuwerfen und sich selbst die Schuld in die Schuhe zu schieben. Kommt Ihnen das bekannt vor? Dann ist dies ein guter Weg für Sie, um liebevoller und nachsichtiger mit sich umzugehen. Vergebungsarbeit befreit von Druck, Schuld und unrealistischen Erwartungen sich selbst und dem Partner gegenüber.

Und nun möchte ich Ihnen noch erzählen, was die Behandlung dieser einen Erinnerung in Stefans Leben bewirkte. Er ist seitdem sehr viel entspannter, gelassener und toleranter. Im Job bekommt er endlich von Kollegen und Vorgesetzten die Anerkennung seiner Leistung und die Wertschätzung seiner Persönlichkeit, die er sich immer wünschte. Und das ganz von selbst, ohne dass er sich dafür anstrengen musste. Von seiner Frau ist er mittlerweile glücklich geschieden und beobachtet bei sich keinerlei Neigung mehr, Frauen, die nicht nett und freundlich sind, in sein Leben zu lassen.

Wenn Sie dieses Ergebnis motiviert, spielen Sie doch jetzt selbst eine Runde BSFF. Greifen Sie zu Ihrer Liste mit den drei Spalten »Problem«, »Wurzel«, »Lösung« und nehmen Sie sich die prägende Erfahrung vor, die sich gerade reif genug anfühlt, um losgelassen zu werden. Tragen Sie in Spalte 3 ein, wie Sie sich nach erfolgreicher Behandlung fühlen möchten. Diese stärkenden Begriffe können Sie Ihrem Unterbewusstsein eingeben, wie Stefan das in Schritt 8 gemacht hat (Ersetzen), oder Sie geben Ihrem Unterbewusstsein die Anweisung: »Ich entscheide mich jetzt, mich in Bezug auf diese Situation ... (gut, wohl, sicher, entspannt, stark o. Ä.) zu fühlen.« Probieren Sie aus, was für Sie stimmiger ist. Ihr Bauchgefühl ist der beste Ratgeber bei BSFF. Und wenn Sie bisher noch nicht wirklich gut mit Ihrem Bauch und Ihren tiefsten Gefühlen in Kontakt standen, wird sich das durch BSFF ganz von alleine verbessern. Diese Methode lebt vom Hineinspüren in sich selbst und macht es, je häufiger man sie einsetzt, immer einfacher, sich kennenzulernen und mit allem, was man dabei entdeckt, zu mögen.

Ich klinke mich gleich mal für 15 Minuten aus, damit Sie ungestört sind. Sie können bei Ihrer inneren Heilung ähnlich vorgehen, wie ich es mit Stefan getan habe. Oder Sie konzentrieren sich auf die Erinnerung und Ihre feste Absicht, die schlimmen Gefühle von damals aufzulösen, und denken/sagen mehrfach Ihr Schlüsselwort. Was immer für Sie funktioniert und sich gut anfühlt, ist Ihr Weg. Und damit es noch angenehmer wird und bestmöglich wirkt, ein Tipp: Sagen Sie sich die Sätze voller Mitgefühl, baden Sie in der Freundlichkeit und Weichheit der Formulierungen, genießen Sie die liebevolle Fürsorge, die Sie Ihrem verletzten Anteil angedeihen lassen. Dieser sanfte, behutsame Umgang mit dem, was in Ihnen geheilt und verändert werden möchte, ist – ganz nebenbei – auch der Schlüssel zur Veränderung Ihres Partners. Auch der wird viel williger alte Muster, die Sie nerven, hinter sich lassen, wenn er spürt, dass Sie achtsam und liebevoll auf seine Macken schauen und ihm zutrauen, ein noch wunderbarerer Mann zu werden. Ja, es ist so einfach: Wer sich angenommen und geliebt fühlt, ändert sich bereitwilliger als jemand, der verurteilt wird. Kleiner Nachteil dieser sanften Haltung: Wenn Ihre Beziehung bisher ihre Lebendigkeit aus dramatischen Szenen mit gegenseitigen Schuldzuweisungen und tief fliegendem Geschirr bezog, werden Sie beide jetzt andere Quellen brauchen, um Farbe in den Alltag zu bringen. Aber ich wette, da fallen Ihnen einige genussvolle, sinnliche und intensive Alternativen ein.

Also: Gehen Sie das Kapitel noch einmal in Ruhe durch und installieren Sie die BSFF-Software, falls Sie dies noch nicht getan haben. Danach kommen wir wieder zusammen und widmen uns der alten Erfahrung, die Sie heute verabschieden möchten.

Der Körper sagt, was Sache ist – Indikatoren für den BSFF-Erfolg

Lassen Sie uns nun gemeinsam das Ergebnis Ihrer ersten BSFF-Behandlung anschauen. Was ist in Ihnen passiert? Welche körperlichen, emotionalen und mentalen Reaktionen beweisen Ihnen, dass Sie eine positive Veränderung bewirkt haben? Meine Erfahrung ist, dass Menschen ganz individuell reagieren. Es könnte sein, dass Sie Wärme, ein Kribbeln oder Strömen im Körper gespürt haben. Möglicherweise mussten Sie gähnen, tief durchatmen oder Sie haben gespürt, dass eine Last von Ihren Schultern genommen wurde. Sollten Sie sich plötzlich ungeheuer müde fühlen und das dringende Bedürfnis haben, sich hinzulegen, ist auch dies ein Anzeichen für Ihre intensive Arbeit an einem wirklich belastenden Thema. Der beste Indikator für Ihren Erfolg ist jedoch eine veränderte Wahrnehmung der behandelten Erinnerung. Mögen Sie bitte kurz mit mir in die Szene zurückkehren, die Sie sich gerade vorgenommen haben. Was ist jetzt anders? Wie nimmt Ihr damaliges Ich die Ereignisse jetzt wahr? Löst das Geschehen noch dieselben intensiven Gefühle aus? Oder ist alles neutral, entspannt und gelöst? Fühlen Sie Ruhe und Frieden, wenn Sie das Bild und die involvierten Personen betrachten? Hat Ihr Unterbewusstsein eventuell gar einen neuen Verlauf mit Happy End kreiert, der ab sofort Ihre innere Realität bestimmt?

Falls Sie sich nicht vorstellen können, wie solch eine Veränderung der Vergangenheit aussehen kann, dann werfen Sie mit mir einen Blick in ein Coaching: Julia hatte das Problem, dass sie Entspannung als bedrohlich empfand, ihr das Urvertrauen fehlte und sie einen unerklärlichen Horror davor hatte, auf dem Rücken zu liegen. Als ich sie fragte, wann sie diese diese Bedrohung erstmals erlebt hatte, trat plötzlich eine alte, vergessen geglaubte Erfahrung in ihr Bewusstsein. Sie war etwa 17 Jahre alt und erlebte die erste große Liebe mit einem Mann, dem sie total vertraute. Er aber demütigte, schlug und misshandelte sie. Die Wurzel ihrer Ängste war ein Tag, an dem er sie in ihrer Wohnung besuchte und ihr mit den Worten »Das wird dir guttun!« Schlaftabletten gab. Danach prügelte er auf die hilflose Julia ein.

Wir sagten ihrem Unterbewusstsein, es solle alles behandeln und heilen, was sie in diesem Moment gesehen, gehört, gefühlt und erlebt hatte. Es solle jede Prägung, Konditionierung, jeden Glaubenssatz, jedes Gefühl, jeden Einfluss auf ihr heutiges Handeln auflösen, die energetischen Verbindungen zwischen dem damaligen Geschehen und dem Hier und Heute durchtrennen und sie von diesem überwältigenden Gefühl befreien, ausgeliefert, hilflos und ohnmächtig zu sein. Tatsächlich wichen Angst und Ohnmacht, und Julia sah plötzlich ihr 17-jähriges Ich, wie es sich weigerte, die Tabletten einzunehmen, und den Mann mit Selbstvertrauen und großer Entschiedenheit aus der Wohnung warf. Dies waren keine Bilder, die wir ihrem Unterbewusstsein eingegeben hatten. Es hatte ganz eigenständig eine neue Version der Ereignisse geschaffen, mit der Julia jetzt im Bewusstsein ihrer Stärke gut leben kann. Entsprechend kann sie nun ganz entspannt und vertrauensvoll auf dem Rücken liegen – ihr Problem ist weg.

Auch Sie werden am deutlichsten im Alltag spüren, ob sie mit BSFF einen guten Job gemacht haben oder noch die eine oder andere Nachbesserung erforderlich ist. Wenn das Ursprungsproblem, das der Auslöser für Ihre Intervention war, verschwunden ist – feiern Sie sich. Well done! Sollte der Realitätscheck aber zeigen, dass Sie noch nicht komplett frei sind von den Prägungen der Vergangenheit, ist das kein Grund zur Beunruhigung. Möglicherweise hat Ihr Problem einige Aspekte, die Sie übersehen und deshalb noch nicht behandelt haben. Dann können Sie dies mühelos nachholen. Oder in Ihnen wirken Zweifel und Widerstände gegen eine Veränderung. Wie Sie die knacken, lernen Sie gleich. Bevor wir aber zum Auflösen von Widerständen kommen, verrate ich Ihnen zwei praktische Verfahren, um Ihre Innenschau einfacher zu machen: die Zehnerskala und den kinesiologischen Muskeltest.

Die Zehnerskala

Mit der Zehnerskala haben Sie schon im ersten Kapitel gearbeitet, als es darum ging, die Ist-Situationen Ihrer Partnerschaft einzuschätzen. Sie können diese Skala aber auch verwenden, um die Macht von Glaubenssätzen und die Intensität negativer Gefühle einzuschätzen.

Angenommen, Sie wollen einen tiefen Schmerz auflösen, und es fällt Ihnen schwer, die Stärke des Schmerzes und die durch BSFF eintretende Veränderung in sich wahrzunehmen. Dann fragen Sie sich vor Beginn der Behandlung bitte, wo Sie jetzt in diesem Moment und ganz aus dem Bauch heraus Ihren Schmerz auf einer Zehnerskala einordnen würden. 0 steht für komplett frei von Schmerz, 10 für einen überwältigend großen Schmerz, der sie schier zerreißt. Schreiben Sie den Wert auf. Machen Sie einige BSFF-Durchgänge, indem Sie sich auf den Schmerz konzentrieren und Ihrem Unterbewusstsein befehlen, den Schmerz aufzulösen. Dann ordnen sie ihn erneut in der Skala ein. Gaben Sie ihm zunächst eine glatte 10, ist er nun vielleicht auf 7 gesunken. Machen Sie einfach weiter BSFF und putzen Sie anschließend den verbleibenden Schmerz mit dem Satz weg:»Unterbewusstsein, beseitige nun auch den letzten Rest von Schmerz. JETZT.« Schlüsselwort. Falls Sie feststellen, dass Sie bei einem gewissen

Wert festhängen, liegt das entweder an inneren Widerständen oder der Schmerz ist mit einem anderen Gefühl, Gedanken oder einer anderen Erfahrung verknüpft. Und das will erst behandelt werden, ehe Sie den Rest von Schmerz vollständig loslassen können. Ärgerlich, aber das ist eben so, denn wir sind nun mal komplexe Wesen – und damit meine ich nicht nur uns Frauen im Speziellen.

Die Zehnerskala eignet sich auch hervorragend für die Arbeit mit Glaubenssätzen. Sie erinnern sich an die langen Listen mit Glaubenssätzen aus Kapitel 1, die Sie vielleicht auch um einige ganz persönliche Überzeugungen ergänzt haben? Wenn Sie wissen möchten, welche dieser Sätze so zäh in Ihrem Hirn kleben, dass Sie zum BSFF-Schrubber greifen sollten, geben Sie ihnen einen Wert auf der Skala. 0 bedeutet, Sie glauben überhaupt nicht an diesen Satz, bei 10 sind Sie felsenfest davon überzeugt, dass dieser Satz zutrifft. Auch hier geht es nicht darum zu beurteilen, ob die Aussage objektiv richtig ist, es geht ausschließlich um eine subjektive Einschätzung der Macht, die dieses innere Programm über Sie hat. Für viele Frauen ist es überraschend, wie groß die Kluft zwischen dem ist, was ihre Vernunft zu dem Statement sagt, und der Realität ihres Gefühls. Der Kopf mag den Satz »Männern kann man nicht trauen« mit einem »Blödsinn!« wegwischen wollen, aber eine Stimme in Ihnen schreit: »Ja, stimmt, einem Mann zu vertrauen ist gefährlich, gefährlich, gefährlich!« Was nach einer fetten 10 klingt. Das wäre so ein Satz, der dringend Ihrer Aufmerksamkeit bedarf.

Das gilt auch für seine Entstehungsgeschichte. Solch eine felsenfeste Überzeugung fällt ja nicht vom Himmel. Bei Sätzen wie »Der Mann ist der Versorger« könnte es vielleicht schon ausreichen, sich zu vergegenwärtigen, dass ein solches Konzept in Ihrem Hinterkopf herumspukt und aus Ihrem Elternhaus stammt. Und gesetzt den Fall, Ihre Rollenverteilung soll anders aussehen, dürfte bereits ein wenig Achtsamkeit im Alltag und die bewusste Entscheidung für ein gleichberechtigtes Miteinander ausreichen, um die familiären Vorbilder zu entkräften.

Wie wäre es eigentlich mit der Idee, die Liste Ihrer Muster und Glaubenssätze sowie deren Bewertung dem Mann Ihres Herzens zu zeigen? Umgekehrt könnten Sie ihn auch anregen, eine entsprechende Liste mit den Überzeugungen zu erstellen, die sein Leben, seine Lieben und sein Mannsein bestimmen. Wenn Sie im ersten Kapitel bei der Bestandsaufnahme Ihrer Beziehung bei »Kommunikation« und »Nähe/ Distanz« keine katastrophalen Werte haben, sondern sich eher im Mittelfeld mit deutlich Luft nach oben bewegen, wird Ihnen ein Austausch über Ihre jeweiligen Listen guttun. Sollten diese beiden Aspekte bei Ihnen eher düster aussehen, wäre solch ein äußerst intimes Gespräch wahrscheinlich zunächst ein zu großer Schritt. Und wir wollen ja, dass der Mann an Ihrer Seite wieder ein strahlender Prinz wird und nicht ein überfordertes, verschrecktes Kaninchen.

Der kinesiologische Muskeltest

Ich habe Ihnen noch ein weiteres Werkzeug zur Erforschung versprochen, und das kommt jetzt: der kinesiologische Muskeltest. Genau genommen werden Sie sogar zwei Varianten zum Testen kennenlernen. Für die eine brauchen Sie einen Helfer, der Sie beim Test unterstützt, die zweite Variante können Sie ohne fremde Hilfe durchführen. Lassen Sie uns aber zunächst klären, was Kinesiologie, genauer gesagt »Angewandte Kinesiologie« eigentlich ist. In der Kinesiologie (kínesis = Bewegung; lógos= Lehre) geht man davon aus, dass die Muskulatur ein Indikator von psychischen und physischen Vorgängen im Menschen sein kann. Störungen manifestieren sich dementsprechend als Schwäche bestimmter Muskelgruppen, was sich durch einfache Körpertests sichtbar machen lässt. In der Kinesiologie kommuniziert man also direkt mit dem Körper und befragt ihn mittels verschiedener Tests, was dem Menschen bzw. dessen Energiesystem guttut, was ihm schadet und wo psychische oder gesundheitliche Probleme oder Blockaden sitzen. Mit einer Vielzahl von Interventionen kann der Kinesiologe dann auf den Energiefluss einwirken und die energetischen Störungen ausgleichen oder das Energieniveau erhöhen.

Auch wenn die Methode noch nicht wissenschaftlich anerkannt ist – als Körperfeedback-Verfahren zur Beseitigung unbewussten Schmodders mit BSFF sind die Muskeltests aus der Kinesiologie Gold wert. Denn damit können Sie körperlich spüren, was Sie mental/emotional erleben. Voraussetzung für korrekte Ergebnisse von kinesiologischen Tests ist aber, dass Sie genug Flüssigkeit im Körper haben. Bitte trinken Sie deshalb grundsätzlich ein bis zwei Gläser Wasser, bevor Sie mit den Tests beginnen. Dies ist übrigens auch bei der Arbeit mit BSFF hilfreich.

Beginnen wir mit dem bekanntesten, dem Test am **Deltamuskel**. Der Deltamuskel liegt wie ein Paket auf Ihrem Schultergelenk und dient dem Anheben des Oberarms. Sie stellen sich gerade hin, die Zehenspitzen nach innen gerichtet (!), und strecken einen Arm waagerecht zur Seite. Ihr Helfer tritt nun hinter Sie und legt zwei Finger seiner Hand auf Ihr Handgelenk. Mit »JETZT!« signalisiert er Ihnen, dass er nun ein bis zwei Sekunden lang den Arm leicht, aber bestimmt nach unten drückt. Und Sie halten dagegen. Das Ganze darf nicht in einen Armdrück-Contest ausarten – Sie wollen nur wissen, wie Ihr Deltamuskel reagiert. Wenn alles korrekt läuft, sollte der Muskel stark sein und Widerstand leisten, sodass er sich nicht herunterdrücken lässt. Bitte sagen Sie dem Helfer in jedem Fall, er soll dies erst nach Ankündigung und langsam tun – bei einem überraschenden, ruckartigen Druck würde Ihr Muskel angeregt werden, sich reflexartig zu versteifen, was das Ergebnis verfälscht. Also immer schön ruhig und mit Ansage. Spüren Sie dabei in Ihren Muskel hinein, um unterscheiden zu lernen, wie es sich anfühlt, wenn er einem Reiz widersteht. Das ist von Mensch zu Mensch unterschiedlich, wenn Sie sich also nicht die Mühe machen, Ihre eigenen Reaktionen zu erforschen, können Sie die Ergebnisse nicht korrekt deuten.

Als Nächstes machen Sie den gleichen Test noch einmal, stehen aber mit nach außen gerichteten Zehen da. Ihr Helfer sagt wieder »JETZT!«, drückt – und Ihr Arm gibt plötzlich nach. Obwohl Sie genauso stark gegengehalten haben wie zuvor. Aber irgendwie ist Ihr Deltamuskel diesmal spürbar schwächer. Stimmt's?

Was ist passiert? Sie haben gerade die unterschiedliche energetische Wirkung von Fußstellungen auf Ihr Energiesystem und damit auf Ihre Muskulatur erforscht. Nach innen gerichtete Zehenspitzen haben eine Stärkung bewirkt, als sie nach außen zeigten, erlebten Sie eine energetische Schwächung.

Was Sie mit den Fußpositionen gemacht haben, können Sie mit allen möglichen Reizen wie Gedanken, Nahrung, Musik, Bilder und so weiter genauso ausprobieren. Dann sollten Ihre Füße aber grundsätzlich parallel stehen (neutrale Position). Wir werden uns im Folgenden auf die

Muskeltests in Bezug auf Ihre Gedanken und unbewussten Programme konzentrieren, vorab aber noch dies am Rande: Wenn Sie bisher die gesundheitsschädigende Wirkung von Zigaretten verdrängt haben, können Sie mit dem Muskeltest Ihren Deltamuskel direkt befragen, indem Sie eine Zigarette an Ihre Thymusdrüse (in der Mitte der Brust unter dem oberen Teil des Brustbeins) halten und am anderen Arm testen lassen. Mit ziemlicher Sicherheit werden Sie als sofortige Antwort bekommen: »Zigaretten machen mich schwach.« Und das ist nicht so prickelnd zu verstehen wie Ihr gehauchtes »Du machst mich schwach«, wenn Ihr Liebster zart an Ihrem Ohrläppchen knabbert. Ihr Körper meint eher: »Das Zeug raubt mir Lebensenergie.« Und Lebensenergie kann man eigentlich nie genug haben ...

Für alle Lebenssituationen, in denen Sie ohne Helfer etwas austesten möchten, schlage ich Ihnen den **Fingerring-Test** vor. Während Sie wieder mit nach innen zeigenden Zehenspitzen dastehen, winkeln Sie den Arm ab, sodass die Handfläche Ihrer rechten Hand (wenn Sie Rechtshänderin sind) geöffnet nach oben zeigt. Mit Daumen und Zeigefinger bilden Sie nun einen Ring. In diesen Ring stecken Sie den ausgestreckten Daumen der anderen Hand und üben behutsamen Druck auf die Stelle aus, an der die Fingerspitzen von Daumen und Zeigefinger der anderen Hand sich berühren. Der Test besteht also darin herauszufinden, ob die Finger stark und der Ring geschlossen bleibt oder ob er sich öffnet und Ihr Daumen hindurchrutscht. Eine normale Reaktion bei der nach innen gerichteten Fußstellung wäre, dass es Ihrem Druck ausübenden Daumen nicht gelingt, die beiden Finger zu trennen. Das Gegenteil gilt bei nach außen gedrehten Zehenspitzen.

Diesmal sollten Sie spüren können, wie sich der Fingerring mehr oder weniger öffnet. Das heißt: Ihr Körper zeigt Ihnen eine energetische Schwäche an.

Während der Deltamuskel-Test meist schon bei den ersten Versuchen zu klaren Ergebnissen führt, erfordert der Ringmuskel-Test deutlich mehr Übung. Pressen Sie keinesfalls Daumen und Zeigefinger hart und verkrampft zusammen, sonst hat der andere Daumen nie eine Chance, diesen Ring zu sprengen. Ihre Fingerspitzen sollten eher aufeinander-liegen, als wollten Sie ein Rosenblatt halten. Wahrscheinlich werden Sie einige Stunden benötigen, bis Sie das richtige Maß von Muskelanspannung und Gegendruck gefunden haben und energetische Stärke bzw. Schwäche korrekt austesten können.

Und wenn Sie ohnehin schon dabei sind zu üben, können Sie Ihr System auch gleich auf »Ja«- bzw. »Nein«-Antworten trainieren. Vereinbaren Sie hierfür mit Ihrem Unterbewusstsein zunächst folgenden Code: Ein starker Muskel bedeutet »Ja«, ein schwacher Muskel steht für »Nein«. Diese Aussage können Sie beispielsweise mit BSFF verankern. Und um sicherzugehen, dass Ihr Körper Sie richtig verstanden hat, führen Sie einige Probetests durch. Sie können dies ganz leicht tun, indem Sie Sätze verwenden wie:

Mein Name ist ... (richtiger Name).

Mein Name ist ... (falscher Name).

Heute ist der ... (korrektes Datum).

Heute ist der ... (falsches Datum).

Gestern war ... (korrekter Wochentag).

Gestern war ... (falscher Wochentag).

Sprechen Sie jeweils den wahren und den unwahren Satz aus und führen sie nach beiden Ihr bevorzugtes Testverfahren aus. Und? Haben Ihre Muskeln auf den zutreffenden Satz stark reagiert und ihn damit bejaht? Auf die falschen Sätze gab es hoffentlich ein eindeutiges Nein von Ihrem Körper.

Wenn Sie ein wenig Routine beim Test-Training entwickelt und überwiegend vernünftige Ergebnisse erzielt haben, folgt die Anwendung in Verbindung mit BSFF. Sie können beispielsweise testen, ob hinderliche Glaubenssätze oder Überzeugungen, die Sie mit BSFF behandelt haben, wirklich verschwunden sind, oder welche Faktoren Sie vergessen haben zu berücksichtigen. Nehmen wir den Satz »Ich kann mir nicht verzeihen, meinen Mann betrogen zu haben« meiner Klientin Marianna. Sie hatte diesen Satz zuvor schon mit BSFF behandelt, insbesondere die ihm zugrunde liegenden Gefühle von Scham und Schuld, alles aufgelöst und zudem Vergebungsarbeit gemacht. Nun sprach sie den Satz laut aus, während wir den Deltamuskel-Test durchführten. Wie antwortete wohl ihr System? Bedenken Sie an dieser Stelle bitte, dass sie mit ihrem

Unterbewusstsein verabredet hat, dass Muskelwiderstand Zustimmung und ein Nachgeben Nein bedeutet. Ein starker Muskel wäre also in diesem Fall schlecht. Und tatsächlich – der Muskel widerstand dem Druck.

«Welchen Grund könnte es geben, sich nicht zu verzeihen?«, überlegten wir. Religiöse Überzeugungen? Familiäre Werte? Wir testeten also die Sätze: »Ich kann mir nicht verzeihen, weil Untreue eine zu große Sünde ist« und »Ich kann mir nicht verzeihen, weil meine Familie mir auch nicht verzeihen könnte«. Der Arm wurde jeweils schwach, das waren also nicht die Gründe für die Blockade. Dann schlug Marinna ganz verschämt den Satz vor: »Ich kann mir nicht verzeihen, weil es so schön war und ich eigentlich gar nichts bereue.« Und Sie ahnen es wahrscheinlich schon, auf einmal hielt der Muskel. Ebenso wie bei dem Satz: »Ich glaube, mich schuldig fühlen zu müssen, weil es den Konventionen entspricht.« Damit bekam die BSFF-Arbeit eine neue Richtung: Nun ging es darum, dass sich Marianna die Erlaubnis erteilte, sich von der Macht der gesellschaftlichen Konventionen zu befreien und ihren eigenen Gefühle und Werten mehr Bedeutung zuzumessen.

Sie sehen, wie hilfreich Muskeltests beim Aufdecken der Wahrheit sein können. Vorausgesetzt, die am Test beteiligten Personen sind in Bezug auf das Ergebnis neutral und erwartungsfrei. Andernfalls kann eine vorgefasste Meinung oder Angst vor einer bestimmten Antwort das Ergebnis völlig verfälschen. Stellen Sie sich eine Frau vor, die der Meinung ist, stark und souverän zu sein. Dass in ihrer Beziehung eine Atmosphäre wie in einem Assessment-Center herrscht, liegt ihrer Ansicht nach nur an ihrem Partner. »So unzuverlässig, wie der immer ist ... Wer soll denn da entspannt und locker sein?!« Würde diese Frau nun einen Fingerring-Test mit dem Satz machen »Ich darf Männern nicht trauen«, wäre das Ergebnis wahrscheinlich von ihrer inneren Einstellung verfälscht. Denn ein Ja würde ein tiefes Misstrauen und eine große Angst vor Verletzung bedeuten, was sie sich beides nicht gerne eingestehen möchte.

Um beim Fingertest dennoch eine zutreffende Muskelreaktion zu erhalten, ist etwas Vorarbeit erforderlich. Sie sollten sich neutralisieren, indem Sie vorab folgende Sätze sagen:

Ich bin offen für jedes Ergebnis. JETZT. Schlüsselwort.

Ich bin frei von vorgefassten Meinungen.

Ich bin frei von Erwartungen.

Ich bin frei von Widerständen gegen mögliche Ergebnisse.

Ich bin frei von Wünschen.

Ich bin frei von Hoffnungen.

Ich bin frei von Ängsten.

Ich bin frei von Einflüssen durch die Aussagen Dritter.

Ich bin frei von Zweifeln.

Ich bin frei von anderen ungenannten mentalen Faktoren.

Ich bin frei von anderen ungenannten emotionalen Faktoren.

Ich bin jetzt vollkommen neutral.

Nun dürfte der Selbsttest zutreffende Ergebnisse liefern und damit auch die Erkenntnis ermöglichen, welche inneren Widerstände Ihnen im Weg stehen.

BSFF aufgepeppt – Variationen und Affirmationen für noch mehr Wirk-Power

Das war gerade ein kleiner Vorgeschmack auf den Umgang mit inneren Widerständen und Verdrängungsmechanismen, die fast jeder in sich trägt. Solche emotionalen und mentalen Quertreiber können noch um einiges bockiger und veränderungsresistenter sein als ein Kerl ... Aber wenn Sie wissen, wie Sie Ihre inneren Anteile dazu bekommen zu tun, was Sie wollen, werden Sie das auch viel einfacher mit einem Mann schaffen. Denn der mag als Motivation ganz genau das Gleiche wie Ihr Innerstes: Verständnis für seine Gründe, »Nein« zu sagen, sanfte Worte, die das »Nein« weich umspülen und Stück für Stück wegwaschen, Wertschätzung trotz aller

Zickerei, bunte Bilder und positive Gefühle, die Lust auf das Gewünschte mache. Et voilà – aus dem »Nein« wird plötzlich ein »Aber gerne«. Mit der richtigen Vorgehensweise sind Männer verblüffend leicht zu handhaben.

So, und nun zurück zu Ihnen. Um aufzudecken, warum BSFF nicht zu wirken scheint, könnten Sie bei Zweifeln, Widerständen, Einwänden und Selbstsabotage-Mechanismen in folgende Ecken schauen und die folgenden Sätze zur Sicherheit kinesiologisch überprüfen:

Veränderung ist für mich oder andere nicht sicher.

Das darf man nicht. (gesellschaftliche Konventionen)

Ich bin es nicht wert/ich verdiene es nicht, dieses Problem loszuwerden/rundum glücklich zu sein. (niedriger Selbstwert, Schuldgefühle)

Es ist (für mich oder generell) zu schwierig oder unmöglich.

Ich verrate andere/ich verliere die Liebe anderer durch die Veränderung.

So eine große Veränderung schaffe ich nicht in einem Schritt.

Ich bin zu wütend, als dass ich das Thema loslassen könnte.

Ich bin noch nicht bereit dafür.

Ich sollte mich ändern, aber eigentlich mag ich gar nicht.

Eigentlich will ich, dass ER sich ändert.

Die Veränderung hat für mich Nachteile wie ...

Ich hasse mich, weil ich dieses Problem habe.

Bei so einem Problem kann BSFF doch gar nicht helfen.

Den letztgenannten Hemmschuh können Sie wunderbar beseitigen, indem Sie sich die Stopper aus der Handlungsanleitung mal wieder vornehmen. Und wenn Sie bei sich selbst Selbstverachtung oder Selbsthass entdecken, können Sie auch dem ganz einfach beikommen. Hierfür bedienen wir uns Formulierungen, die man gerne in der Klopfakupressur einsetzt und die zum Ziel haben, sich mit all seinen Macken, Problemen und Schwächen erst einmal anzunehmen. Denn nur was man annimmt, kann man auch ändern. Diese Sätze sind immer folgendermaßen aufgebaut:

Obwohl ich .... (dieses Problem) habe, liebe und akzeptiere ich mich so, wie ich bin.

Wenn Ihnen das zu pathetisch ist, können Sie den zweiten Teil des Satzes auch ändern: ».... nehme ich mich an/mag ich mich so, wie ich bin.«

Eine Frau, die sich vorwirft, immer zu nörgeln, statt ihre Anliegen ruhig und charmant zu äußern, und die glaubt, das nicht ändern zu können, sollte also einige Runden BSFF machen mit den Sätzen:

Obwohl ich so sauer auf mich bin, weil ich es einfach nicht schaffe, mit dem Nörgeln aufzuhören, liebe und akzeptiere ich mich so, wie ich bin.

Das nimmt schon mal den inneren Druck der Selbstverurteilung raus, der die Veränderung blockieren könnte. Alternativ könnte diese Frau auch »Unverzeihen gegenüber mir selbst. JETZT« in Verbindung mit dem Schlüsselwort sagen, denn die Behandlung von Selbstkritik ist ja in der BSFF-Installation enthalten. Meine Erfahrung ist allerdings, dass die gerade vorgestellten Selbstakzeptanz-Sätze machtvoller sind, weil sie auch dem Bewusstsein ein klares »Ja« zu sich selbst unter allen Umständen signalisieren. Die Haltung »Egal welche bescheuerte Schwäche oder Macke ich habe – ich mag mich trotzdem« ist Balsam für die weibliche Perfektionistinnen-Seele. Und sie öffnet die Tür zur Veränderung.

Manche der als Hemmschuh identifizierten Glaubenssätze oder Gefühle können Sie auch einfach gesondert behandeln und auflösen. Nehmen wir beispielsweise den Satz »Das darf man nicht!« (gesellschaftliche Konventionen). Wir könnten ihn einige Male denken oder sprechen, immer gefolgt von JETZT und unserem Schlüsselwort und dann hineinspüren, was passiert. Mit großer Wahrscheinlichkeit beginnt er schon nach wenigen Wiederholungen, seine allgemeingültige Macht zu verlieren, es taucht im Hinterkopf ein »Na ja, so schlimm ist das doch gar nicht« auf. Und wenn wir zum Abschluss dem Unterbewusstsein noch den Befehl geben »Ersetze die Überzeugung ›Das darf man nicht!‹ durch das Wissen ›Es ist total okay‹«, sollte der Weg für die Lösung frei sein.

»Es ist total okay« ist eine Affirmation, für deren Wirksamkeit wir allerdings mit unserer Vorarbeit sorgfältig den Boden bereiten müssen. Sie kennen den Einsatz von Affirmationen bestimmt aus der Ratgeberliteratur zu den Themen Liebe, müheloses Abnehmen, Geld oder Erfolg. Dort arbeitet man gerne und viel damit. Fast immer wird behauptet, man müsse die Affirmation nur oft genug wiederholen, irgendwann würde sie sich im Unterbewusstsein verankern und zur neuen inneren Wirklichkeit werden. Ich weiß nicht, wie es Ihnen geht, aber wenn ich mir immer wieder Sätze vorsage wie »Ich bin schlank« oder »Ich bin reich«, passiert in meinem Kopf zweierlei:

1. Eine innere Stimme sagt: »Bullshit (meine innere Stimme mag das Wort »Bullshit« ausgesprochen gerne), das stimmt doch gar nicht.« Anders gesagt: Mein Hirn leistet Widerstand, weil die Diskrepanz zwischen aktueller Realität und Affirmationsinhalt zu groß ist.

2. Ich langweile mich – es fehlen Abwechslung und Herausforderung.

Deshalb habe ich mich auf die Suche nach Affirmationen gemacht, die sanft und ohne Widerstand auszulösen ins Hirn flutschen, die vielfältig und emotionsgeladen sind und zugleich das Spektrum unbewusster Einwände gegen die Wirkung von BSFF aushebeln. Bei der amerikanischen Therapeutin Pat Carrington und ihrer »Choices-Technik« wurde ich fündig. Carrington empfiehlt, Affirmationen als Entscheidungen zu formulieren: statt »Ich bin reich« heißt es dann: »Ich entscheide, mich reich zu fühlen.« Wenn Sie beide Sätze einmal laut aussprechen – welchen können Sie besser annehmen? Den zweiten? Ja, das geht mir auch so. Denn uns für ein bestimmtes Gefühl oder einen Gedanken zu entscheiden, liegt innerhalb unserer Kontrolle und ist sofort möglich. Unser Kontostand lässt sich längst nicht so mühelos und mit Erfolgsgarantie beeinflussen. Deshalb sind Entscheidungssätze die bessere Form der Affirmation. Aber auch sie haben noch Luft nach oben: Wir können nämlich Affirmationen bilden, die maßgeschneidert sind für unsere individuellen Zweifel und Einwände – und sogar mehrere Einwände in einem Satz aushebeln, während wir dabei noch ein positives Gefühl in uns verankern. Ein Beispiel: Sie wollen die Angst vor emotionaler Verletzung behandeln, obwohl Sie das insgeheim für schwierig halten und sich aufgrund eines niedrigen Selbstwertgefühls die innere Heilung nicht zugestehen. Da könnte ein Behandlungssatz etwa lauten:

Ich verdiene zu erleben, dass es verblüffend leicht ist, diese Angst loszulassen.

Damit es Ihnen leichtfällt, derartig flauschig zu formulieren, habe ich für Sie einen Satz-Bausteinkasten entwickelt, den Sie nach Belieben nutzen, ändern und erweitern können. Spüren Sie einfach in sich hinein, was Ihnen richtig guttäte und ein wohliges Gefühl in Ihnen hervorriefe, und puzzeln Sie mit den Satz-Fragmenten Ihre Behandlungssätze zusammen. Am Ende bitte immer JETZT und Ihr Schlüsselwort hinzufügen.

Ich erlaube mir …	… für möglich zu halten …	… dass es total okay ist …
Ich entscheide …	… zu erleben …	… dass es sicher ist …
Ich bin jetzt bereit …	… mich davon überraschen zu lassen …	… dass ich es verdiene …
Ich verdiene …	… zu spüren …	… dass es möglich ist …
Ich freue mich …	… zu wissen ….	… dass es (mir) erlaubt ist …
Ich genieße …	… sicher zu sein …	… dass es verblüffend leicht ist …

Was tun, wenn sich das Problem, das Sie loslassen möchten, aber wie ein ungeheuer großer, nicht zu bewältigender Brocken anfühlt, der auch der sanften Macht unserer Satzbausteine widersteht? Dafür verrate ich Ihnen einen eleganten Trick: Sie zerlegen das Problem in handliche Häppchen und kombinieren das mit den Satzbausteinen.

Lis hatte so ein Problem, das wir mit dieser Vorgehensweise knacken konnten. Sie war wütend. Stinksauer. Ihr Partner Julius hatte sie betrogen, später jedoch ehrliche Reue gezeigt und man hatte sich geeinigt, der Beziehung noch eine Chance zu geben. Zwischen dem Paar und dem Neubeginn stand aber Lis' Wut, weshalb Sie sich vorgenommen hatte, sie loszulassen und Julius zu verzeihen. Sie können sich vorstellen, dass ein zähneknirschendes »Ich muss dir jetzt wohl verzeihen« nicht funktionieren kann. Lis war das auch klar, weshalb sie zusätzlich noch auf sich selbst wütend war, weil es ihr so schwerfiel, ihre Wut loszulassen. Also fingen wir mit der Wut auf die eigene Wut an:

Obwohl ich so wütend auf mich bin, weil es mir einfach nicht gelingt, diese Scheißwut loszulassen und diesem blöden Julius zu verzeihen, mag ich mich und nehme mich an, wie ich bin. JETZT! Schlüsselwort. Ein erstes Durchatmen, der innere Druck wurde weniger. (Wenig damenhafte, aber äußerst emotionsgeladene und vor allem ehrliche Formulierungen helfen dabei ungemein.)

Obwohl ich so supersauer auf mich bin, weil ich Julius lieber teeren, federn und durch den Mixer jagen würde, statt ihm edelmütig zu verzeihen, mag und akzeptiere ich mich so, wie ich bin – wütend! JETZT. Schlüsselwort.

Hach, das tat gut. Wieder in der Wortwahl wenig ladylike und edelmütig, dafür aber äußerst befreiend, weil es die Gefühle so gut widerspiegelte. Weiter ging's.

Ich erlaube mir zu verzeihen, weil ich so wütend bin und diese Wut nicht loslassen kann. JETZT. Schlüsselwort.

Ich gestehe mir das Recht auf diese Wut zu, denn er hat mich wirklich tief verletzt. JETZT. Schlüsselwort.

Viel besser! Lis hatte sich das Recht auf ihre Wut über die Kränkung zugestanden und auf einmal war die Wut auf sich selbst weg. Das ist gerade bei Frauen, die immer von sich erwarten, ungeheuer stark und verständnisvoll zu sein, ganz wichtig. Wenn da ein Teil in uns ist, der wütend, traurig und verletzt ist, benötig der für seine Heilung als Allererstes das Recht, zu sein. Eine Daseinsberechtigung. Erst dann können wir beginnen, ihn aufzulösen.

Lis war bereit, sich die Wut zuzugestehen. Hinter der Wut tauchten erwartungsgemäß viel Trauer, Enttäuschung und Schmerz auf, die wir ebenfalls behutsam behandelten. Und schließlich ging es zurück zu dem immer noch fetten Brocken Wut und dem Trick, um der Wut den Garaus zu machen:

Unterbewusstsein, bitte behandle jeden Zweifel, Einspruch, Widerstand gegen den Satz: Ich entscheide jetzt, 1 Prozent meiner Wut loszulassen. JETZT. Schlüsselwort.

Ein mickriges Prozent – das klang für Lis nun wirklich locker machbar.

Also ging es weiter:

Ich entscheide jetzt, 5 Prozent meiner Wut loszulassen. JETZT. Schlüsselwort.

Auch da gingen Bewusstsein und Unterbewusstsein entspannt mit.

10 Prozent... Aber klar doch.

Und nach einigen weiteren Schritten waren wir bei: »Ich bin jetzt bereit, auch den letzten Rest meiner Wut vollständig loszulassen und frei davon zu sein. JETZT.« Schlüsselwort. Auch damit war Lis vollkommen einverstanden.

Weil Unverzeihen Gift für die Liebe und die eigene Gesundheit ist, schoben wir gleich noch eine Runde Vergebungsarbeit nach, kombiniert mit einer Visualisierung. Denn Visualisierungen sind ebenfalls ein wirkungsvolles Mittel, auf das Unterbewusstsein einzuwirken, denn es arbeitet bevorzugt über Bilder und kann – praktischerweise – Visualisierungen und Realität nicht unterscheiden. Deshalb fütterten wir ihr Unterbewusstsein nun mit machtvollen Bildern.

Lis stellte sich zunächst vor, wie sie und Julius einander gegenüberstanden. Sie waren verbunden durch Energieschnüre aus negativen Emotionen. Genau genommen waren es dicke Taue aus Verrat, Untreue, Lügen, Schmerz, Enttäuschung, Wut und Feigheit. In Lis' Vision saßen diese Taue jeweils an Kopf, Herz, Bauch und Genitalien. Um ihrem Unterbewusstsein eine Befreiung von diesen beziehungszerstörenden Gefühlen zu suggerieren, bat ich sie, eine Wesenheit herbeizurufen, der sie die Durchtrennung der Taue zutraute. Spirituelle Menschen holen bei dieser Übung gerne den Erzengel Michael mit dem Lichtschwert, andere haben eher einen Bezug zu einem Jedi-Ritter. Aber Lis wusste sofort, wer die einzig passende Person für diesen Job war: ihre verstorbene Großmutter. Also erschien in ihrer Visualisierung ihre resolute Oma, der Lis immer bedingungslos vertraut hatte. Die Großmutter war ausgestattet mit einer überdimensionalen Schere und zertrennte mühelos die Taue zwischen ihrer Enkelin und Julius. Dann entfernte sie die Reste des Taus aus den Körpern der beiden und entschwand. Lis atmete tief und befreit durch.

Ich schlug ihr vor sich vorzustellen, dass Julius ihr sagte, wie außerordentlich leid es ihm täte, sie verletzt und betrogen zu haben, und dass er sie bäte, ihm zu verzeihen. Lis spürte ihre innere Bereitschaft, ihm nun endlich zu vergeben, nahm seine Entschuldigung von Herzen an, und sie umarmten sich innig. Ende der Visualisierungsübung. Endlich fühlte sich die Beziehungsatmosphäre für Lis wieder sauber genug an, um sich einen Neustart mit Julius vorstellen zu können und sich an die Aufarbeitungsarbeit zu wagen, die noch vor ihnen lag.

Eine Visualisierungsübung, die ich für mich selbst entwickelt habe, ist »der Reglerknopf«. Meine Problem war, Liebe nicht gut annehmen zu können. Kein unübliches Frauenproblem, denn Liebe anzunehmen erfordert eine empfangende Haltung, was man als auf Lebensselbstkontrolle getrimmte Frau gerne mit Schwäche verwechselt. Außerdem sind noch so einige weitere Ängste und Abwehrmechanismen damit verquickt, wie ich noch merken sollte. Mein Ziel formulierte ich folgendermaßen: »Ich will Liebe maximal in mein Leben strömen lassen können.« Dieses Ziel brauchte ein Symbol, und bei diesem Gedanken sprang mich förmlich das Bild eines bis zum Anschlag gedrehten Reglerknopfes mit einer Skala von 0 (= Aus) bis 10 (= voll aufgedreht) an. Ich wusste, ich wollte die 10. Aber wie weit war der Regler eigentlich aufgedreht? Sie erinnern sich an unsere 10er-Skala – die ließ sich in meinem Fall perfekt anwenden. Widerwillig gestand ich mir zu, erst bis 3 aufgedreht zu haben. Kein toller Wert für einen Love-Coach! Bitte erzählen Sie es nicht weiter. Aber ohne realistische Betrachtung der Ist-Situation gibt es keine Veränderung.

Also stellte ich mir vor, zum Regler zu greifen und auf 4 zu drehen. Wow, das fanden die Ängste und Zweifel in mir nicht lustig und begannen ein munteres Tänzchen. Ich schaute mir einen Einwand und eine Angst nach der anderen an und behandelte sie mit BSFF, bis wieder Ruhe eingekehrt war. Dann erst schaltete ich weiter zur 5. Erneut ploppten Gedanken und Gefühle an die Oberfläche: »Hilfe, das ist gefährlich, lass dich nicht zu sehr ein.« Auch sie bekamen ihre Dosis BSFF.

Bei Stufe 6 riefen sie: »Es ist gefährlich, Männern zu vertrauen.« BSFF-Behandlung. Ruhe.

Bei Stufe 7 fragten sie: »Verdienst du eigentlich so viel Liebe?« BSFF-Behandlung. Ruhe.

Bei Stufe 8 hieß es: »So viel Liebe lenkt dich nur von anderen wichtigen Sachen ab.« BSFF-Behandlung. Ruhe.

Bei Stufe 9 flüsterten sie: »Ob du damit wohl umgehen kannst?« BSFF-Behandlung. Ruhe.

Bei Stufe 10 kam: »Das ist viel zu viel Glück.« BSFF-Behandlung. Ruhe.

Nochmal nachgespürt: 10? Schön. Erfüllend. Sicher. Das steht mir zu.

Wenn ich später hin und wieder den Eindruck hatte, der Regler sei verstellt, drehte ich einfach wieder bewusst auf 10 und konnte mich so der Liebe bewusst vollkommen öffnen.

Wenn Ihnen das Bild des Reglerknopfes sympathisch ist, können Sie es auf viele andere Themenbereiche übertragen, egal ob es darum geht, etwas anzunehmen oder Gedanken, Gefühle und Bedürfnisse auszudrücken. Sie können Ihre Bereitschaft, ihre Bedürfnisse klar zu äußern, über den Reglerknopf steuern, beispielsweise die Erlaubnis, Ihre sexuelle Lust zu leben, Ihren Mut »Nein« zu sagen und Grenzen zu setzen. Spielen Sie damit, wenn der Reglerknopf ein kraftvolles Bild für Sie ist.

Sie können aber auch ganz individuelle Bilder und Symbole benutzen, also die authentische Sprache Ihres Unterbewusstseins. Diese Bilder oder Symbole werden in die BSFF-Behandlung integriert. Wie kann das ablaufen? Schnell – und humorvoll. So geschehen bei Marion, die von einem extrem schlechten Gewissen geplagt wurde, weil immer sie ihre Partner bisher verlassen hatte. Die tendenziell lebensuntüchtigen Männer hatten theatralisch und demonstrativ gelitten, weshalb sich Marion bei jedem Gedanken an ihre früheren Beziehungen unerträglich schuldig fühlte – bis sie BSFF und innere Bilder kombinierte. Seitdem löst der Gedanke an ihre Verflossenen nur noch ein Schmunzeln aus.

Der Anfang der Veränderung war einfach: Marion stellte sich vor, wie sie einen Gang entlangging, der auf eine Tür zuführte – eine schwere, sichere Tür, hinter der ihr schlechtes Gewissen saß. Wie es wohl aussah? Marion tippte auf ein Monster: groß, schwarz, zottelig, furchterregend mit glühenden Kohleaugen. Nicht die Sorte Wesen, mit der man gerne seine Freizeit verbringt. Gut, dass die Tür so solide war ... Nun bekam das Wesen eine BSFF-Behandlung mit Vergebungsarbeit, Auflösung von Wut und Angst und Loslassen von Schuldgefühlen. Und Liebe bekam das Wesen, das Marions schuldgeplagten Persönlichkeitsanteil darstellte, von ihr in dieser Behandlung. Ganz viel Liebe, Akzeptanz und Dankbarkeit. Denn eigentlich, das wurde Marion immer klarer, wollte dieser Persönlichkeitsanteil ihr nichts Böses. Sein Job war es, ihr zu sagen, wann sie nicht nett war. Gut gemeint, aber viel zu extrem in der Umsetzung, denn man kann nun mal nicht immer nett sein. Daher entband Marion ihr übereifriges schlechtes Gewissen mit diesem Satz von dieser Aufgabe: »Ich, das schlechte Gewissen, entscheide jetzt, Marion zu vertrauen und zu wissen, dass sie in Bezug auf ihre Partner das für sie Richtige getan hat. JETZT.« Schlüsselwort.

Danach öffnete Marion mit einem Gefühl von innerer Sicherheit die imaginative Tür und stand ihrem schlechten Gewissen gegenüber. Es sah aus wie eine überdimensionale Schokolinse, ein schwarzes, flauschiges M&M mit großen Kulleraugen. Das ganze Gegenteil eines Monsters. Sie knuddelte es liebevoll, nahm es an die Hand und führte es durch die Tür. Seitdem kann sie ohne Schuldgefühle an ihre früheren Partner denken; stattdessen sieht sie das knuffige, runde Etwas vor sich und muss lachen. Das ist ohnehin einer der angenehmsten Wege, sich von Psychomüll zu befreien. Nein, ich meine nicht, flauschige Minimonster vor sich zu sehen, sondern die Probleme einfach wegzulachen.

Wer hat eigentlich festgelegt, dass das Lösen von Beziehungsproblemen oder persönlichen Schwierigkeiten immer eine bierernste Angelegenheit sein muss? Insbesondere in Kombination mit BSFF oder auch mit Visualisierung sorgt Humor dafür, dass Sie sich schnell besser fühlen. Vor allem dann, wenn die Visualisierungen, für die Sie sich entscheiden, komplett gaga sind. Für ein Beispiel aus der Praxis lassen Sie uns kurz den Beziehungskontext verlassen und einen Blick in das sehr spezielle Problem von Timo werfen. Timo war nämlich zu nett. Es fiel ihm schwer, Grenzen zu setzen, sich mit klaren, unpopulären Ansagen Respekt zu verschaffen und – wenn es denn wirklich erforderlich war – einmal richtig aus der Haut zu fahren. »Weichei«, denken Sie jetzt wahrscheinlich. Pustekuchen! Timo war nur deshalb so nett, weil er ungeheure Angst vor der Macht seiner Wut hatte. Seine Eltern hatten ihm Wutausbrüche vorgelebt und als Kind hatte er selbst in seiner Wut mehrfach komplett die Kontrolle über sich verloren. Deshalb hatte er seiner Wut, die doch auch eine Kraftquelle zur Selbstbehauptung ist, das Label »gefährlich« verpasst und sie sicher weggesperrt. Eines Tages aber entschied er sich, den Kontakt zu seiner Wut wieder aufzunehmen. Zunächst installierte Timo mit BSFF ein Gefühl der Sicherheit. Auch Timo stellte sich vor, wie er einen Gang in Richtung einer großen Tür schritt. Hinter der Tür – natürlich – die Wut. Er öffnete die Tür und schaltete das Licht ein, um seine Wut betrachten zu können. Was sich ihm zeigte, sah aus wie ein schwarzer Energieball aus einem Science-Fiction-Film. Typisch männermäßig – Sie wissen schon. Timo begann mit dieser wolkenähnlichen Energie Kontakt aufzunehmen, schenkte ihr Anerkennung für ihre guten Absichten und überlegte dann, wie er am besten zu seiner Wut eine Beziehung aufbauen konnte. Mein Vorschlag war durchgeknallt, aber wirkungsvoll: »Stell dir vor, wie du mit deiner Wut gemeinsam auf dem Sofa sitzt. Jungsabend. Ihr schaut zusammen ein Fußballspiel im Fernsehen an und trinkt ein Bier. Du und dein Kumpel Wut. Nebeneinander auf der Couch, die Füße auf dem Tisch. Cooles Team, ihr beide, oder?« Zugegeben – das war keine klassische Form der Intervention, aber sie wirkte. Timo wischte sich die Lachtränen aus den Augenwinkeln und pflegt seitdem einen sehr viel entspannteren Umgang mit seiner Wut. Was auch seiner Freundin auffällt, die es genießt, nun einen echten Kerl zu Hause zu haben. Und Sie genießen vielleicht die Erkenntnis, mit absurd komischen Bildern Ihr Innerstes aufräumen und für emotionale Befreiung sorgen zu können. Zögern Sie also nicht, falls Sie plötzlich das Bedürfnis verspüren, Ihre Traurigkeit (im übertragenen Sinn, wohlgemerkt!) mit Schokoladenpralinen zu verwöhnen oder, um sich mit Ihrer verdrängten weiblichen Kraft zu verbünden, in der Visualisierung mit ihr High Heels shoppen zu gehen. Was Ihnen ein gutes Gefühl schenkt, ist richtig.

Querschießende Persönlichkeitsanteile wieder mit ins Boot zu holen, funktioniert natürlich auch ohne die Verwandlung in ein Symbol. Wenn Sie in Bezug auf eine Situation ein ambivalentes Gefühl haben, könnte auch Anteilearbeit Sinn machen. Nehmen wir an, Sie haben sich vorgenommen, in Ihrer Beziehung mehr Nähe zuzulassen und Ihrem Partner auch Ihre verletzlichen Seiten zu offenbaren. Trotz dieses klaren Entschlusses ertappen Sie sich aber dabei, in entscheidenden Momenten innere Mauern zu errichten oder das aufrichtige Interesse Ihres Geliebten abzuwehren. Dann ist es Zeit für ein Gespräch mit dem Anteil Ihrer Persönlichkeit, der Innigkeit und Vertrautheit verhindert. Richtig, nicht der Mann an Ihrer Seite ist gefordert, um Ihr Vertrauen zu erringen oder – wie manche Frauen glauben – ihre Schutzmechanismen zu durchbrechen. Das ist einzig und alleine Ihre Aufgabe. Was Sie folgendermaßen tun können:

Sie bitten Ihr nähesabotierendes Ich, auf einem Stuhl vor Ihnen Platz zu nehmen. Da sitzt es nun. Fragen Sie dieses Ich, wie es ihm geht und welche Gründe es für sein Verhalten hat. Erlauben Sie sich zu hören, was dieser Teil von Ihnen, den Sie bisher eher verurteilten, weil er den Erfolg Ihrer Bemühungen zunichtemachte, zu sagen hat. Wahrscheinlich werden Sie erfahren, dass dieser Anteil Angst hat vor emotionalen Verletzungen oder Verrat und sie mit seinen Abwehrmechanismen davor schützen will. Auch das Empfinden, es nicht wert zu sein, ist als Ursache des Problems denkbar. Wenn Ihr anderes Ich glaubt, Sie seien nicht liebenswert genug, möchte es Sie davor schützen, die Liebe Ihres Partners zu verlieren. Denn das könnte nach Ansicht dieses Anteils passieren, wenn Ihr Partner Sie wirklich zur Gänze kennenlernt. Welche Antwort Ihr Persönlichkeitsanteil auch gibt, behandeln Sie seine Gefühle und Gedanken danach einfach mit BSFF, bis er sich rundum stark, sicher und gut fühlt. Ziel der Übung ist es, den zuvor widerstrebenden innern Anteil positiv zu verändern, bis er Ihre Entscheidung, Nähe und emotionale Intimität zuzulassen, voll und ganz mitträgt. Dafür lösen Sie zunächst seine Ängste auf, wie Sie es am Anfang des Kapitels 2 gelernt haben: »Liebes Unterbewusstsein, bitte behandle diese riesengroße Angst, dass man mir wieder wehtut, mit BSFF. JETZT.« Schlüsselwort.

Ich bin jetzt bereit, diese riesengroße Angst Stück für Stück loszulassen und frei davon zu sein. JETZT. Schlüsselwort.

Liebes Unterbewusstsein, bitte behandle auch den Rest von Angst, dass man mir wieder wehtut, mit BSFF. JETZT. Schlüsselwort.

Liebes Unterbewusstsein, bitte ersetze den Gedanken oder das Gefühl »wenn ich Nähe zulasse, werde ich verletzt« durch ein tiefes Gefühl von Sicherheit und Unverletzlichkeit. JETZT. Schlüsselwort.

Ich entscheide mich jetzt, mich mit meinem persönlichen Maß von Nähe und Distanz absolut sicher und geliebt zu fühlen. JETZT. Schlüsselwort.

So viel zu Angst vor Verletzung – entsprechend können Sie auch bei niedrigem Selbstwertgefühl vorgehen.

Viele Frauen kennen die Angst vor Verletzung und ein niedriges Selbstwertgefühl, beides wirkt sich in vielen Aspekten der Liebe störend aus. Umso wichtiger ist es, sie aufzudecken und so lange mit BSFF zu beackern, bis sie endlich dauerhaft gelöst sind. Gerade diese Themen wurzeln oft in einer Vielzahl von Kindheits- oder Beziehungserfahrungen, die man sich einzeln vornehmen muss, bis sich endlich ein Gefühl von innerer Stärke, Sicherheit und ein Bewusstsein für den eigenen Wert einstellt. Die einzelnen Erfahrungen zu behandeln, dauert jeweils meist nur eine halbe Stunde. Allerdings verschwindet solch ein facettenreiches Problem erst dann, wenn alle wichtigen Aspekte aufgelöst wurden. Das kann bei manchen Menschen Wochen oder Monate dauern, lohnt aber jede Mühe. Denn mit diesen beiden emotionalen Wunden verschwinden erfahrungsgemäß auch die meisten Beziehungskonflikte.

Sollten Sie trotz aller Mühe und Geduld den Eindruck haben, dass BSFF bei Ihnen nicht so gut wirkt wie gewünscht, machen Sie sich bitte keine Sorgen, das geht auch einigen meiner Klientinnen so. Sie spüren einen wesentlich intensiveren Effekt wenn wir die BSFF-Behandlung zusammen am Telefon machen und ich die Sätze formuliere und spreche, als wenn sie die Methode alleine anwenden. Das ist logisch, denn vielen Menschen fällt es schwer, gleichzeitig die passenden Sätze zu bilden und konzentriert in sich hineinzuspüren. Aber es gibt eine einfache Lösung, die ich auch meinen Klientinnen empfehle: Schreiben Sie zunächst alle

Behandlungssätze auf. Vergessen Sie dabei auch die Vergebungsarbeit nicht. Dann brauchen Sie nur noch ein Mikrofon und eine Software, mit der Sie Soundfiles aufnehmen können – und los geht's. Diktieren Sie Ihre Sätze, sagen Sie nach jedem Satz »JETZT« und Ihr persönliches Schlüsselwort und machen Sie Pausen zwischen den Sätzen, damit Ihr Innerstes Zeit bekommt, darauf zu reagieren. Sobald Sie die gesamte Behandlungssitzung aufgenommen haben, können Sie es sich gemütlich machen, den einzelnen Sätzen ganz entspannt lauschen und dabei erspüren, welche Veränderungen sich in Ihren Gefühlen, Ihren Gedanken und Ihrem Körper einstellen. Ich selbst verwende für diese Arbeit ein Headset mit Mikrofon und das Programm »Audacity«, das Sie kostenlos aus dem Internet herunterladen können.

Frei für die Liebe – Kreative Anwendungsbeispiele aus der Praxis

Mal angenommen, Sie halten die Einschätzung für realistisch, dass Sie Ihren Partner noch lieben und auch er Sie nur ungern verlieren würde. Dann haben Sie dieses Buch vermutlich gekauft, weil Sie die Nase voll von immer wiederkehrendem Beziehungsstress haben. Sie haben keine Lust mehr, ständig über dieselben Sachen zu streiten oder sich in der Beziehung nicht so sicher, lebendig und geliebt zu fühlen, wie Sie es sich erträumt haben. In der Anfangsphase Ihrer Liebe war Ihr Partner irgendwie anders und auch das Miteinander gestaltete sich intensiver, achtsamer und harmonischer. Heute denken Sie immer häufiger: »Ach wenn er sich doch ändern würde.« Oder Sie dachten das zumindest, bevor Sie anfingen, dieses Buch zu lesen. Mittlerweile ist Ihnen vermutlich aufgefallen, dass auch Sie und Ihre unbewussten Programme einen Anteil daran haben, wie es in Ihrer Partnerschaft läuft. Womit wir jetzt auf keinen Fall die Bedeutung SEINES Unterbewusstseins außen vor lassen wollen. Aber auf das haben Sie nur leider keinen Einfluss. Sie können nur auf sein Bewusstsein einwirken, um bei IHM Verhaltensänderungen zu bewirken. Und das funktioniert am besten, wenn Ihr Blick auf die Struktur der Situation glasklar, Ihr Verstand von Emotionen unbeeinflusst, Ihre Kommunikation strategisch-zielführend und Ihr Herz offen ist.

Bevor wir uns nun die typischen Stressfaktoren in Beziehungen anschauen, Sie sich einer mentalen Zwiebelschäl-Analyse unterziehen und passende BSFF-Lösungen entwickeln, noch ein wichtiger Punkt vorab. Einer, den ich gar nicht oft genug wiederholen kann: Vergessen Sie, in Kategorien wie »Wer ist schuld?« oder »Wer hat recht?« zu denken. Sich mit diesen Fragen zu beschäftigen, führt immer zu Beziehungskrieg, weil natürlich jeder aufgrund seiner subjektiven Realität der felsenfesten Überzeugung ist, unschuldig oder im Recht zu sein – was an der üblichen Verquickung von »unschuldig/im Recht« und »(liebens-)wert« bzw. »schuldig/im Unrecht« und »nicht (liebens-)wert« liegt. Diese Assoziationen sind tief als Überzeugungen im Unterbewusstsein der meisten Menschen verankert, weshalb man um das Unschuldig- und Im-Recht-Sein kämpft, als hinge das eigene Leben davon ab. Nach dem Motto: Lieber tot, als im Unrecht oder schuld an einer Misere sein. Selbst wenn man den Bockmist ganz offensichtlich und unzweifelhaft selbst verursacht hat, streitet man das ab, leugnet oder sucht Rechtfertigungen und Entschuldigungen. Das ist völlig normal. Denn wir leben in einer Gesellschaft, die Fehler und Versagen immer mit Wertlosigkeit assoziiert. Und nichts tut mehr weh als der Gedanke, vielleicht nicht wertvoll oder liebenswert zu sein. Die Angst davor macht sogar in vielen Fällen ausgesprochen aggressiv. Was Sie sicherlich auch schon erlebt haben. Nur wenige Männer reagieren auf den berechtigten Hinweis »Du hast vergessen, den Müll runterzubringen« mit einem souverän-einsichtigen »Stimmt, dann mach ich das doch gleich«. Stattdessen werden sie sich rechtfertigen oder der Partnerin vorwerfen, wie oft sie etwas vergessen habe. Vielleicht bringen sie auch vor, so viel zu arbeiten, um dafür zu sorgen, dass es ihrer Partnerin gut gehe, da könne man das doch nicht wirklich auch noch erwarten. Solche Texte kommen mit großer Wahrscheinlichkeit selbst dann, wenn ein Mann zuvor versprochen hatte, sich um den Müll zu kümmern. Egal – auch umgekehrt wird kaum eine Frau dem männlichen Vorwurf zustimmen, sie sei schuld, wenn sie wenig Zeit miteinander verbrächten, weil sie immer mit ihren Freundinnen telefoniere. Nein, unschuldig oder im Recht zu sein nützt gar nichts. Und darauf hinzuweisen, sorgt nur für Ärger. Also vergessen Sie bitte jeden

Lösungsansatz für Ihre Beziehung, der auf einer derartigen Argumentation fußt. Damit Sie lässig tun können, was im Konfliktfall wirklich hilft, sollten allerdings zwei Voraussetzungen gegeben sein:

1. Es ist dafür gesorgt, dass im Streit nicht pötzlich emotionale Wunden und Prägungen das Ruder übernehmen.
2. Man hat sich eingehend mit der Frage »Worum geht's hier eigentlich wirklich?« beschäftigt.

Letzteres ist bei vielen Alltagsproblemen der Fall, wenn der Partner beispielsweise seine nassen Handtücher auf dem Badezimmerboden liegen lässt, und damit ein banaler Auslöser – eben die Handtücher – zu heftigen Auseinandersetzungen führt. Dann ist das Streitthema meist nur die Spitze des Eisbergs. Darunter verbirgt sich meist viel mehr – und das ist oft etwas Unbewusstes, das einen Dinge sagen lässt, die allem, nur keiner Einigung oder Klärung zuträglich sind. Und just an dieser Stelle kann BSFF den Knoten lösen und den Weg für neue, zielführende Kommunikationsformen frei machen.

Nehmen wir uns, um das zu illustrieren, einige typische Beziehungssituationen vor, in denen es gerne und häufig kracht.

A. Sie will ihn ändern.

Ja, er ist ein toller Mann, aber er hat das Potenzial, noch viel wunderbarer zu sein, wenn er sich ein wenig ändert. Andere Klamotten, besserer Haarschnitt, weniger Zeit vor dem Rechner oder mit seinen Kumpels. Und die Musik, die er hört, geht doch gar nicht. Aber das wär's dann auch schon. Fast. Nur: Er widersetzt sich. Das sorgt für Ärger. Wir hatten das Thema schon mal im ersten Kapitel – erinnern Sie sich? Das »Projekt Mann«. Da ist es wieder, denn es ist ein häufiges Problem. Schauen wir mal hinter die Kulissen, was in einer Frau wirklich vorgehen könnte, wenn sie ihren Partner ständig kritisiert.

❋ Sie hat ein niedriges Selbstwertgefühl, das sie mit einem Vorzeigemann pimpen möchte.

❋ Sie hat in der Kindheit gelernt, dass man nur geliebt wird, wenn man perfekt ist.

❋ Sie glaubt, ihm damit zu »helfen«, was ihr ein Gefühl von Macht oder Überlegenheit schenkt.

❋ Sie lenkt sich durch die Beschäftigung mit seinen scheinbaren Fehlern von ihren eigenen Problemen ab.

❋ Sie fühlt sich ungeliebt, wenn er Zeit mit seinen Freunden oder alleine vor dem Rechner verbringt.

❋ Sie meint, Liebe bedeute zugleich, ähnliche Vorlieben oder einen ähnlichen Geschmack zu haben.

❋ Sie wünscht sich seine Veränderung als Liebesbeweis.

Wie Sie sehen, geht es in so einem Konflikt gar nicht um das Styling des Mannes oder um seine Freizeitgestaltung, vielmehr geht es um Themen mit großer emotionaler Ladung – was aber in der Regel weder IHM noch IHR bewusst ist. Leider. Mit BSFF kann eine Frau nun all die Faktoren ändern, die es ihr bisher so schwer machten, ihren Liebsten sein zu lassen, wie er nun mal ist. Sie kann den Einfluss der prägenden Erfahrungen und die Macht der Glaubenssätze auflösen und am Ende der Session neue Affirmationen im Unterbewusstsein verankern. Wie zum Beispiel:

Ich entscheide, mich wohl damit zu fühlen, dass … (Name des Partners) genau so ist, wie er ist. JETZT. Schlüsselwort.

Ich genieße, mich von … (Name des Partners) auch dann geliebt zu fühlen, wenn er mir keine Aufmerksamkeit schenkt.

Ich bin bereit, … (Name des Partners) Individualität und auch meine eigene wertzuschätzen.

Ich erlaube mir zu spüren, dass wir beide absolut richtig und liebenswert sind – so, wie wir sind.

Können Sie sich vorstellen, wie sich die Ausstrahlung einer Frau und ihr Umgang mit ihrem Partner durch solche Sätze ändern? Wo das Miteinander gestern noch angespannt war, weil Männer es hassen, wenn man sie ändern will, ist es jetzt warm, liebevoll und wertschätzend. Was dann durchaus dazu führen kann, dass der Mann nun doch einige kleine Veränderungen vornimmt, um seine Partnerin glücklich zu machen. Ohne den ständigen Druck, dem er sich verständlicherweise widersetzt hat, macht er es vielleicht freiwillig und gerne. Und falls nicht – er ist ja auch so ein großartiger Mann. Sonst hätten Sie sich nie für ihn entschieden.

B. Sie macht doch so viel und fühlt sich dafür nicht anerkannt und unterstützt.

Bei vielen Paaren ist die Rollenverteilung in Bezug auf die Hausarbeit und die Kinderbetreuung immer noch traditionell. Auch Frauen mit anspruchsvollen, zeitintensiven Fulltimejobs kümmern sich oft alleine um Kinder, Einkauf, Hausputz, Wäsche und die Pflege des Freundeskreises. Die Partner scheinen diese enorme Leistung weder entsprechend zu würdigen noch bereit zu sein, sich gleichberechtigt daran zu beteiligen. Was für Unfrieden sorgt.

Schaut man sich das Ganze aus der Perspektive des Mannes an, sieht man seine geringe Motivation für eine Verhaltensänderung. Vermutlich ist er aus seiner Ursprungsfamilie an eine derartige Rollenverteilung gewöhnt – selbst wenn seine Mutter gar nicht oder nur halbtags berufstätig war. Aber solche unwesentlichen Details blendet man schon mal aus ... Und er genießt die Annehmlichkeiten der häuslichen Rundumversorgung, ohne auch nur einen Hauch von Ahnung zu haben, wie viel Arbeit das mit sich bringt. Stattdessen ist er seinerseits vermutlich unzufrieden, weil seine Geliebte so oft müde und unzufrieden ist und wenig Lust auf Sex hat. Ja, das ist jetzt arg klischeemäßig, aber immer noch die Realität in vielen Partnerschaften.

Und was geht wirklich in der Frau vor? Es sind nicht nur unabänderliche Notwendigkeiten, die sie zu Hause rödeln lassen, bis wirklich alles erledigt ist. Vielfach treiben sie auch innere Stimmen, die Folgendes flüstern:

Es muss immer alles tipptopp und perfekt sein, sonst bist du keine gute Hausfrau.

Du musst dich um alles kümmern, sonst tut es ja keiner.

Was sollen denn die Gäste denken, wenn es bei dir aussieht wie im Saustall?

Deine Mutter hat das alles im Griff gehabt, da schaffst du das auch.

Du musst dir seine Liebe verdienen./Wenn du dich genug anstrengst, wird er dich lieben und bei dir bleiben.

Wenn du dich um dich kümmerst und nicht um den Haushalt, bist du egoistisch.

Du hast kein Recht zu relaxen, solange nicht alles erledigt ist.

Es muss immer alles perfekt sein.

Männer bekommen das mit Haushalt und Kindern ohnehin nicht so gut hin wie du.

Wenn du dir Unterstützung holst, bist du schwach oder unfähig.

Ein Beispiel hierfür ist Lilian: Voll berufstätig mit einem elfjährigen Sohn und einem Partner, der sie mit Haushalt und Garten allein ließ. Lilian war dauererschöpft und kreuzunglücklich über die Situation, bis sie merkte: Es war die Stimme ihrer Mutter, die sie davon abhielt, sich um ihre Bedürfnisse zu kümmern oder zu entspannen, solange es zu Hause noch etwas zu erledigen gab. Ihre Mutter war in Sachen Haushalt eine Perfektionistin und die Tochter ihrem Vorbild automatisch gefolgt. Also behandelte Lilian die Konditionierung mit BSFF und löste den inneren Druck und die entsprechenden Glaubenssätze auf. An ihre Stelle setzte sie folgende Sätze:

Ich habe ein Recht auf Erholung, auch wenn noch einige Dinge zu erledigen wären. JETZT. Schlüsselwort.

Ich erlaube mir, mich um mich selbst zu kümmern, egal wie der Haushalt aussieht. JETZT. Schlüsselwort.

Ich entscheide, darauf zu vertrauen, dass ich geliebt werde, auch wenn ich mich jetzt mehr um mich kümmere. JETZT. Schlüsselwort.

Die Veränderungen ließen nicht lange auf sich warten. Plötzlich erlebte Lilian sich, wie sie mit einem Buch im Garten saß, obwohl der Kühlschrank leer und der Fußboden schmutzig war. Und niemand im Haushalt verhungerte oder litt anderweitig. So richtig begeistert zeigte sich ihr Partner zwar nicht von der neuen Situation, aber nach einer kurzen Phase des Moserns begann er mit anzupacken und genoss es, eine zufriedene, entspannte Frau an seiner Seite zu haben.

Wenn Sie jetzt sagen: »Moment, ich wollte keine Freundschaft mit Wollmäusen schließen, ich bestehe auf einer sauberen Wohnung und darauf, dass mein Typ mit anpackt!« Gut. Aber bitte realisieren Sie, dass, wenn Sie ordentlich sind und er eher schlampig ist, Ihr makelloser Haushalt ein schwer zu realisierendes oder äußerst kurzzeitig erreichbares Ziel wird. Das ist etwa so, als hätten Sie im Haus einen Langhaarhund, der sich gerne im Dreck suhlt – da muss man Abstriche machen, wenn man sich nicht zu Tode putzen will. Im Gegensatz zum Hund wäre Ihr Partner zwar in der Lage, Dreck zu erkennen und zu beseitigen, aber bei einem unterschiedlichen Hygiene-Empfinden wird es immer wieder Stress geben.

Glückliche Liebe statt makellosem Fußboden – manchmal muss man sich eben entscheiden. Oder sich Unterstützung in Form einer Putzfrau gönnen.

Ein weiterer Faktor, der in solchen Konstellationen – also wenn Frau sich intensiv um alles kümmert – eine Rolle spielen kann, ist das »Mutti ist unsexy«-Problem. Wer die Rolle der Mutter übernimmt, drängt den Partner automatisch in die Rolle des Kindes – was der wiederum häufig als Kastration empfindet. Und dann wundert sich die Frau, die doch alles macht und erledigt, warum der Sex nicht mehr so geil ist wie früher. Klar, wer will schon mit seiner Mutter schlafen? Dabei ist die Lösung einfach: Das »Ich muss mich kümmern«-Programm mit BSFF löschen, dem Mann zutrauen, seinen Part zu übernehmen, und genussvoll für das eigene Wohlbefinden sorgen. Weniger Arbeit, mehr Unterstützung, mehr Anerkennung plus guter Sex – klingt doch nach einer akzeptablen Alternative, oder?

C. Sie fühlt sich in der Beziehung nicht ausreichend geliebt und sicher, es fehlen ihr Nähe und Verbindlichkeit. Manchmal reagiert sie eifersüchtig oder sie klammert.

Auch wenn es immer mehr freiheitsliebende Frauen gibt, die ihre Männer dazu bringen, um ihre Liebe zu kämpfen – üblicherweise wünscht sich doch die Frau mehr Nähe und Verbindlichkeit. Ich weiß nicht, wie Sie mit so einem Gefühl umgehen, die gängigste Lösungsstrategie ist jedenfalls ein »Schatz, wir müssen reden« vonseiten der Frau. Was völlig sinnlos ist, wenn es sich beim Partner um ein übermäßig freiheitsliebendes, bindungsphobisches oder gar untreues Exemplar handelt. Oder wenn er seine Partnerin einfach nicht genug liebt. Dann brauchen Sie kein BSFF und keine Kommunikationsstrategie, sondern einen neuen Mann.

Selbst ein netter, beziehungswilliger Kerl, der seine Herzdame liebt, wird sein Verhalten nur dann verändern, wenn man ihm sagt, was genau er tun sollte, um seiner Frau das Gefühl zu geben, dass er sie liebt und ihm wichtig ist: zweimal täglich anrufen, einmal in der Woche Blumen mitbringen, mit ihr zusammenziehen etc. Sollten Sie möglicherweise unter Verlustängsten leiden, Angst davor haben, sich zu sehr einzulassen und sich in einer Beziehung zu verlieren, sich vor emotionalen Verletzungen fürchten oder so viel Nähe vermeiden, weil Sie sich sorgen, er könnte feststellen, dass Sie gar nicht so toll sind, wie Sie vorgeben zu sein, dann kann der Mann sich vor Liebesbekundungen auf den Kopf stellen – es wird nie genug sein. Ganz anders das Ergebnis, wenn Sie Ihren emotionalen Hausputz vornehmen und Schritt für Schritt, Session für Session, jede alte Erfahrung, jedes hinderliche Gefühl und jeden negativen Gedanken loslassen, der es Ihnen schwer macht, sich wirklich geliebt, liebenswert und mit Ihrem Partner innig verbunden zu fühlen. Sie geben sich damit die Sicherheit in der Liebe, die Sie brauchen – und werden in der Regel dafür mit wundersamen Veränderungen Ihres Mannes belohnt. Warum? Sie sind plötzlich doppelt attraktiv für ihn, weil Sie als Frau ausstrahlen: »Ich fühle mich sicher, ich fühle mich stark, ich bin eine tolle Frau, ich werde geliebt.« Und weil Sie entspannt, souverän und humorvoll mit ihm umgehen. Ohne jeden Druck, ohne Forderung, ohne Klammern. Willkommen im zweiten Liebesfrühling!

Nelly und Jörg waren ein Paar, das dieses erstaunliche Aufblühen ihrer Liebe erlebte, nachdem sich Nelly entschlossen hatte, ihre Zweifel an Jörgs Liebe und deren Ursachen loszulassen. Nellys Exfreund hatte sie nach fünf Jahren Beziehung wegen einer anderen Frau verlassen. »Sie liebe ich wirklich«, hatte er Nelly zum Abschied gesagt. Und dieser Satz saß in ihrem Kopf fest. Ihr Unterbewusstsein hatte gelernt, dem Beziehungsfrieden und ihrem Partner nicht mehr zu trauen und die Liebesbeweise ihres Partners zu bezweifeln. Und egal, was ihr neuer Partner Jörg sagte oder tat, Nellys Eindruck, nicht wirklich geliebt zu werden, blieb. Bis sie den fatalen Satz ihres Exfreundes mit BSSF behandelte:

Unterbewusstsein, behandle jede Facette dieses Satzes »Sie liebe ich wirklich« – alles was ich gesehen, gehört, gefühlt, gedacht habe – mit BSFF. JETZT. Schlüsselwort.

Unterbewusstsein, behandle mein Entsetzen und meinen tiefen Schmerz, den dieser Satz ausgelöst hat, mit BSFF. JETZT. Schlüsselwort.

Unterbewusstsein, durchtrenne jegliche energetische Verbindung zwischen dem Satz »Sie liebe ich wirklich« und allem, was damit im Zusammenhang steht: mein jetziges Fühlen, Denken, Handeln, Sein. JETZT. Schlüsselwort.

Unterbewusstsein, befreie mich von jeglicher Prägung, Konditionierung, jedem Einfluss dieses Satzes auf mein heutiges Fühlen, Denken, Handeln, Sein. JETZT. Schlüsselwort.

Unterbewusstsein, ich erlaube mir jetzt, jeglichen Bezug zu dem Satz und dem daraus entstandenen Misstrauen vollständig loszulassen und frei davon zu sein. JETZT. Schlüsselwort.

Unterbewusstsein, ich genieße jetzt zu spüren, dass ich frei bin von jeglicher Prägung, Konditionierung, jedem Einfluss dieses Satzes auf mein heutiges Fühlen, Denken, Handeln, Sein. JETZT. Schlüsselwort.

Unterbewusstsein, ich entscheide jetzt, jeden Groll auf meinen Ex loszulassen, jede Wut, jedes Unverzeihen und ihm von Herzen zu vergeben. JETZT. Schlüsselwort.

Unterbewusstsein, bitte ersetze jeden Zweifel und jedes Misstrauen gegenüber Jörgs Liebe durch Sicherheit und Gewissheit. JETZT. Schlüsselwort.

Unterbewusstsein, ich bin jetzt bereit zu wissen, dass es sicher ist, Jörgs Liebe zu vertrauen. JETZT. Schlüsselwort.

Unterbewusstsein, ich genieße es, mich bei Jörg sicher und geliebt zu fühlen. JETZT. Schlüsselwort.

Häufig sind auch Kindheitserfahrungen, beispielsweise ein meist abwesender Vater, die überraschende Scheidung der Eltern oder der Tod eines nahestehenden Menschen, Auslöser für ein tief gehendes Gefühl von Unsicherheit in Bezug auf den Geliebten. Sollte das etwas in Ihnen ansprechen – freuen Sie sich, das erkannt zu haben, weil sich, was man aufdeckt, auch heilen lässt. Es liegt ganz in Ihrer Hand.

D. Er ist unzuverlässig und ändert das auch nicht, egal wie oft sie ihn darum bittet.

Der Mensch neigt dazu, Liebe mit der Erfüllung von Wünschen oder Erwartungen und mit Lob oder Zustimmung zu assoziieren. Kein Wunder, dass sich viele Paare streiten, weil Bitten nicht erfüllt und Versprechen nicht eingehalten werden. Leider sind Menschen selten fähig oder willens, alle Erwartungen, die man an sie heranträgt, zu erfüllen und sich an jede ihrer Zusagen zu halten. Bei Kleinigkeiten ist eine gewisse Fehlertoleranz also unumgänglich, um den Beziehungsfrieden zu gewährleisten. Ein angekündigter Rückruf, der nicht kommt, macht unwirsch, ein nicht vom Kindergarten abgeholter Sohn macht mordlustig. Meist eskaliert die Situation aber erst, wenn Frau ihr Gegenüber wieder und wieder um etwas bittet, erneut ein »Klar, mach ich« oder »Klar, ich denk dran« zur Antwort bekommt, aber nichts passiert. Da könnte man doch gleich gegen eine Wand reden. Verhält er sich so, weil sein Gedächtnis einem Sieb gleicht? Würde er es nicht tun, wenn er die Frau an seiner Seite noch liebte? Ist er ein Egoist oder ein Charakterschwein? Ja, möglicherweise bräuchte er regelmäßig Ginkgotabletten, um sein Gedächtnis zu stärken. Vielleicht ist Frau ihm auch nicht mehr so wichtig, wie es wünschenswert wäre. Und miese Charaktere sind ebenfalls keine Seltenheit. Aber das hilft uns jetzt nicht weiter. Lassen Sie uns schauen, wo eine Frau bei sich selbst den Hebel ansetzen kann, um eine Veränderung zu bewirken. Kommunikationsstrategien, die Ihre Botschaft sauber im Kopf Ihres Mannes verankern, lernen Sie im nächsten Kapitel. Jetzt wollen wir herausfinden, welche unbewussten Selbstsabotage-Mechanismen verhindern, dass Sie bekommen, was Sie wollen. Mögliche Ansatzpunkte dafür sind:

* Kindheitsprägungen, die zu unbewussten Glaubenssätzen wie »Ich werde nicht gehört«, »Meine Bedürfnisse sind nicht wichtig oder werden nicht geachtet«, »Ich bin machtlos« oder »Hier macht ja sowieso keiner, was ich will« führten;

* wiederholte Erfahrungen von Grenzüberschreitungen bzw. nicht respektierten Stopp-Signalen;

* Vorbilder einer ohnmächtigen oder im Stich gelassenen Mutter oder eines entsprechend schwachen Vaters;

* ein chronisch unzuverlässiger oder wankelmütiger Elternteil;

* Gedanken wie »Einen besseren Partner als den hab ich auch gar nicht verdient« oder »Männer sind nun mal so«;

* Angst vor einer vehementen, eventuell auch aggressiven Reaktion, wenn man die Erfüllung seiner Wünsche unmissverständlich einfordert;

* die Überzeugung, Frauen dürften ihre Anliegen nicht im Klartext kommunizieren, das sei unweiblich;

* die Angst, verlassen zu werden, sobald man für seine Wünsche klar eintritt.

Tief sitzende Kindheit Prägungen können sich auch auf die Partnerwahl auswirken. Wenn ein Kind in seiner frühen Jugend mit dem Gefühl aufwächst, nicht gehört zu werden, kein Recht auf die Erfüllung seiner

Wünsche oder die Achtung seiner Grenzen zu haben, wird es sich als Erwachsener möglicherweise einen Partner suchen, der ihm diese Konditionierungen bestätigt. Das ist nicht masochistisch, sondern das Streben der Psyche nach Situationen, in denen sie sich dem Problem wieder aussetzen und es endlich heilen kann. Falls Ihr Partner Sie mit seinem Verhalten also mal wieder schreiend die Wände hinauflaufen und danach gelüsten lässt, ihn zu Geschnetzeltem zu verarbeiten, könnten Sie ihm auch einfach sagen: »Danke, dass du mir hilfst, meine emotionalen Wunden zu heilen.« Ja, sorry, war ein doofer Scherz. Ehrlich gesagt würde ich das auch nicht schaffen. Aber sich hinzusetzen und herauszufinden, was eigentlich dahintersteckt, wenn Sie wieder wegen Schatzis tauber Ohren außer sich geraten, und es wegzuBSFFen – das ist doch drin.

Echte Gefahr für die Beziehung besteht erst dann, wenn sich die frustrierenden Erfahrungen von Unzuverlässigkeit und Nicht-gehört-Werden häufen. Denn aufgestauter Frust und Groll können eine Partnerschaft zerstören, auch wenn das Paar eigentlich der Meinung ist, sich noch zu lieben und ganz gut zusammenzupassen. Wer frustriert oder verbittert ist, weil seine Wünsche und Bitten immer wieder ignoriert wurden, beginnt verbal scharf zu schießen. Dann werden aus kritischen Hinweisen über das Verhalten des Gegenübers ganz schnell verletzende Aussagen über die Persönlichkeit. Statt »Du lässt deine Socken liegen, wo du sie ausgezogen hast. Das stört mich«, sagt man dann Dinge wie: »So schlampig wie du immer bist – wer soll denn das aushalten?« Und wenn der so Angegriffene dann versucht, den Konflikt mit einer beschwichtigenden Äußerung oder Geste aufzulösen, wird nachgetreten. Gerne wärmt man in solchen Momenten auch alte »Fehler« oder Schwächen des Partners oder der Partnerin auf und setzt sie als Waffen ein. Denn letztlich will man keinen Frieden mehr und auch keine Lösung oder Entschuldigung. Man will nur noch streiten und damit seiner angestauten Wut Luft machen.

Wenn Ihr Partner Ihnen in solch einer Art und Weise gegenübertritt, verkneifen Sie sich bitte jede Rechtfertigung und jede Diskussion über das auslösende Thema. Hier hilft nur eins: Signalisieren Sie, dass die eigentliche Botschaft – »Ich bin frustriert, denn du hast mich und meine Wünsche zigmal ignoriert« – angekommen ist. Sagen Sie ihm so etwas wie »Du bist stinksauer auf mich und frustriert, weil du das schon so oft gesagt hast und ich nicht auf dich gehört habe, stimmt's?!« und schauen Sie, was passiert. Vermutlich wird er verblüfft sein, weil er sich zum ersten Mal wahrgenommen fühlt. Ermutigen Sie ihn, sich seinen Frust von der Seele zu reden, und geben Sie ihm zu verstehen, wie leid es Ihnen tut, ihn ungewollt so wütend gemacht zu haben.

Aber was tun bei der Konstellation »SIE frustriert – ER immer noch verständnislos«? Senken Sie Ihr Frustlevel und die Wut auf Ihren Mann mit BSFF und Vergebungsarbeit. Wenn Sie bei extremem Frust und angestauter Verbitterung die folgende Session durchführen, eröffnet Ihnen das die Chance auf ein Gespräch, bei dem es dann tatsächlich wieder um Klärung, gegenseitiges Verstehen und vielleicht auch um Lösungen gehen kann. Wenn alles gut läuft, wird Ihr Partner am Ende endlich bereit sein, es zur Kenntnis zu nehmen, wenn man ihm »Aua! Grenzüberschreitung!« signalisiert, statt achtlos vor sich hin zu stampfen.

Kleiner Hinweis am Rande: Großer Frust motiviert nicht gerade zu emotionalem Hausputz, er macht eher bockig: »Warum soll ich mich noch mit BSFF anstrengen – ich hab die Schnauze voll.« Absolut nachvollziehbar, führt aber dazu, dass eine angeknackste Liebe, die sich womöglich wieder kitten ließe, zerstört wird. Was tun? Einige BSFF-Sätze der Sorte »Ich entscheide, mich davon überraschen zu lassen, dass ich doch ein klitzekleines bisschen bereit bin, meinen Frust zu bearbeiten« können helfen. Anschließend kann es losgehen mit der Heilung der Ursachen für diesen großen Frust. Nehmen Sie sich hierfür die wichtigsten Situationen vor, die den Frust bewirkt haben, und lösen Sie sie mit BSFF auf. Etwa folgendermaßen – Sie kennen das ja schon:

Unterbewusstsein, behandle jede Facette dieser Erinnerung – alles was ich gesehen, gehört, gefühlt habe – mit BSFF. JETZT. Schlüsselwort.

Unterbewusstsein, behandle diese Enttäuschung, weil ... (Name des Partners) meine Wünsche ignoriert, mit BSFF. JETZT. Schlüsselwort.

Unterbewusstsein, durchtrenne jegliche energetische Verbindung zwischen den damaligen Erfahrungen und meinem jetzigen Fühlen, Denken, Handeln, Sein. JETZT. Schlüsselwort.

Unterbewusstsein, befreie mich von jeglicher Prägung, Konditionierung, jedem Einfluss dieser alten Erfahrungen auf mein heutiges Fühlen, Denken, Handeln, Sein. JETZT. Schlüsselwort.

Unterbewusstsein, ich erlaube mir, jetzt jeglichen Bezug zu den damaligen Erfahrungen vollständig loszulassen und frei davon zu sein. JETZT. Schlüsselwort.

Unterbewusstsein, ich genieße jetzt zu spüren, dass ich frei bin von jeglicher Prägung, Konditionierung, jedem Einfluss dieser alten Erfahrungen auf mein heutiges Fühlen, Denken, Handeln, Sein. JETZT. Schlüsselwort.

Unterbewusstsein, ich entscheide, jetzt jeden Groll auf ... (Name des Partners) loszulassen, jede Wut, jedes Unverzeihen und ... (Name des Partners) von Herzen zu vergeben. JETZT. Schlüsselwort.

E. Sie ist gekränkt, wenn er eine ungeschickte Bemerkung über ihren Körper/ihr Aussehen macht.

Manchmal sind Männer einfach verbale Trampeltiere. Es passiert ihnen einfach, etwas Ungeschicktes zu sagen wie »Schatz, nimm doch das rote Kleid, das macht schlanker«. Dass sie damit Salz in die größte Wunde vieler Frauen – nämlich das Gefühl, nicht schön genug zu sein – streuen, ist ihnen nicht bewusst. Sie meinen es gar nicht böse und finden die Frau an ihrer Seite wunderschön. Aber just diese Frau ist nach einer solchen Äußerung stundenlang zutiefst gekränkt, weil sie glaubt, der Mann an ihrer Seite finde sie fett, unattraktiv und bestimmt alle anderen Frauen schöner und erotischer. Selbst wenn ihre Freundinnen ihr bestätigen, wie toll sie aussieht und was ihr Typ für ein Mistkerl ist, so etwas zu sagen, ist der Frieden meist nur von kurzer Dauer. Auch Diäten, viel Sport und vorteilhaftes Styling sind nur oberflächliche Lösungen. Was wirklich hilft: das Gefühl, mit dem eigenen Körper in Frieden zu leben. Auch das lässt sich mit BSFF erreichen, indem wir Selbstzweifel, ein liebloses Verhältnis dem eigenen Körper gegenüber und eventuell auch ein suboptimales Verhältnis zur eigenen Weiblichkeit behandeln.

Auch Ayla profitierte von dieser inneren Arbeit und nahm nebenbei noch mühelos ab, sodass sie zwei Kleidergrößen weniger hatte. Als ich sie traf, war trug sie Größe 42 und ließ sich von männlichen Blicken und Bemerkungen leicht verunsichern. Frausein assoziierte sie mit Schwäche, vorteilhaftes Styling war ihr fremd. Ihr Interesse an Esoterik und Gesundheit spiegelte sich in lila Halstüchern und flachen Schuhen wieder, vor allem aber in groben Wollpullis, die aussahen, als stammten sie direkt vom freilaufenden Schaf. Erst über die Arbeit mit Symbolen begann sie ein Bewusstsein für ihre weibliche Kraft und Freude am Frausein zu entwickeln. Und prompt wurden die Absätze höher, die Kleidung femininer. Ganz ohne Diät verschwand ihr Schutzpanzer aus überflüssigen Kilos. Nach wenigen Monaten hatte sie sich in eine schöne, selbstbewusste Frau verwandelt, die die Blicke der Männer genoss.

Mögen Sie sich einmal vorstellen, wie gut es sich anfühlt, die innere Selbstkritik am eigenen Körper zu ersetzen durch liebevolle Anerkennung der eigenen Schönheit und durch Vertrauen in die weibliche Kraft? Erst wenn eine Frau sich endlich genau so schön findet, wie sie ist, kann sie auf tollpatschige Äußerungen in Zusammenhang mit ihrem Aussehen gelassen reagieren. Und nichts anderes wollen wir ja. Oder?

F. Sie sind so verschieden und können sich nicht einigen.

Ach, das Leben könnte so schön und harmonisch sein, wäre unser Partner nur so wie wir. Oder wenigstens wie unsere Mädels. Ist er aber nicht. Gar nicht so selten ist er sogar das genaue Gegenteil und ganz anders als der Prinz, den wir uns vor langer Zeit erträumten. Schaue ich mir beispielsweise Bianca und den Mann an ihrer Seite an, stehen seine Vorlieben absolut konträr zu ihren. Sie braucht es nachts immer mollig warm, er ist überzeugter Kaltschläfer. Ihre Vorstellung von einem Traumurlaub beinhaltet schicke Hotels, seine ein Wohnmobil oder ein Motorrad-Abenteuer. Die Liste der Unterschiede ließe sich endlos fortsetzen. Dennoch gibt es wegen all dieser Dinge keinen Streit. Und so gelingt es Ihnen, ihre Andersartigkeit mit Toleranz, Kompromissen und viel Humor entspannt zu leben – weil man es einfach hinnimmt, wie es ist, oder daraus einen Running Gag macht. Was wirklich problematisch sein sollte, lässt sich in Ruhe besprechen, um sich auf ein Miteinander zu einigen, das für beide okay ist. Bei Paaren, die das so handhaben, gibt es wahrscheinlich jeweils eine innere Stimme, die sagt: »Du bist ein anderer Mensch, also darfst du auch anders sein.« Bei Paaren, die sich an ihrer Unterschiedlichkeit aufreiben, wird diese weise Stimme von vielen anderen Stimmen übertönt. Was in der Regel zu einer der drei Konstellationen führt:

1. ER dominiert und SIE lässt es zähneknirschend zu.

2. Beide kämpfen, und SIE hat, weil sie eine starke Frau ist, Probleme, ihre Vorstellungen durchzusetzen.

3. Beide streiten ständig über dieselben Themen, kommen nie zu einer Entscheidung und reagieren mit Frust oder Schweigen.

Was hinter Variante 3 stecken kann, haben wir an anderer Stelle schon ausführlich besprochen. Widmen wir uns also den beiden anderen Konstellationen.

Was können Sie nun tun, wenn Sie einen äußerst dominanten Mann an Ihrer Seite haben, für den es keine andere Lösung gibt, als seinen Kopf durchzusetzen? Und wie kann BSFF Ihnen dabei helfen? Wahrscheinlich haben Sie schon erlebt, dass auch äußerst dominante oder herrschsüchtige Menschen kleinere Brötchen backen, wenn sie auf ein souveränes Gegenüber treffen. Ein Gegenüber, in dessen Vorstellungswelt gar nicht als Möglichkeit vorkommt, dominiert zu werden. Welche Gedanken, Gefühle oder Glaubenssätze könnten eine Frau einschränken, die immer wieder die Erfahrung macht, in Auseinandersetzungen über die alltäglichen Unterschiedlichkeiten zu unterliegen? Themen wie geringer Selbstwert, Grenzüberschreitungen und Unwichtigkeit der eigenen Bedürfnisse hatten wir schon. Mit Angst und Ohnmacht haben wir uns ebenfalls bereits beschäftigt. Aber es gibt noch mehr.

Lassen Sie uns mal die Ambivalenzen in Bezug auf männliche Dominanz anschauen. Rita ist ein schönes Beispiel dafür. Sie regte sich regelmäßig darüber auf, dass ihr Mann Peter mit seinen Vorlieben den gemeinsamen

Alltag bestimmte. Und auch sonst war er auf dem »Ich hab recht«-Trip. Rita gelang es erst, sich bei Peter Gehör zu verschaffen, als sie sich eingestand, dass sie Peters Dominanz eigentlich mochte. Als sie ihn kennenlernte, hatte sie beeindruckt, dass er wusste, was er wollte, während sie sich über ihre eigene Identität noch nicht klar war. Sie hatte das an ihm als Stärke gewertet. Und sie hatte es im gemeinsamen Leben ganz komfortabel gefunden, ihm viele Entscheidungen zu überlassen. Eigenverantwortung und Eintreten für ihre Überzeugungen, das war deutlich anstrengender. Außerdem fand sie männliche Überlegenheit eigentlich ganz sexy. Um nun das Ruder in ihrer Partnerschaft herumzureißen, musste sie den Spagat hinbekommen, einerseits zu ihrer Vorliebe für dominante Männer zu stehen und andererseits Spaß an der Rolle einer erwachsenen, ebenbürtigen Frau zu entwickeln. Ihr innerer Hausputz umfasste unter anderem diese Sätze, nach denen Sie bitte jeweils in gewohnter Weise »JETZT« sagen und Ihr Schlüsselwort nennen:

Obwohl es mich wütend macht, wenn Peter alles bestimmen will, liebe und akzeptiere ich ihn mit seiner dominanten Ader. JETZT. Schlüsselwort.

Auch wenn mich sein Alphamännchengehabe wahnsinnig macht, gestehe ich mir ein, genau das an ihm auch verdammt sexy zu finden.

Ich entscheide, mich von Peter geliebt und respektiert zu fühlen, auch wenn er meinen Ansichten nicht zustimmt.

Ich bin jetzt bereit, es für möglich zu halten, dass ich mich gut damit fühle eine starke, erwachsene, eigenverantwortliche Frau zu sein.

Ich entscheide, mich sicher dabei zu fühlen, wenn ich klar und souverän für meine Standpunkte eintrete.

Ich genieße es zu erleben, wie ich mit meiner Stärke unser gemeinsames Leben bereichere.

Wie Sie sich vorstellen können, war Rita in Version 2.0 für Ihren Geliebten zunächst äußerst ungewohnt. Aber sie strahlte so viel Liebe und Akzeptanz für ihn aus, dass es nicht lange dauerte, bis er sich zu ändern begann. Mittlerweile gehören die Suche nach Lösungen, die beide glücklich machen, und die Akzeptanz unterschiedlicher Ansichten zum Alltag von Rita und Peter.

Kommen wir nun zur zweiten Konstellation: Es gibt mittlerweile viele Frauen, die unmissverständlich dafür eintreten, was sie wollen und was ihnen wichtig ist. Sie managen erfolgreich Beruf, Kinder, Haushalt, wissen, wer Sie sind und was sie wert sind. Und wenn es Stress mit dem Partner gibt, weil er ihre Entscheidungen nicht akzeptieren kann, liegt der Grund dafür auf der Hand: »Männer können nun mal nicht mit starken Frauen umgehen.« Wenn Sie diesen Satz auch schon mal vor sich hingeseufzt oder Ihren Freundinnen gesagt haben, hier mein Tipp für Ihr harmonisches Liebesleben: Schmeißen Sie ihn raus aus Ihrem Kopf! Den Satz. Nicht den Mann. Denn dieser Satz verhindert herauszufinden, was wirklich hinter den Unstimmigkeiten in Ihrem Liebesleben steckt. Sie kennen das ja mittlerweile – zu einfache Lösungen werden einer Sache selten gerecht. Ersetzen Sie diesen Satz doch mal nur so zum Spaß und probehalber durch Überzeugungen wie:

Männer können mühelos mit starken Frauen umgehen. JETZT. Schlüsselwort.

Männer lieben starke Frauen. JETZT. Schlüsselwort.

Männer genießen es, eine starke Frau zu haben. JETZT. Schlüsselwort.

Männer verstehen starke Frauen. JETZT. Schlüsselwort.

Und? Was macht das mit Ihnen? Wehrt sich etwas in Ihnen, weil Sie doch bisher immer andere Erfahrung gemacht haben? Denken Sie vielleicht: »Das ist schön, aber unrealistisch«? Oder haben Sie gerade beschlossen, diese Sätze zu Ihrer neuen inneren Realität zu machen? Ja? Dann lassen Sie uns die Gelegenheit nutzen, den Begriff der »starken Frau« ein wenig näher zu beleuchten. Meine ganz persönliche Ansicht zu Männern und ihrem Verhältnis zu starken Frauen habe ich mal in einem Forum gepostet und mich damit bei manchen Frauen nicht wirklich beliebt gemacht:

»Es mag einige Männer geben, die Probleme mit einer starken Frau haben. Aber da das ohnehin die Männer sind, die keine kluge Frau würden haben wollen, ist das egal. Das Gros der Männer findet starke Frauen toll. Vorausgesetzt, es sind wirklich starke Frauen und nicht nur solche, die fordernd, zickig und unsensibel sind und glauben, dieses gestörte Sozialverhalten habe etwas mit Stärke zu tun. Das Gegenteil ist der Fall. Eine wirklich starke Frau ruht in sich, ist entspannt und gelassen, womit sie den Männern den Raum geben kann, sich zu öffnen, einfach zu sein und sich wertgeschätzt zu fühlen. Nichts genießen Männer mehr als das.«

Übertragen Sie diese zugegebenermaßen etwas provokative Aussage auf den alltäglichen Beziehungs-Hickhack, stellt sich die Frage: Womit machen sich manche starken Frauen das Leben selbst unnötig schwer? Einige mögliche Antworten für den persönlichen BSFF-Lösungsweg:

❀ Sie haben das Gefühl, immer kämpfen zu müssen – um Erfolg, um Anerkennung, und finanzielles Überleben oder auch um die Durchsetzung eigener Vorlieben oder Überzeugungen. So ein Grundgefühl entspannt nicht gerade, es macht einen eher tough und fordernd. Das mag in vielen Lebenssituationen hilfreich sein, aber in der Liebe motiviert diese Haltung einen Mann nicht dazu, seine Herzdame auf Händen zu tragen und ihr jeden Wunsch zu erfüllen. Ihr Verhalten erinnert ihn eher an seinen Chef denn an eine romantische Geliebte.

❀ Sie meinen, Stärke und Unabhängigkeit beweisen zu müssen. Dieses Gefühl verhindert im Übrigen auch in vielen anderen Beziehungssituationen, als Frau weich und hingebungsvoll zu sein. Dabei spricht doch genau dies die ritterlichen Gefühle des Mannes an, die so schön sein können.

❀ Sie verspüren den Drang, überlegen zu sein, weil alles andere Schwäche für Sie bedeutet. Dabei ist das Gegenteil der Fall, wie wir doch endlich genau wissen.

Wenn Sie erkennen, welche Prägungen Ihnen das Leben schwer machen, und das ändern, können Sie auch die Gedanken, Vorlieben und Interessen des Partners als Bereicherung betrachten, die von den Ihren abweichen. Als eine Bereicherung, die neue Gedanken- und Lebenswelten zu erschließen vermag oder zumindest als Toleranztraining zu unserem Wachstum beiträgt. Mein exzentrischer englischer Exfreund war in dieser Hinsicht mein bester Lehrer. Toleranz oder ständige Schreikrämpfe – ich hatte die Wahl. Sie haben das auch.

3. Schluss mit Streit und Stress

Oder: Kommunikation und Konfliktlösung leicht gemacht

Vorbei mit der Endlosschleife – Der Tod des Murmeltiers

Wenn Sie Ihre Liebe lebendig halten oder eine kriselnde Beziehung retten möchten, ist »Mund auf« das Konzept der Wahl. Sollte Ihr Partner Ihnen an dieser Stelle beim Lesen über die Schulter schauen, für ihn der explizite Hinweis: Ich meine natürlich reden und konstruktiv streiten. Woran er gerade denkt, wird erst in Kapitel 4 Thema sein.

Wieder miteinander ins Gespräch zu kommen, sich einander zu offenbaren und Wege aus Meinungsverschiedenheiten zu finden, hilft Ihnen dabei, eine Vielzahl von Beziehungsproblemen zu lösen. Deshalb ist dieser Buchabschnitt nicht nur wichtig für Sie, wenn Sie auf der Liebesskala in Kapitel 1 unterdurchschnittliche Werte bei 4. (Unsere Kommunikation) und 5. (Unsere Konflikte) angekreuzt haben. Auch Ihre Zufriedenheit in der Partnerschaft (Skala 1) dürfte sich verbessern. Sich endlich wieder öfter und besser austauschen zu können, schafft ein Gefühl der Verbundenheit, das zufrieden macht. Lassen Sie es nicht dabei bewenden, dieses Kapitel nur zu lesen, sondern setzen Sie die Anregungen in Ihrem Beziehungsalltag um, wenn Sie sich von Ihrem Partner mehr geliebt und respektiert (Skala 3) fühlen wollen. Denn Wertschätzung und Respekt sind Grundvoraussetzungen, aber auch wunderbare Resultate der Kommunikationstipps, die ich Ihnen ans Herz legen möchte. Und nun geht's los mit meinem ersten Vorschlag für unterhaltsames Streiten.

Der schnellste Weg, um mehr Pepp ins Liebesleben zu bringen, ist, die Dinge endlich mal anders zu machen und sich davon überraschen zu lassen, wozu das führt. Wie wäre es, wenn Sie mit Ihren ritualisierten Streitgesprächen anfingen? Was meine ich damit? Ich denke an Auseinandersetzungen, bei denen man sich vorkommt wie in dem Film »Und täglich grüßt das Murmeltier«. Viele Paare haben Themen, bei denen jeder im Streit seinen Text hat. Er sagt ... Sie sagt ... Er antwortet ... Sie erwidert ... Dann kommt garantiert von ihm ... Und hunderprozentig wird sie kontern ... Die beiden sind im Streit ein eingespieltes Team.

Stichworte werden zuverlässig geliefert, emotionale Knöpfe in jedem Fall gedrückt. Bei jeder Diskussion oder bei jedem Streit der gleiche Ablauf. Meist ist es schwer, die Endlosschleife einfach so zu durchbrechen und anders zu agieren. Aber es gibt natürlich auch hierfür clevere Auswege. Nein, an dieser Stelle komme ich Ihnen jetzt nicht mit BSFF. Das brauchen Sie gar nicht. Meist reicht es nämlich schon, sich die Struktur der Kommunikation bewusst zu machen und möglichst auch aufzuschreiben. So ein Streitdrehbuch ist eine gute Grundlage, um in einer ruhigen Minute und vor allem in entspannter Atmosphäre mit dem Partner über den ritualisierten Ablauf zu reden. Sollte Ihnen dabei eine gewisse Absurdität Ihres Tuns bewusst werden und sollten Sie sich ein klein wenig doof vorkommen, ist das einer Veränderung nur förderlich.

Wie wäre es an dieser Stelle mit dem gemeinsamen Beschluss, den Kreislauf zu durchbrechen? Sie wollen endlich Lösungen und keine Endlosschleife mehr. Sie könnten jetzt gemeinsam in die Rolle des Drehbuchautors einsteigen und einen neuen Dialog zu Ihrem Konfliktthema texten. Das Gute an der Rolle des Drehbuchautors ist die emotional unbeteiligte Position, die es Ihnen und Ihrem Mann möglich macht, Lösungen zu finden, auf die Sie nicht kommen, wenn Sie gefühlsmäßig involviert sind. Wichtig dabei: Bleiben Sie in der Rolle des Autorenteams, das einen lösungsorientierten Dialog für ein Paar verfasst, das just und rein zufällig das gleiche Problem hat wie Sie. Wenn Sie Spaß an dieser Rolle finden und es Sie reizt, noch kreativere Lösungsansätze zu entwickeln, schreiben Sie den Dialog doch auch für bekannte Paare aus Geschichte, Literatur oder Film. Angelina Jolie & Brad Pitt, Donald & Daisy Duck, Romeo & Julia ... Wer immer Sie inspiriert und der Lösung Ihres Problems die nötige Portion Leichtigkeit verpasst, ist richtig.

Selbsterkenntnis ist der erste Schritt – Das Ende der Unschuld

Natürlich gibt es unzählige weitere Möglichkeiten, neu, anders und erfolgreich zu kommunizieren. Wichtig ist dabei der forschende Blick auf das eigene Verhalten. Wenn ich mich dabei ertappe, meinem Lebensgefährten an den Kopf zu werfen: »Ich hab dir doch schon tausendmal gesagt, dass ...«, ist meine Schlussfolgerung daraus nicht, dass ich einen Deppen zum Freund habe, sondern: »Was für eine lausige Kommunikatorin bin ich eigentlich, meine Botschaft ständig auf die gleiche Art und Weise, die zuvor schon nicht funktioniert hat, zu wiederholen? Das ist doch doppelt dusselig: eine falsche Ansprache zu wählen, die nicht motiviert, und das Ganze dann auch noch ständig zu wiederholen.« Das sind die Momente, in denen ich mich ein bisschen schäme.

Ein wenig schambehaftet, aber ungemein erhellend ist auch die folgende Checkliste. Normalerweise neigen wir alle ja dazu, eher den Splitter im Auge des Gegenübers zu sehen als das Brett vor unserem eigenen Kopf. Deshalb habe ich eine Liste zum Ankreuzen erstellt, mit der Sie mühelos Ihre eigenen Beiträge zur suboptimalen Beziehungskommunikation identifizieren können. Wenn meine Klientinnen diese Liste durchgehen, entfährt ihnen oft einen betroffenes »Ups«. Weshalb ich diese Unterlage »Ups-Liste« getauft habe. Einige Punkte dieser Liste kennen Sie bereits aus dem letzten Kapitel, andere sind neu. Und alle haben einen wesentlichen Einfluss auf die Beziehungsatmosphäre. Neugierig geworden? Dann los!

Die Ups-Liste

Liebloses Nicht-Tun:

☐ Nicht gut für die eigenen Bedürfnisse und das eigene Glück sorgen.

☐ Nicht Danke schön sagen für die kleinen Gesten der Liebe, weil man sie als selbstverständlich erachtet.

☐ Nicht Dankbarkeit ausdrücken für die freiwilligen Zugeständnisse des Partners.

☐ Nicht loben, bewundern und wertschätzen, keine Komplimente machen.

☐ Nicht sagen, wie glücklich einen der Partner macht.

☐ Nicht nach Möglichkeiten suchen, dem Partner eine Freude zu bereiten.

☐ Nicht im Alltag liebevolle Blicke und kleine Zärtlichkeiten austauschen.

☐ Nicht den Partner um seine Meinung fragen und ihn nicht in Entscheidungsprozesse einbeziehen.

☐ Nicht nach Unbekanntem, Fremdem, Faszinierendem am Partner Ausschau halten.

☐ Nicht gezielt freie Zeit für die Liebe einplanen.

Lieblose Kommunikation:

☐ Kritisieren, nörgeln, zicken, Vorwürfe machen.

☐ Konflikte im falschen Moment klären wollen.

☐ Kritikpunkte verallgemeinern.

☐ Endlos und humorlos über das Problem schwallen und schwadronieren.

☐ Dem Partner alte »Sünden« immer wieder aufs Butterbrot schmieren.

☐ Sich über die Schwächen des Partners lustig machen, wohlmöglich noch vor Dritten.

☐ Im Streit gewinnen wollen, rechthaberisch sein, statt nach Lösungen zu suchen.

- ☐ Im Streit Verbündete präsentieren.

- ☐ Schweigen.

- ☐ Nicht den Partner informieren über das, was einen gerade beschäftigt.

Liebloses Tun:

- ☐ Unkreativ und unflexibel bei der Suche nach Lösungen sein.

- ☐ Immer wieder Strategien anwenden, die vorher schon erfolglos waren.

- ☐ Den Partner frustrieren, wenn er versucht, einen glücklich zu machen.

- ☐ Nähe abblocken durch Streiten oder Schweigen.

- ☐ Den Partner bei schlechter Laune als Blitzableiter benutzen.

- ☐ Dem Partner die Verantwortung für das eigene Glück übertragen.

- ☐ An dem Partner das verurteilen, was am an sich selbst nicht mag.

- ☐ Den Partner zum »Projekt« erklären.

- ☐ Den Partner daran messen, wie weit er die eigenen Rollenerwartungen erfüllt.

- ☐ Unzuverlässig, illoyal und untreu sein.

- ☐ Den Partner bemuttern und ihm Ratschläge geben.

Lieblose Gedanken:

- ☐ Eigene negative Glaubenssätze, emotionalen Schmerz, Scham, Schuld, Bitterkeit, Wut, niedriges Selbstwertgefühl verdrängen.

- ☐ Daran zweifeln, dass man sich selbst, die Situation und auch der Partner sich ändern kann.

- ☐ Primär über die Situationen nachdenken, in denen der Partner die eigenen Erwartungen nicht erfüllt, und seinen liebevollen Gesten wenig Bedeutung schenken.

- ☐ Mehr an Beziehungsprobleme denken als an glückliche Momente mit dem Partner.

Vermutlich haben sich im Verlauf der Lektüre schon eine ganze Reihe der Ups-Punkte erledigt. Dann ist das ein echter Grund zum Feiern. Sie sind auf dem besten Wege, eine souveräne Beziehungskünstlerin und glücklich Liebende zu werden. Und während Sie sich stolz auf die Schulter klopfen und hoffentlich mit einem Champagnertrüffel oder einem Blumenstrauß für Ihre Erfolge belohnen, könnte sich Ihr Privatprinz ebenfalls der Ups-Liste widmen. Das dürfte auch auf ihn ganz erhellend wirken. Wer sich ertappt fühlt, kann allerdings zu aggressiven Reaktionen neigen. Wundern Sie sich also nicht, wenn Sie zu hören bekommen: »Ich mach das ja nicht alleine falsch, du bist auch nicht besser.« Sich zu verteidigen oder zu rechtfertigen ist in diesem Augenblick die falsche Strategie. Besser fahren Sie mit: »Stimmt, und ich glaube, wir können uns wieder wie frisch verliebt fühlen, wenn wir uns gemeinsam entscheiden, etwas achtsamer zu werden.« Auch hier ist der Aspekt des gemeinsamen Entschlusses wichtig. Eventuell entwickeln Sie sogar zusammen ein kleines Ritual, dass die Entscheidung als bedeutsames Team-Projekt in Ihrer beider Unterbewusstsein verankert. Ein bisschen Pathos bei diesem Ritual schadet nicht, und sicherlich wird das Erlebnis auch ungewöhnlich genug sein, um mehr Farbe in Ihr gemeinsames Leben zu bringen. Schwüre auf dem Friedhof, das Pflanzen eines Baumes oder ein Luftballon mit Ihrem Versprechen beschriftet, den Sie zusammen steigen lassen ... Ihrer Fantasie sind keine Grenzen gesetzt. Geben Sie sich bitte nicht mit etwas zufrieden, was allzu mühelos machbar ist oder was Sie sowieso häufig zusammen tun. Lediglich eine Kerze anzuzünden oder Ihre Liebeserneuerung mit einem gemeinsamen Abendessen zu bekräftigen, taugt nicht für diesen Zweck.

Es kann außerdem hilfreich sein, die Ups-Liste in Ihrer Wohnung aufzuhängen und sich mit einem raschen Blick gelegentlich zu vergewissern, dass Sie sich mit Ihrem neuen Verhalten noch auf Kurs befinden. Vielleicht ist Ihr Partner auch damit einverstanden, wenn Sie sich gegenseitig mit einem liebevollen »Ups« auf einen ungewollten Rückfall in alte Muster aufmerksam machen.

Konfliktbewältigungsregeln für Gedächtnis-Schoner – Harmonisch streiten

Im Bücherregal vieler Frauen finden sich zahlreiche Beziehungsratgeber, die umfangreiche Anleitungen für den Ablauf eines Klärungsgespräches liefern. Meist steht darin, man solle aufmerksam zuhören (gute Idee!), dann das Gehörte in eigenen Worten wiederholen, sich rückversichern, alles richtig verstanden zu haben, und schließlich das eigene Thema in Form von Ich-Botschaften (»Ich fühle mich ...«; »Mit mir macht das ...«) rüberzubringen. Das ist eine hilfreiche Strategie, wenn man denn dran denkt, es genau so zu machen. Nur: Ich persönlich tue es nicht – ich vergesse es einfach. Und weil es den meisten Frauen, die ich kenne, genauso geht, gebe ich Ihnen nur eine einzige Grundregel für Konfliktgespräche mit auf den Weg:

Es geht immer nur um die Sache und nie um den Menschen.

Wenn Sie das beherzigen, bleibt die Beziehungsebene mit Ihrem Partner stark und liebevoll, auch wenn es auf der Sachebene gelegentlich hoch hergeht. Corinna, eine Designerin, erzählte mir sogar, dass dieser eine Satz ihre Beziehung gerettet habe und sie ihn seither an alle ihre Freundinnen weiterreiche.

Was bedeutet dieser Satz konkret? Nehmen wir einmal an, Miriam und Klaus können sich nicht einigen, wo sie ihren nächsten gemeinsamen Urlaub verbringen wollen. Die Sache, um die es geht, ist also der Urlaubsort. Miriam möchte nach Sylt, am liebsten in eine Luxusferienwohnung oder in ein Designresort. Klaus hingegen findet das viel zu teuer. Ihm reicht eine Last-Minute-Pauschalreise nach Kroatien völlig aus. Schließlich könnte man das gesparte Geld auf das Konto überweisen, das für den späteren Kauf einer Eigentumswohnung vorgesehen ist. Dieser Konflikt bietet reichlich Potenzial, ins Persönliche und Beleidigende abzuleiten.

Schauen wir uns zunächst die Negativ-Variante an, bei der es um den Menschen geht und nicht um die Sache: Miriam könnte Klaus vorwerfen, ihr keine Freude zu gönnen, ein Knauserer zu sein oder in Sachen Urlaub einfach keinen Stil zu haben. Das wäre dann ebenso eine Attacke auf den Menschen wie ein möglicher Vorwurf von Klaus, Miriam sei die gemeinsame Zukunft nicht wichtig, sie sei nun wirklich eine Schickimicki-Tussi, weil sie nach Sylt wolle, und deshalb oberflächlich. Und zum Schluss könnte er ihr noch an den Kopf werfen, dass er stinksauer sei, weil sie doch tatsächlich das von ihm hart verdiente Geld so zum Fenster hinauswerfen wolle.

Wie hingegen sähe das Ganze aus, wenn die beiden unsere neue Grundregel beherzigten? Klaus könnte Miriam fragen, warum sie eigentlich so gerne nach Sylt wolle und solchen Wert auf eine komfortable Unterkunft lege. Dann würde sie ihm vielleicht erzählen, wie sehr sie die ursprüngliche, raue Schönheit der Insel liebt und dass sie von einem Verwöhn-Ambiente träumt, weil sie von ihrem Job extrem erschöpft ist. Und weil sie sich so ausgepumpt fühlt, hat sie keine Lust auf einen weit entfernten Urlaubsort, den man nur mit einer nervigen, langen Flugreise erreichen kann. Und weil die beiden schon so am Reden sind, fragt Miriam Klaus schließlich, was ihm an den Gedanken eines Kroatienurlaubs gefalle. Er fängt an vom Strand und vor allem von den günstigen Preisen zu schwärmen, denn die gemeinsame Zukunft mit Miriam ist ihm wichtig, und dazu gehört für ihn auch der Kauf einer Wohnung als gemeinsames Nest. Miriam kann nun verstehen, dass Klaus' Wünsche letztendlich zugleich ein Ausdruck seiner Liebe zu ihr ist. Und beide überlegen, wie sich ihre Wünsche in einem Urlaubsort vereinbaren lassen. Sie einigen sich schließlich auf ein Edelresort in Boltenhagen. Miriam verzichtet auf die sehr spezielle Naturlandschaft von Sylt und tauscht sie ein gegen die Mecklenburger Ostseeküste. Die Anreise ist immer noch kurz und unkompliziert, und das Hotel bietet ihr genau das Auftank-Umfeld, nach dem sie sich so sehnte. Für Klaus gibt es dort viel Strand, ein Apartment mit direktem Meerblick und das alles in einer Preisklasse, die Sylt deutlich unterbietet. Es kann also immer noch Geld für die Wohnung zurückgelegt werden.

So kann es ablaufen, wenn man die Grundregel »Es geht immer um die Sache und nie um den Menschen« in der Praxis umsetzt. Ein großer

Vorteil der Fokussierung auf die Sache ist die Möglichkeit, dank der Fragen, die die Suche nach der bestmöglichen Lösung erfordert, Neues über den Partner zu erfahren und einander besser zu verstehen. Genau das ist die Grundlage von Intimität.

Nehmen wir einmal an, Sie sind wegen Ihres Partners gerade so richtig schön auf hundertachtzig und wollen gerade die hässliche Zuckerdose, die Ihnen Ihre Tante zum Geburtstag schenkte, kraftvoll gegen die Wand donnern, weil Sie die schlaue Grundregel kurzfristig vergessen haben. Vielleicht erinnern Sie sich dann wenigstens an eine der folgenden kleinen Fragen, denn sie verfügen über die Macht, eine solchen Streit und zerbrochenes Geschirr überflüssig zu machen:

1. Ist er mein Feind oder mein Geliebter?

»Alberne Frage«, sagen Sie jetzt vielleicht. Und trotzdem – bei manchen streitenden Paaren hat man den Eindruck, in eine kriegerische Auseinandersetzung geraten zu sein. In ein verbales Gemetzel. Fragt man diese Menschen nach dem Streit, ob sie ihren Partner eigentlich lieben, schauen Sie einen mit großen überraschten Augen an und antworten: »Aber ja. Natürlich.« Und warum merkt man davon bei Unstimmigkeiten so wenig? Lieben ist ein Verb. Was also spricht dagegen, sich auch dann liebend zu verhalten, wenn man mal nicht einer Meinung ist, und den Partner weiterhin als jemanden wahrzunehmen, der einen auch liebt? Oder zumindest wie jemanden, mit dem einen Freundschaft und Respekt verbinden? Deshalb schlage ich meinen Klienten gerne vor, in Auseinandersetzungen kurz zu überlegen, ob der Satz, den sie gerade sagen wollten, wirklich angemessen ist. Würde man so auch mit der besten Freundin sprechen? Falls nicht, ist es vielleicht eine gute Idee, ihn einfach runterzuschlucken.

2. Ist er ein anständiger Mensch?

Wenn Sie diese Frage spontan und voller Überzeugung mit »Ja« beantworten können – wunderbar. Dann können Sie auch bei Meinungsverschiedenheiten davon ausgehen, dass er Ihnen nichts Böses will. Und wenn er ein anständiger Mensch ist, lässt es sich wahrscheinlich auch anständig und offen mit ihm reden. Sollte Ihre Antwort auf diese Frage aber »Nein« lauten, hat sich der Streit damit eigentlich erledigt, finden Sie nicht? Koffer packen wäre dann die bessere Beschäftigung.

3. Ist die Sache es wert zu streiten?

Was alleine schon mehr Harmonie in eine Beziehung bringen kann, ist die Erkenntnis: Man kann sich über alles streiten. Aber man muss nicht. Damit erledigt sich vieles. Ja, es steht jedem frei zu entscheiden, ob einem die Sache wichtig genug ist, um den Beziehungsfrieden zu stören, den Puls in die Höhe zu peitschen und die Magenschleimhaut zu reizen. Falls Sie sich jetzt fragen, wie man denn sonst auf die ganzen Ärgernisse des Alltags reagieren soll, empfehle ich Ihnen die Gesellschaft von kultivierten Briten zu suchen. Denn vom englischen Stoizismus können wir viel lernen. Mein englischer Exfreund reagierte jedenfalls auf die Unbilden des Lebens bemerkenswert häufig mit einem herzhaften »Fuck it«, gelegentlich kombiniert mit einem Achselzucken. Es verblüffte mich immer wieder, wie wenig Themen letztlich übrig blieben, über die er sich echauffierte. Ich habe diese Haltung englischen Gleichmuts »Fuck-it-Buddhismus« getauft und mich bemüht, sie ebenfalls zu entwickeln. Bei Britinnen sieht das Reaktionsverhalten übrigens etwas anders aus: »Oh Dear«, seufzt die englische Lady im Angesicht von Katastrophen in Form von abgebrochenen Fingernägeln, fremdgehenden Ehemännern oder Bombenanschlägen in der U-Bahn und bewältigt diese Situationen mit der Frage: »Cup of tea, Darling?« Bemerkenswert, irritierend, aber irgendwie auch inspirierend. In der Tat: Man muss sich nicht aufregen, wenn man nicht will. Über gar nichts. Man hat die Wahl. Das ist für Deutsche, die daran gewöhnt sind, jede Art von Problem ungeheuer ernst zu nehmen, ein herausforderndes Konzept. Aber eines, das dem Nervenkostüm, der Beziehung und der Gesundheit guttut.

4. Will ich Streit oder eine Lösung?

Wie bei allem im Leben hilft es auch bei Beziehungsdiskussionen, wenn man sein Ziel kennt. Wo will ich hin? Davon hängt meine Kommunikationsstrategie ab. Wenn ich eine Lösung will, benötige eine vernünftige Informationsgrundlage, die ich erhalte, indem ich meinen

Partner frage, frage, frage. Ich brauche Kreativität, Flexibilität, Verständnis für meine und seine übergeordneten Bedürfnisse und Motive. Und optimalerweise betrachte ich die Suche nach der Lösung als Teamwork: Ich und mein Mann gegen das Problem. Oder will ich streiten? Bin ich genervt und mein Partner soll als Blitzableiter fungieren? Hmmm ...

5. Könnte es nicht ein Missverständnis sein?

Sprache birgt ein riesengroßes Problem: Sie ist nicht eindeutig. Jeder von uns interpretiert Worte auf eine ganz individuelle Weise. Diese Interpretation hängt von unserem kulturellen Hintergrund ab, von unserer Lebensgeschichte und unseren Werten. Nehmen wir mal das einfache Wort »Apfel«. Bei dem einen bewirkt dieses Wort Bilder vom idyllischen Garten der Großmutter, in dem ein Apfelbaum mit herrlichen rotbackigen Äpfeln stand. Der andere denkt an quietschgrüne Granny Smith aus dem Supermarkt mit Chemiearoma. Und wieder ein anderer assoziiert mit Apfel das Zeug, das er wegen seiner Histaminintoleranz auf keinen Fall essen sollte. Ein Wort, drei verschiedene Bildwelten und drei völlig unterschiedliche emotionale Haltungen zu diesem unschuldigen Obst. Stellen Sie sich jetzt mal vor, was das Wort »Liebe« oder »Treue« auslösen kann ... Oder auch »schöner Urlaub« wie bei Miriam und Klaus. Da sind Missverständnisse vorprogrammiert. Ich gehe sogar so weit zu behaupten, dass sich das Gros unserer Beziehungsprobleme auf Missverständnisse zurückführen lässt. Fragen wie »Wie meinst du das?«, »Was bedeutet das für dich?« oder »Kannst du mir dafür ein Beispiel geben?« können helfen, Brücken zu bauen.

6. Könnte es daran liegen, dass er ein anderer Mensch ist?

Ich schätze, es gibt kaum ein besseres Toleranztraining als eine Liebesbeziehung. Die Wurzel so mancher Hakelei ist schlicht und ergreifend der Umstand, dass Ihr Gegenüber ein anderer Mensch ist. Was bedeutet: Er darf andere Vorlieben haben, andere Wünsche, andere Ziele, andere Gewohnheiten, andere Macken, andere Ansichten. Ja, er darf das. Er hat jedes Recht, er selbst zu sein. Auch wenn das für Sie manchmal unpraktisch sein mag. Aber umgekehrt haben Sie ja auch das Recht auf Ihre Individualität und dürfen Toleranz erwarten, solange

Sie die Grenzen des Partners nicht verletzen und überschreiten. Mein Engländer und ich haben das früher so formuliert: »What a pity that you are a different person from me – schade, dass du ein anderer Mensch bist als ich.« Damit war meistens schon alles gesagt. Warum also streiten?

Das elfte Gebot: Du sollst nicht langweilig sein – Kritik mit Entertainmentfaktor

Fragt man Männer, was sie am meisten an ihrer Partnerin stört, sagen viele: »Sie nörgelt und kritisiert zu viel.« Fragt man Frauen, warum sie so viel nörgeln und kritisieren, folgt die logische Erklärung: »Weil er nicht auf mich hört und sich nicht ändert.« Dass es unsinnig ist, Verhaltensweisen, die früher schon erfolglos waren, ständig zu wiederholen, hatten wir schon als Thema. Nun schauen wir uns das Ganze mal aus der Warte des Mannes an und können dabei wieder einmal verblüffende Parallelen zur Sendung von Hundeprofi Martin Rütter entdecken. Es gibt nämlich Hunde, über die Frauchen oder Herrchen sagen: »Er gehorcht nicht. Der macht nicht, was ich sage, und er kommt auch nicht, wenn ich ihn rufe.« Wenn Rütter anschließend beobachtet, wie die Besitzer mit ihrem vierbeinigen Liebling reden, stellt er meist fest: Sie quatschen ihm die Schlappohren breit. Labern, sabbeln, quasseln in einem fort. Dass diese Dauerbeschallung auch Handlungsanweisungen enthält, geht völlig unter. Der Hund vernimmt nur ein verbales Grundrauschen, das er ausblendet, wenn es ihm zu sehr auf die Nerven geht. Kein Wunder, dass er nicht gehorcht. Wenn der Hund draußen im Gelände gerufen wird, hört sich das in etwa so an: »Trixie! Triiixiiiie! Trixie, komm her. Hierher. Trixie komm! Wirst du wohl kommen! Trixie, Fuß! Triiixiiiie!« Und Trixie denkt sich: »Wie praktisch, dass Frauchen oder Herrchen so einen Lärm macht. Da weiß er immer, dass sie/er sind noch da ist, und kann in Ruhe schnüffeln und spielen.« Martin Rütter hat für solche Hundebesitzer ganz einfache Tipps:

1. Viel weniger mit dem Hund reden und Anweisungen kurz und prägnant halten.
2. Eine Pfeife mit durchdringendem Trillerton benutzen, um den Hund heranzurufen. Wenn er kommt, gibt's Leckerli. Andernfalls geht man weg.

Nicht, dass Sie jetzt die Kommunikation mit Ihrem Liebsten einstellen und loslaufen, um für ihn Trillerpfeife und Schokokekse zu kaufen. Was wir vom Hundeprofi lernen können, ist zweierlei:

1. Weniger ist mehr.
2. Je kürzer und prägnanter, desto wirkungsvoller.

Nicht ohne Grund sagt der Volksmund »In der Kürze liegt die Würze«. Allerdings ist es deutlich schwerer, sich kurz zu fassen und Dinge präzise auf den Punkt zu bringen. Aber die Mühe lohnt sich. Denn nichts ist ermüdender und führt schneller zum inneren Abschalten, als jemandem zuzuhören, der ziel- und planlos fabuliert. Solche Menschen erwecken den Eindruck, sie redeten, um sich dabei zuhören zu können und auf diese Weise herauszufinden, was sie über das Thema eigentlich denken. Wenn in dieses Orientierung suchende Reden dann wesentliche Aussagen eingestreut sind, rutschen die ebenso unbemerkt durch wie das »Trixie, mach Sitz!« des übermäßig redseligen Hundebesitzers. Deshalb mein Tipp: Verdichten Sie, was immer Sie sagen wollen, zu einer Essenz. Erst wenn Ihr Partner diese Essenz komplett aufgenommen hat, können Sie Erläuterungen nachschieben.

Wissenschaftliche Studien über die Erfolgsfaktoren von Ehen empfehlen unter anderem in Bezug auf Kritik oder negative Bemerkungen ein Verhältnis von eins zu fünf: ein Teil Kritik auf fünf Teile Lob, Komplimente und liebevolle Gesten. Heißt im Umkehrschluss und kombiniert mit den Hunde-Tipps: Wenn wir ansonsten ein liebevolles, wertschätzendes Miteinander pflegen und nur hin und wieder etwas Negatives anzumerken haben, nimmt unser Gegenüber Letzteres viel deutlicher wahr. Und unsere Partnerschaft bleibt glücklich und stabil.

Auch Diana machte diese Erfahrung mit Ehemann Jochen. Über Jahre hatte sie ihn tagtäglich ermahnt, kritisiert, dauernd an dem, was er tat, etwas auszusetzen gehabt und sich beklagt. Völlig zu Recht, wie sie fand. Und fast immer ohne Ergebnis, wenn man mal davon absieht, dass Jochen gelernt hat: Diana zuzuhören macht keinen Spaß. Und weil er es hasste zu streiten, reagierte er auf Dianas Wortschwall in der Regel mit Schweigen oder Rückzug. Am liebsten verbarrikadierte er sich hinter seinem Computer oder blieb einfach abends möglichst lange im Büro. Diana war frustriert, weil ihre verbalisierte Unzufriedenheit an Jochen abzuprallen schien. Am liebsten wäre sie ausgeflippt, hätte ihn mal richtig angeschrien und mit Gegenständen um sich geworfen. Aber das war ihr denn doch zu viel Drama. Als ich ihr vorschlug, das genaue Gegenteil zu tun, nämlich freundlicher zu Jochen zu sein und ihre Kritik feiner zu dosieren, war sie zunächst wenig begeistert. Aber sie gab der Strategie eine Chance. Und Jochen staunte nicht schlecht, als ihn zu Hause plötzlich eine gut gelaunte, entspannte Diana empfing. Sie erinnerte ihn an die Diana, in die er sich damals verliebt hatte, mit der es großartig gewesen war, zusammen zu sein. Sie hatten so viel gelacht, so viel geredet und sich leidenschaftlich geliebt. Es dauerte nur wenige Tage, bis Jochens Ohren wieder weit offen waren für das, was Diana sagte. Und er hörte ihr gerne zu. Auch dann noch, als sie zu seiner Überraschung mal wieder Kritik äußerte: »Jochen, wenn du duschst und danach das Badezimmer schwimmt, wisch doch bitte die Überschwemmung kurz auf. Magst du das für mich tun?« Keine endlosen Tiraden, keine Verallgemeinerungen, keine Angriffe, keine Vorwürfe, keine Befehle. Nur eine freundliche Bitte und eine kurze Frage. Damit konnte Jochen umgehen. Dianas Wunsch fand endlich Gehör. »Ja, natürlich, mache ich. Und falls ich es vergesse – erinnerst du mich dran?« Ein expliziter Aufruf, ihn auf seine Versäumnisse hinzuweisen ... Diana konnte es kaum fassen und beschloss, bei dieser neuen Strategie zu bleiben.

Zufällig hatte Diana für ihre Bitte einen guten Zeitpunkt erwischt. Jochen war durch nichts abgelenkt gewesen und hatte ihr die volle Aufmerksamkeit geschenkt. Das ist wichtig! Auch die kreativste lösungsorientierte Ansprache wird mit großer Wahrscheinlichkeit wirkungslos verpuffen, wenn das Timing nicht stimmt. Männer erzählen mir, ihre Partnerinnen würden versuchen Beziehungsgespräche im Bett zu führen. Im ersten Moment gar keine so dumme Idee: Sind die Streitpunkte geklärt, kann man danach versöhnt einschlafen. Außerdem liegt der Mann neben einem im Bett und kann nicht flüchten. Wie praktisch. Der Mann sieht das aber gar nicht so. Er ist müde und erschöpft und die maximale Interaktion, die er sich in diesem Moment noch vorstellen kann, ist Sex. Wenn überhaupt. Aber Schatzi will reden. Lange. Und sie will auch noch Antworten von ihm, obwohl er schon halb eingeschlafen ist. So etwas scheint der Horror für viele Männer zu sein. Deshalb tendieren die Aussichten für eine Frau, in dieser Situation ein befriedigendes Gespräch zu führen, gegen null. Viel wahrscheinlicher ist, dass der Mann an Ihrer Seite richtig sauer wird. Gleiches gilt für alle Beschäftigungen, bei denen ein Mann vollkommen auf etwas anderes fokussiert ist: Fernsehen, Internet, Videos, Musik usw. Ja, ich weiß, das schränkt die zur Verfügung stehenden Zeitfenster für Aussprachen ganz schön ein. Aber der Versuch einer Aussprache, bei der man nur 50 Prozent der männlichen Aufmerksamkeit auf sich ziehen kann, ist einfach Zeitverschwendung.

Für die passende Strategie, mit der Ihr Partner Ihnen wirklich zuhört und dem, was Ihnen auf der Seele liegt, die nötige Aufmerksamkeit schenkt, hätte ich noch eine Idee: Wie wäre es mit etwas mehr Entertainment in Ihrer Kritik? Originalität und Bildhaftigkeit sorgen dafür, dass Ihre Botschaft im Gedächtnis bleibt. Ein Beispiel: Der Mann Ihres Herzens ist seit Tagen übellaunig. Aber er will den Grund nicht sagen. Und Sie haben es satt, ständig angegrummelt zu werden. Nun könnten Sie sagen: »Schatz, seit drei Tagen lässt du deine schlechte Laune an mir aus. Bitte hör auf damit.« Das ist okay, hat aber keinen echten »Hallo-wach-Effekt«. Wie wäre es stattdessen mit der Formulierung: »Schatz, seit drei Tagen erinnerst du mich an einen griesgrämigen Dachs. Bitte hör auf, dauernd nach mir zu schnappen – ich tu dir doch nichts.« Sehen Sie das Tier vor sich? Groß, kurzbeinig, grauschwarz gestreift, die scharfen Zähne gebleckt? So geht es dem angesprochenen Mann auch. Das Bild sitzt nun in seinem Kopf. Und so möchte er nicht gesehen werden.

Ich finde ja, es macht ungeheuren Spaß, sich solche Bilder auszudenken. Einen Mann, der sich mit Veränderungen schwertut, assoziiere ich beispielsweise mit einer Weinbergschnecke auf Valium. Bei einem, der sich beharrlich ausschweigt, entdecke ich die Kommunikationsfreude eines platt gefahrenen Igels. Wenn Sie Spaß an schrägen Vergleichen haben, wird Ihnen bestimmt noch viel mehr einfallen. Sie erinnern sich bestimmt noch daran, wie stark unser Innerstes auf Bilder anspricht. Machen Sie sich das zunutze und inszenieren Sie unvergessliche Botschaften. Wenn Sie Ihren Partner damit auch noch zum Schmunzeln bringen und er sich insgeheim schon auf Ihre nächste Kritik freut, sind Sie in der Königsklasse der Männerkommunikatorinnen angekommen. Vorsicht übrigens bei humorbefreiten und komplexbeladenen Männern. Die reagieren auf solche Vergleiche eher empfindlich bis angefressen.

Für weitere humorvolle, spielerische Interventionen in Konfliktsituationen bedienen wir uns bei der »Provokativen Therapie« nach Farrelly. Frank Farrelly, Professor für Psychologie aus Wisconsin, entwickelte eine Form der Psychotherapie, die mit humorvoller Provokation, Persiflage und Übertreibung arbeitet, sodass der Klient am Ende über seine ursprüngliche Sicht der Dinge zu lachen vermag. Außerdem nutzt diese Methode den natürlichen Drang vieler Menschen, das Gegenteil von dem zu tun, wozu man sie scheinbar bringen will. Um es etwas deutlicher zu machen: Stellen Sie sich vor, Sie wollen einen Esel motivieren, einen engen Stall zu verlassen. Sie versuchen, ihn resolut aus dem Stall zu führen, aber er sträubt sich. Daraufhin ziehen Sie kräftiger – und er sträubt sich noch mehr. Halten Sie ihm eine Möhre vor die Schnauze, könnten Sie erfolgreich sein – vorausgesetzt, er hat gerade Appetit auf Möhren oder ist hungrig. Das heißt: Sie müssen warten, bis die Möhre für ihn attraktiv wird. Das kann dauern. Die provokative Lösung wäre, ihn kraftvoll in seinen Stall zurückzudrängen. Gut möglich, dass er das extrem doof findet und einen Satz nach vorne macht – raus aus dem Stall. Victory!

Katharina, eine junge Ärztin, testete diese Strategie an ihrem Freund Michael, der darunter litt, nicht auszusehen wie George Clooney. Er erzählte ihr ständig, er fände seine großen Frontzähne, seine überdimensionalen Ohren und sein schütter werdendes Haar hässlich. Katharinas Rolle war es dann stets, ihm zu versichern, was für ein attraktiver Mann er doch sei. Natürlich zog Michael den Wahrheitsgehalt dieser liebenswürdigen Komplimente stets in Zweifel. Als Katharina eines Tages von diesen Murmeltier-Dialogen die Nase voll hatte, entgegnete sie ihm auf seine optische Selbstzerfleischung: »Stimmt, du siehst aus wie eine Mischung aus Danny DeVito und Bugs Bunny.« Und während sie das sagte, lächelte sie ihn dabei an. Michael starrte sie wie vom Donner gerührt an und protestierte: »Wie kannst du das sagen? Ich finde, ich sehe einfach individuell aus. Und eigentlich auch ganz attraktiv.« Danach beklagte er sich nie wieder über sein Aussehen.

Entscheidend für den Erfolg dieser Intervention war Katharinas Haltung Michael gegenüber. Ihr verliebtes Lächeln und der amüsiert-charmante Unterton ihrer Stimme sorgten dafür, dass sich Michael zum Widerspruch provoziert, aber keinesfalls beleidigt oder abgewertet fühlte. Nur auf der Basis einer solchen warmen zwischenmenschlichen Ebene können Provokationen oder Übertreibung in der Therapie oder unter Liebenden gut funktionieren. Ist die Stimmung zwischen den beiden Partnern aber angespannt, führen solche Maßnahmen zu einem Vertrauensverlust oder einem massiven Streit. Deshalb meine Bitte: Wenden Sie diese Technik nur an, wenn Sie sicher sind, dass sich Ihr Partner von Ihnen in diesem Moment wertgeschätzt fühlt und Sie die Provokation mit einem liebevollen Augenzwinkern vermitteln können.

Vor einigen Jahren erzählte mir ein Mann von einem heftigen Streit mit seiner Ehefrau. Es war dabei etwas geschehen, was ihn zutiefst verblüfft hatte. Stellen Sie sich einmal folgende Szene vor: Die Frau schreit und tobt. Sie wirkt völlig außer Kontrolle. Dann greift sie nach einer teuren Porzellantasse, um sie dem Mann entgegenzuschleudern, schaut sich die Tasse kurz an, stellt sie wieder ab und wählt ein Stück billiges Porzellan, das dann in Richtung Ehemann fliegt. Diese kleine Geste verriet dem Mann, wie viel kontrollierter und bewusster seine Frau in solchen Streitmomenten agierte, als er bisher dachte.

Etwas unglücklich gelaufen für diese Frau, aber wenn die Täuschung unentdeckt bleibt, können inszenierte Dramen ausgesprochen praktisch sein. Das inszenierte Drama könnte insbesondere dann für Sie hilfreich sein, wenn Sie im Grunde ein sehr beherrschter Mensch sind und Ihnen emotionale Ausbrüche widerstreben. Es kann nämlich passieren – und das ist gar nicht selten – dass Männer nicht realisieren, wie groß der Leidensdruck einer Frau ist, solange sie ruhig und sachlich zu diskutieren vermag. Insbesondere Männer, die zuvor mit einer klassischen Dramaqueen liiert waren, zeigen sich diesbezüglich etwas begriffsstutzig. »Kann ja alles nicht so schlimm und nicht so ernst gemeint sein«, denken diese Herren, denn erst fliegendes Geschirr, Türenknallen und Geschrei sind für sie echte Indikatoren dafür, die Grenze einer Frau überschritten zu haben. Also schauspielert Frau ein wenig und präsentiert ihre Botschaft in einer Form, die ein solches Gegenüber versteht: hochemotional. Das Gute an solch einem künstlichen Ausbruch ist, dass es dabei keine Kollateralschäden gibt. Während man unter dem Einfluss echter Wut schon einmal etwas sagt oder tut, das den Partner verletzt und deshalb besser ungesagt geblieben wäre, ist das inszenierte Drama frei von diesem Risiko.

Ich selbst war bisher erst einmal in einer Situation, die mich zu diesem Mittel greifen ließ. Wieder einmal passierte es in der Phase meiner Beziehung mit meinem englischen Ex. Er hatte die Angewohnheit, sich regelmäßig massiv zu verspäten, wenn wir verabredet waren – und das, ohne mich darüber telefonisch zu informieren. Mir war damals Pünktlichkeit ausgesprochen wichtig, und das Gegenteil assoziierte ich mit mangelndem Respekt, Unzuverlässigkeit und Egoismus. Egal in welcher Form ich versuchte, dies meinem Engländer zu erklären – er blieb bei seiner Gewohnheit und kam zu spät. Eines Tages entschied ich mich, ihm ein unvergessliches Erlebnis in Sachen »Reaktion auf Unpünktlichkeit« zu verschaffen. Nachdem ich etwa 20 Minuten in meiner Wohnung auf ihn gewartet hatte, tauschte ich mein schickes Outfit in meinen Lieblingsbademantel und die High Heels gegen Wollsocken. Als er endlich an der Haustür klingelte, reagierte ich erst einmal nicht. Kurz bevor er sich umdrehen wollte, um zu gehen, meldete ich mich über die Gegensprechanlage. Ich zickte, dass ich nicht mehr reinlassen wolle, alles zu spät sei. Nachdem er mich endlich überzeugt hatte, den Summer zu betätigen, machte ich ihm im Treppenhaus im Bademantel eine Szene. Erst als er sich ausreichend zerknirscht zeigte, durfte er in meine Wohnung. Hier schlüpfte ich wieder in mein ursprünglich gewähltes Outfit, und wir verbrachten einen ausgesprochen netten Abend. Von diesem Tage an kam er pünktlich oder informierte mich zumindest rechtzeitig über den Umfang der zu erwartenden Verspätung, was unser Miteinander viel harmonischer und glücklicher gestaltete.

Es gibt allerdings auch Männer, für die eine solche Erfahrung ein Trennungsgrund wäre. Diese meist selbst eher kontrollierten, rational argumentierenden Menschen fühlen sich von überbordender Emotionalität (gespielt oder echt) zutiefst abgestoßen. Bei wieder anderen ist das Gegenteil der Fall: Hemmungslose Gefühlsausbrüche assoziieren sie mit purer Weiblichkeit und Leidenschaft. Bevor Sie sich also für das inszenierte Drama entscheiden, sollten Sie wissen, zu welcher Kategorie Mann Ihr Partner gehört.

Sich mit inszenierten Dramen zu beschäftigen, macht uns ganz nebenbei auch wacher, wenn andere uns mit gespielten Ausbrüchen zu manipulieren versuchen. Just vor drei Tagen erzählte mir eine Freundin von ihrer ehemaligen Lebensgefährtin, die eine geradezu professionelle Dramaqueen sei. Tränen, Erpressung, Wutausbrüche, Liebesschwüre und inständiges Bitten – die Dame zog alle Register, um ihre Ziele zu erreichen. Sie wusste genau, wann sie bei ihrer Partnerin welche Knöpfe drücken musste und welche emotionalen Schwachstellen und unbefriedigten Bedürfnisse einen wirkungsvollen Hebel boten. Vor solchen Übergriffen kann sich nur schützen, wer sich selbst gut kennt, die eigenen Wunden geheilt hat und die Möglichkeit im Blick behält, dass große Dramen auch geschauspielert sein können.

Schweigen ist Silber, Reden ist Gold – Kommunikation verbindet

»Schatz, wir müssen reden!« Es gibt wohl kaum einen Satz, den Männer mehr fürchten. Denn meistens bedeutet er, dass vorrangig die Frau spricht und es sich dabei nicht um Äußerungen von Dankbarkeit und Wertschätzung handelt. Die gequälte Reaktion auf diesen Satz lässt manche Frauen vermuten, Männer würden ungern reden. Ich persönlich glaube, dass das Gegenteil der Fall ist. Männer tauschen sich gerne aus – auch und ganz besonders mit ihrer Partnerin. Was – so mein Eindruck – vielen Männern in der Kommunikation mit ihrer Frau Probleme bereitet, ist die Frage: »Was genau will sie eigentlich gerade von mir?« Viele Frauen haben einen sehr indirekten Stil sich auszudrücken verinnerlicht, ein

Mann erkennt in Sätzen wie »Man könnte ...«, »Meine Freundin würde auch ...« und »Ach, wäre das schön« nicht immer die klare Aussage: »Ich möchte dies oder jenes, bitte mach!« Nun könnte man meinen, im Umkehrschluss seien Männer begeistert, wenn Frau direkt sagt, was sie will. Unglücklicherweise haben sich viele Männer aber mittlerweile so an die fluffige Kommunikation von Frauen gewöhnt, dass sie Klartext leicht als unweiblich empfinden. Denn das war bisher ein typisch männliches Kommunikationsverhalten. Nun denken Sie vielleicht: Wie Frau es macht, sie macht es verkehrt. Und dennoch propagiere ich Klartext und Tacheles! Aber in Kombination mit weiblicher Weichheit, Wärme und Wertschätzung. Oder in Verbindung mit dem Mut, die eigene Verletzlichkeit und die eigene Schwächen zu offenbaren. Wie funktioniert das?

Probieren Sie vor dem Spiegel einmal Folgendes aus: Stellen Sie sich vor, der Mann Ihres Herzens hat Sie seit Wochen nicht gefragt, ob Sie mit ihm ausgehen wollen. Wie bringen Sie ihm bei, dass es mal wieder Zeit für ein Date wäre? Ihn anzuzicken, weil er Sie so vernachlässigt hat, ist – wie wir wissen – eine völlig kontraproduktive Strategie. Und wenn Sie vorsichtig ins Gespräch einfließen lassen, dass im Kino gerade ein Film läuft, den Sie gerne ansehen möchten, wird er den Subtext »Ich will dich sehen« vermutlich nicht verstehen. Nun gehen wir einfach mal hinein in das Gefühl von Liebe und Wertschätzung für diesen Mann. Er ist ein toller Mann. Es gibt so vieles an ihm, was Sie begeistert. Zaubert dieser Gedanke schon ein Lächeln auf Ihr Gesicht? Mit diesem inneren Lächeln sagen Sie nun einfach: »Schatz, das wäre jetzt ein guter Moment, mich zu fragen, ob ich nicht mal wieder mit dir ausgehen möchte.« Das ist Klartext mit Charme. Charmant wirkt dieser Satz durch Ihre Ausstrahlung, aber auch durch die Prise Unverschämtheit. Denn Sie tun in diesem Augenblick etwas und Sie sagen etwas, was man eigentlich als Frau nicht tut. Es ist frech, so direkt zu sein, es macht sexy – und es ist eine Art der Kommunikation, die Ihre Wünsche und Bedürfnisse für den Partner transparent macht, ohne schwer oder psychologisierend zu wirken. Darüber hinaus vereinfacht diese Art der Kommunikation die Dinge erheblich, denn Sie brauchen im Grunde nur zu sagen, was in Ihnen vor sich geht. Es wirkt befreiend und erleichtert das gegenseitige

Verständnis, wenn Sie sagen, was Sie fühlen, denken oder möchten. Diese Offenheit empfiehlt sich beispielsweise auch Vortragsrednern, die sehr nervös sind. Die Rede mit einem lächelnden »Himmel, ich bin so nervös, weil ich heute vor Ihnen stehen darf« zu beginnen, reduziert die innere Anspannung und macht ungeheuer sympathisch. Eine ähnlich positive Wirkung werden Sie erleben, wenn Sie Klartext in Ihrem Liebesleben reden.

Das gilt übrigens auch, wenn es darum geht, Ihrem Liebsten zu sagen, wie er Sie glücklich macht. Gute Männer genießen es, ihre Geliebte glücklich zu sehen. Helfen wir doch dabei, indem wir unmissverständlich zum Ausdruck bringen, womit man ein Strahlen auf unser Gesicht zaubert. Auf den Vorschlag von mir reagieren allerdings enorm viele Frauen entsetzt. Sie finden es äußerst unromantisch, einem Mann ihre Wünsche so deutlich zu offenbaren. Romantik bedeutet für sie, wenn er ihnen den Wunsch von den Augen abliest, ohne dass sie ihn aussprechen müssen. Sie träumen davon, dass er ihnen den Wunsch erfüllt, weil es auch ihm ein Herzensbedürfnis und Ausdruck seiner Liebe ist und nicht, weil sie ihn darum gebeten haben. Das kann dann zu skurrilen Dialogen führen:

Sie: »Schade, dass du mir so selten Blumen schenkst.«

Er kommt am nächsten Tag mit einem bunten Strauß nach Hause.

Sie: »Oh, Blumen. Aber die hast du doch jetzt nur mitgebracht, weil ich es gesagt habe.«

Er: »Aber ich dachte, du möchtest Blumen.«

Sie: »Ja, aber ich will, dass du sie mir schenkst, weil du das möchtest, nicht weil ich dich darum bitte.«

Er: »Aber ich möchte sie dir doch schenken.«

Sie: »Nein, so will ich sie nicht, so ist das nicht romantisch.«

So erzieht diese Frau ihren Mann ungewollt dazu, ihr auch in Zukunft keine Blumen mehr zu schenken. Sie wird sich deswegen noch ungeliebter fühlen, ohne aber zu erkennen, wie sie selbst dieses scheinbar lieblose Verhalten bei ihm ausgelöst hat.

Während ich dieses Buch schrieb, habe ich mir natürlich immer wieder Feedback von meinen Freunden und anderen Männern geholt. Der oben geschilderte Dialog löste bei allen männlichen Testlesern sofort ein »Oh Gott, das kenne ich!« aus. Gefolgt von der inständigen Bitte, Frauen doch zu sagen, wie viel leichter das Leben wäre – zumindest für einen Mann –, wenn Frauen ihre Wünsche klar äußern würden. Insbesondere ein Lebensbereich lag den Männern dabei sehr am Herzen. Es war, welch Überraschung: Sex. Immer wieder hörte ich: »Warum sagen Frauen nicht einfach, was sie sich im Bett von uns wünschen?«, »Ich möchte doch, dass es meiner Liebsten gut geht und sie Spaß hat. Aber es ist wirklich anstrengend, durch Trial & Error herausfinden zu müssen, was ihr gefällt.« Und obwohl die Männer es sich so sehr wünschen und die Frauen zuallererst davon profitieren würden, kommen die eigenen Wünsche nur selten zur Sprache. Das scheint schwierig zu sein. Aber warum eigentlich? Was hemmt uns, Tacheles zu reden, von der Sehnsucht, unser Partner möge telepathische Fähigkeiten haben, mal abgesehen? Klartext im Bett wie auch in anderen Lebensbereichen erfordert folgende Voraussetzungen:

1. Man weiß genau, was man will, was man fühlt und was einem guttut.

Das erfordert, die eigene Psyche, den eigenen Körper, die eigene Lust und die eigenen Wünsche und Bedürfnisse sehr genau zu kennen. Bequemer ist es sicherlich, dem Partner die Verantwortung zuzuschieben und zu sagen: »Sieh zu, dass du mich irgendwie glücklich machst. Dir wird schon was einfallen.« Viel spannender ist es aber, sich selbst zu erforschen, Ihre Individualität immer genauer kennenzulernen, Ihre unverwechselbaren Konturen zu entdecken und mit Ihrer Innenwelt in engem Kontakt zu stehen. Erst dann können Sie sich für Ihren Partner wirklich transparent machen und bekommen, was Ihnen wirklich guttut – und nicht nur das Zweitbeste, das Ihrem Partner zufällig eingefallen ist.

2. Man hat den Mut, zu sich, den eigenen Gefühlen und den eigenen Wünschen zu stehen.

Wenn Sie zur Sprache bringen, dass Sie Angst haben, sich ein Date wünschen oder am Oberschenkel gestreichelt werden möchten, gehen

Sie ein Risiko ein. Sie riskieren eine Absage, Sie riskieren, dass Ihre Offenheit ausgenutzt wird, und vielleicht auch, dass jemand denkt, Sie seien merkwürdig. Aber dieser jemand, dem Sie so offen gegenübertreten, ist ja nicht irgendjemand. Sie haben eine Liebesbeziehung mit ihm. Also ist die Wahrscheinlichkeit, sich mit solcher Ehrlichkeit blaue Flecken auf der Seele zu holen, nicht so groß. Auch wenn es sein kann, dass der Mann an Ihrer Seite es hin und wieder ablehnt, einen Ihrer Wünsche zu erfüllen, wird mit Klartext die Bilanz Ihrer Wunscherfüllungsquote immer noch höher ausfallen, als wenn Sie Ihre Wünsche verklausuliert oder gar nicht äußern. Sie können also nur gewinnen.

3. Man kann damit umgehen, wenn der Partner dann auch Klartext redet.

Wie genau kennen Sie eigentlich Ihren Partner? Hat er Ihnen bisher schon seine Ängste, Verletzlichkeiten, Bedürfnisse und heimlichen Sehnsüchte anvertraut? Wenn nicht, könnte Ihre neue Offenheit ihn anregen, sich ebenfalls zu offenbaren. Was großartig ist, wenn Sie sich echte Intimität und Verbundenheit wünschen. Heikel wird es nur für Frauen, die insgeheim an einem Idealbild ihres Partners hängen: stark, mutig, ehrlich, zuverlässig, nur sie begehrend etc. Reale Menschen sind so nicht. Der Kopf weiß das, aber die in vielen Frauen verborgene Prinzessin, die sich einen Ritter auf dem weißen Pferd erträumt, will das nicht wahrhaben. Klartext kann also auch desillusionierend wirken. Das ist kurzfristig schmerzhaft, langfristig aber ein Segen, denn erst wenn hinter den Masken die realen Menschen hervortreten, haben Sie eine Chance auf eine intensive innere Anbindung und echtes Verstehen.

Wie Männer auspacken – Was ihn motiviert, sein Innerstes zu offenbaren

In meiner Funktion als Business-Coach arbeite ich eher mit Männern als mit Frauen. Und immer wieder werde ich von Frauen gefragt, ob es nicht schwierig sei, meine männlichen Klienten dazu zu bringen, wirklich offen über ihre Gefühle zu reden. Ehrlich gesagt, nein. Gar nicht. Einer der Gründe dafür könnte meine tiefe Überzeugung sein, dass Männer bereit und fähig sind, ihr Innerstes zu offenbaren. Anders gesagt: Wenn eine Frau den Glaubenssatz »Männer reden nicht gerne über ihr Innenleben« verinnerlicht hat, wird sie auch dementsprechend mit einem Mann umgehen. Weil sie zu gehemmt ist, ihm direkte Fragen zu stellen oder nachzubohren, vermeidet sie sogar bestimmte Themengebiete. Und das Unterbewusstsein des Mannes wird von ihrem die Botschaft empfangen: »Eigentlich trau ich dir als Mann gar nicht zu, offen und ehrlich über Gefühle zu sprechen.« Das ist nicht wirklich einladend. Dabei ist es einfach, einen Mann zu animieren, über sich zu sprechen und ihm dabei ein gutes, sicheres Gefühl zu geben, wenn man ein solches Gespräch für die normalste Sache der Welt hält. Sie können einen Mann praktisch alles fragen, solange Sie es mit der gleichen entspannten Selbstverständlichkeit über die Lippen bringen wie die Frage nach seiner Schuhgröße oder der Zylinderanzahl seines Wagens. Die eigentliche Herausforderung besteht vielmehr darin, auf alle seine Antworten einfach nur freundlich, interessiert und mitfühlend zu reagieren. Da stoßen viele Frauen an ihre Grenzen und machen damit Männer ungewollt zu Schweigern. Wie wirkt das auf einen Mann, wenn Folgendes passiert: Seine Liebste fordert ihn auf: »Bitte erzähle mir, was du wirklich denkst, ich möchte dich verstehen«, er tut es und spricht beispielsweise von seiner Exfreundin, von Dingen, die ihn an seiner Freundin stören oder von erotischen Vorlieben, die seine Partnerin nicht teilt – und als Reaktion wird er mit Vorwürfen, im schlimmsten Fall sogar mit einer regelrechten Szene konfrontiert. Im Grunde meinte seine Freundin doch: »Bitte öffne dich mir, aber erzähl mir nur das, was ich hören möchte und was mir schmeichelt.« Da das für einen Mann kein wirklich verlockendes Angebot ist und weil er in Zukunft nicht wieder Ärger bekommen will, sagte er lieber gar nichts mehr. Wenn Sie es also mit einer männlichen Auster zu tun haben, hat ihn vielleicht Ihre Vorgängerin dazu gemacht. Dann erfordert es viel Geduld und gute Nerven, die alten Konditionierungen des Mannes aufzulösen und ihn zu motivieren, sich wieder aufzuklappen. Als Belohnung für Ihre Selbstkontrolle haben Sie dann aber auch einen Mann an Ihrer Seite, der Ihnen uneingeschränkt vertraut und mit dem tiefe emotionale und ehrliche Gespräche möglich sind.

Manche Männer sind weniger misstrauisch, dafür aber extrem rational. Oder sie sind zu gehemmt, um Konflikte im Gespräch zu klären. Auch bei diesen Männern gehören selbstverständliches Fragen und der souveräne Umgang mit allem, was ER von sich preisgibt, zur Losung, um Sesam zu öffnen. Ein typischer Vertreter der Sorte »rational und konfliktscheu« war Thomas. Nach Aussage seiner Freundin Melanie war es praktisch unmöglich, Thomas dazu zu bringen zu sagen, wenn ihn etwas störte, oder mit ihm emotionale Themen zu besprechen. Vielleicht haben Sie ja selbst einen Partner zu Hause, der auf die Fragen »Was ist los? Stimmt etwas nicht?« nur »Nee, schon gut, alles okay« antwortet, um Sie anschließend tagelang vorwurfsvoll anzuschweigen, weil Sie anscheinend einen Fehler im Umgang mit ihm gemacht haben. Welchen, das sagt er Ihnen aber nicht. Melanie jedenfalls hatte von diesem Schweigen irgendwann die Nase voll und fragte mich um Rat. Weil sie keine Lust hatte, Gedanken lesen zu lernen, konnte die Lösung nur lauten: Thomas muss reden lernen. Aber wie? Bevor wir eine Strategie entwickeln konnten, galt es herauszufinden, warum Thomas so rational und konfliktscheu war. Glücklicherweise wusste Melanie einiges über die Kindheit von Thomas.

Schritt 1: Aufdecken der verborgenen Wurzeln

Bis zu Thomas zehntem Lebensjahr hatten seine Eltern zusammengelebt. Der Vater war Alkoholiker gewesen und hatte die Mutter regelmäßig angeschrien und geschlagen. Diese Erfahrung führte wohl bei dem kleinen Thomas dazu, zwei Glaubenssätze zu innerlichen:

1. Konflikte bedeuten ein lebensbedrohliches Drama.
2. Emotionen geraten außer Kontrolle und sind gefährlich

Sie und ich wissen um die Macht von Emotionalmüll, der im Unterbewusstsein schlummert. Auch Melanie wurde schnell klar, dass diese Überzeugungen immer noch das Verhalten des erwachsenen Thomas steuerten. Er verbarrikadierte sich als Selbstschutz hinter Vernunft und Schweigen. Was hat Melanie dazu beigetragen, um dieses Muster aufrechtzuerhalten und eine Veränderung zu verhindern?

Schritt 2: Analyse der Interaktion

Für Melanie war und ist es normal, Gefühle – auch negative wie zum Beispiel schlechte Laune – auszudrücken. Das machte jeder in ihrer Familie so, ohne dass es jemals den Familienzusammenhalt oder die Harmonie beeinträchtigt hätte. Doch leider reagierte sie sensibel und leicht zickig auf Kritik. Nun stand sie vor der Wahl: entweder ihre eigene Art, mit Gefühlen umzugehen, beizubehalten und dafür Thomas' Schweigen und Konfliktunfähigkeit hinzunehmen; oder sich selbst zu ändern und dadurch vielleicht genau die Art von Kommunikation mit Thomas zu erreichen, die sie sich immer gewünscht hatte. Der Preis war heiß für Melanie. Sie entschied sich dafür, ihre eigene Empfindlichkeit mit BSFF abzubauen und ihre negativen Emotionen und Launen zumindest so lange zu dämpfen, bis Thomas seine Gefühlen offener zum Ausdruck bringen konnte.

Schritt 3: Kleine Veränderungen

Ach wäre das schön, könnte man mit dem Finger schnippen und alles wäre anders und besser. Auch wenn in unserer Hightech-Welt viele Dinge in Sekundenschnelle laufen, funktioniert das betrüblicherweise nicht, wenn man seinen Partner umkrempeln will. Deshalb brauchte Thomas einen Zwischenschritt, um seine Angst vor Konflikten zu verlieren. Dieser Zwischenschritt lautete: Codewort. Es gelang Melanie, Thomas von der Idee eines Codewortes zu überzeugen, das signalisierte: »Ich hab hier gerade mit dir ein Problem.« Dieses Wort – sie einigten sich auf »Schokokeks« – sollte Thomas ein gefahrloses Ventil für seine Unzufriedenheit bieten. Erst einmal musste er also nicht mehr machen, als »Schokokeks« zu sagen, wenn ihm etwas nicht passte. Nachdem Thomas den Code einige Wochen eingesetzt hatte, stellte er fest: Es war nicht schlimm, seine Gefühle zu äußern. Die Welt stürzte dadurch nicht ein, ihm fielen keine Körperteile ab, sein Leben blieb weiterhin ruhig und sicher. Also konnte Melanie den nächsten Schritt wagen: die Frage nach der Schokokeks-Ursache. Wir hatten zuvor vereinbart, wie ihre Reaktionen in diesem Fall aussehen sollten. Selbst wenn sie sich angegriffen fühlte, ging es darum, völlig ruhig zu bleiben und ausschließlich Dinge zu sagen, die ihn weiter aus seinem Schneckenhaus herauslockten. Bei dem Gedanken an diese Strategie hatte Melanie zunächst mit den Zähnen geknirscht. Nein, eigentlich war ihr gar nicht danach, jede mögliche Kritik anstandslos zu schlucken und – so kam es ihr zunächst vor – ihre eigenen Gefühle zu verleugnen. Letztlich entschied sie sich aber doch dazu, in dieser Auseinandersetzung die Gelegenheit für persönliches Wachstum und eine Erweiterung ihrer Reaktionsmöglichkeiten zu sehen. Sie arbeitete deshalb mit BSSF an ihrem Selbstbewusstsein, bis die Kritik von Thomas sie nicht mehr verletzen konnte. Dann war sie bereit für den nächsten Schritt:

Schritt 4: Motivation

Melanie erkundigte sich freundlich nach der Ursache von Thomas' Unzufriedenheit und kommentierte jede seiner Äußerungen stoisch mit »wie interessant«, »ach so«, »danke, jetzt verstehe ich dich besser«. Zunächst reagierte Thomas irritiert und ungläubig. Er schien sich nicht sicher zu sein, ob er dem Frieden trauen konnte. Doch nach und nach begann sich die Auster zu öffnen. Millimeter um Millimeter. Durch die Gespräche mit Melanie kam Thomas mit seinen eigenen Gefühlen immer mehr in Kontakt und es entwickelte sich zunehmend Nähe und Verbundenheit zwischen beiden. Dadurch konnte auch Melanie wieder mehr sie selbst sein und Gefühle zeigen – denn jetzt hatte Thomas ja keine Angst mehr davor. Was immer Thomas gerade störte oder nervte, sie konnten darüber sprechen und es aus der Welt schaffen. Und das, nachdem ihre Beziehung aufgrund der Kommunikationsprobleme schon kurz vor dem Aus stand.

Sollten Sie ebenfalls jemanden vom Typus Thomas lieben und sollte Sie seine Verschlossenheit schreiend die Wände hochtreiben, lassen Sie sich sagen: Sie können ihn ändern, wenn Sie sich ändern. Dafür brauchen Sie Verständnis, Vertrauen in seine Fähigkeit, offen zu reden, gute Nerven und eine Doppeldosis Geduld. Dann wird das schon. Einzige Ausnahme: Der Mann ist von Natur aus ein Schweiger und gefällt sich in dieser Rolle. Es gibt durchaus solche Herren, die der Meinung sind: Wenn Frau wissen will, was in ihnen vor sich geht, dann sollte sie doch fragen. Von sich aus sagen sie nix. Und wenn sie dann eine ihrer Meinung nach erschöpfende Auskunft gegeben haben, schweigen sie selbstzufrieden weiter. In diesem Fall können Sie nur eins tun: Hören Sie in sich hinein und finden Sie heraus, wie wichtig es Ihnen ist, dass Ihr Liebster seine Gefühle unaufgefordert mit ihnen teilt und warum das so ist. Möglicherweise stoßen Sie auf einen schweigsamen Vater, den Sie nie knacken konnten und den Sie nun wieder in Ihr Leben geholt haben. Dann brauchen Sie nicht ihren Partner zu verändern, sondern nur die alte Wunde der Vergangenheit heilen. Danach wird Sie seine zurückhaltende Art nicht mehr tangieren. Sind Sie aber ein Typ, der durch Kommunikation erst wirklich lebendig wird, haben Sie sich vielleicht für den falschen Mann entschieden. Sie können sich trennen oder Sie suchen sich andere Menschen – gute Freundinnen, nette Kumpels –, mit denen Sie reden können, bis die Lippen fusselig werden. Und vielleicht ist es dann eigentlich ganz schön, zu Hause jemanden zu haben, der ruhiger ist und mit dem Sie harmonisch gemeinsam schweigen können. Auch das hat seinen Reiz.

Falls Sie mit einem Mann liiert sind, der ungern direkt geäußerte Vorschläge oder Tipps annimmt, könnte die Wattebäuschchen-Kommunikation die Lösung sein. Insbesondere Männer mit wenig Selbstbewusstsein reagieren leicht allergisch darauf, wenn ihnen die Partnerin unverblümt sagt, was sie besser machen könnten. Selbst wenn die Vorschläge ausgesprochen vernünftig oder gar genial sind – das zarte männliche Ego bügelt sie ab. Aber mit indirekter Leichtigkeit können Sie Ihren cleveren Ideen dennoch Gehör zu verschaffen. Wie das funktioniert? Schauen wir uns zunächst einmal an, wie starke Frauen in solch einer Situation gern mal mit einem Mann reden. Sie verwenden Formulierungen wie »Damit das klappt, solltest du es so und so tun«, »Mach das doch lieber so« oder auch »Du musst es doch nur so machen«. Der Mann hat in dem Moment den Eindruck, es wird ihm eine Lösung aufgedrängt, die Frau erhebt sich über ihn und hält ihn eigentlich für inkompetent. Sie könnten Nobelpreisträgerin sein, ein unsicherer Mann wird Ihre als Anweisung an ihn herangetragenen Vorschläge trotzdem vehement ablehnen. ER will die genialen Ideen haben und niemand sonst. Prima, das lässt sich einrichten. Sie müssen dazu nur aus den Vorschlägen, die Sie unterbreiten möchten, verbale Wattebäuschchen machen und sie spielerisch in die Luft zu pusten. Das könnte zum Beispiel so klingen: »Ach, ich kenne mich damit ja nicht aus, aber so spontan denke ich, man könnte es so machen. Na ja, wahrscheinlich eine blöde Idee, du bist da eh der Spezialist. Lass uns lieber über was anderes reden.« Verblüffend häufig präsentiert einem der Mann die als Wattebausch geäußerte Idee Tage später als seinen eigenen grandiosen Einfall. Zugegeben – es erfordert eine gewisse Souveränität, sich bei Bedarf blond stellen zu können. Die meisten Frauen, denen ich eine solche Vorgehensweise ans Herz lege, wehren sich zunächst vehement dagegen. Sie finden es erniedrigend, einen Verrat an der Emanzipation oder schlichtweg viel zu umständlich. Ich finde es – zumindest bei einem bestimmten Männertypus – zielführend. Und wenn mir eine Idee wirklich wichtig ist, dann wähle ich einfach die Strategie mit den höchsten Erfolgsaussichten. Ganz nebenbei macht diese Strategie aber auch viel Spaß. Denn sie bringt wieder Leichtigkeit und ein spielerisches Element in die Kommunikation und kann bewirken, dass Männer Frauen wieder gern zuhören. Die Frau präsentiert ihre Ideen entspannt und charmant, und der Mann fühlt sich wertgeschätzt und lässt sich gerne inspirieren von der weiblichen Anregung.

Repairspülung für eine gesund glänzende Liebe – Was Mitarbeitermotivation und Beziehungsglück gemeinsam haben

Nicht kritisiert ist schon genug gelobt! Nach diesem Prinzip behandeln viele Führungskräfte ihre Mitarbeiter und wundern sich dann über deren geringes Engagement, fehlende Loyalität und hohe Fehlerquote. Als weitere Maßnahme erhöhen sie dann den Druck auf die Mitarbeiter und verschärfen die Kontrolle. Das Betriebsklima ist entsprechend mies und jeder Mitarbeiter, der die Chance auf einen anderen Arbeitsplatz hat, kündigt. Warum erzähle ich Ihnen das? Weil in Unternehmen und Liebesbeziehungen die gleichen Regeln gelten, um gemeinsam dauerhaft zufrieden und erfolgreich zu sein: Lob und Wertschätzung bewirken, dass Mitarbeiter und Männer sich gerne engagieren.

Vor vielen Jahren gestand mir eine Freundin – eine überaus kluge, gebildete, stilvolle und weit gereiste Journalisten, dass ihr Ehemann, ein

Rechtsanwalt, sie für seine Sekretärin verlassen hatte. Diese Sekretärin verfügte weder über die Brillanz noch über die Persönlichkeitsstärke der Journalistin. Und besonders attraktiv war sie auch nicht. Wie also gelang es ihr, bei dem Anwalt zu punkten? Die Antwort ist so erschreckend platt wie einfach: Sie hatte ihn gelobt und bewundert. Während die Ehefrau eine starke Partnerin auf Augenhöhe gewesen war, die sich nicht scheute, an ihrem Mann Kritik zu üben, hatte die Sekretärin einfach alles toll, großartig und fantastisch gefunden, was er tat. Ihre Strategie erinnerte mich an die Ratschläge aus einem englischen Buch, das Frauen empfiehlt, ihren Mann stets und ständig anzuhimmeln. »Oh, Darling, you park so good!« (Oh Schatz, du kannst so gut einparken!), lautet ein Satz aus diesem Buch, der sich mir ins Gedächtnis einbrannte. Als ich das Buch seinerzeit las, schwankte ich zwischen empörten Aufschreien meines emanzipierten Persönlichkeitsanteils und spontanem Auswurf meines Mageninhalts. Heute – fast 25 Jahre später – muss ich zugeben: Die Autorin dieses Buches wie auch die Rechtsanwaltssekretärin waren klüger als ich. Insbesondere das Einpark-Lob fiel mir kürzlich wieder ein, als ein Mann, der mir den Hof machte, nach wilden und verzweifelten Rangiermanövern mit seiner Geländelimousine kläglich zu mir sagte: »Aber eigentlich kann ich wirklich gut einparken.« Aus genau solchen Kleinigkeiten setzt sich das männliche Selbstwertgefühl zusammen. »Oh, Darling, you park so good!«

Auch wenn es uns manchmal absurd erscheint – Menschen im Allgemeinen und Männer im Speziellen haben ein tiefes Bedürfnis nach Lob, Wertschätzung, Anerkennung oder Bewunderung. Dieses Streben nach Anerkennung lässt Menschen Großes vollbringen. Ich glaube sogar, Männer machen vorwiegend Karriere, vollbringen sportliche Höchstleistungen, werden reich und berühmt oder führen Kriege, damit sie endlich mal zu hören bekommen: »Schatz, du bist so großartig!« Falls sich in Ihnen gerade eine protestierende Stimme regt, die sagt: »Ich will aber nicht hemmungslos rumschleimen! Das ist verlogen und unwürdig!«, lassen Sie mich Ihnen versichern: Das sehe ich ganz genauso. Worauf ich hinaus will, ist etwas anderes. Und damit Sie unmittelbar nachvollziehen können, worum es mir geht, schlage ich eine kleine Übung vor.

Bitte schreiben Sie 10 Dinge auf, die Sie an Ihrem Partner stören.

1. ....

2. ....

3. ....

4. ....

5. ....

6. ....

7. ....

8. ....

9. ....

10. ....

Ich wette, das ging schnell und fiel Ihnen leicht. Oder? Nun stellen Sie sich vor, wie Ihr Freund oder Ehemann Ihnen gegenübersteht und Sie ihn für etwas loben, das er gut gemacht hat. Mit großer Wahrscheinlichkeit fühlen Sie sich unwohl beim Aussprechen dieses Lobes. Es ist einfach nicht echt. Deshalb kommt hier auch schon die nächste Aufgabe für Sie. Beantworten Sie jetzt bitte folgende Fragen:

Warum ist Ihr Partner ein großartiger Mann? Was macht ihn so liebenswert? Was zeichnet ihn aus?

(Beispiel: Er ist warmherzig und fürsorglich. Er kümmert sich um mich, wenn ich krank bin. Er bringt mich zum Lachen. Er hält seine Versprechen. Er unterstützt meine Ziele. Etc.)

1. ....

2. ....

3. ....

4. ....

5. ....

6. ....

7. ....

8. ....

9. ....

10. ....

Und wenn Sie schon dabei sind, bitte finden Sie auch noch Antworten auf folgende Fragen:

Was ist in Ihrer Beziehung toll? Was klappt gut? Wo sind Sie ein Superteam?

(Beispiel: Viel zusammen lachen; gemeinsame Lebensziele; guter Sex; sich aufeinander verlassen können; über Gott und die Welt miteinander reden können; etc.)

1. ....

2. ....

3. ....

4. ....

5. ....

6. ....

7. ....

8. ....

9. ....

10. ....

Nachdem Sie sich all die Qualitäten Ihres Partners wie auch die Stärken Ihres Miteinanders vor Augen geführt haben, machen Sie bitte noch einmal die Visualisierungsübung: Er steht Ihnen gegenüber und Sie sagen ihm, wie wunderbar Sie ihn finden und wie glücklich es Sie macht, dass er an Ihrer Seite ist.

UND?? Kommt es Ihnen noch unecht vor? Wahrscheinlich nicht. Wenn Sie sich zuvor wirklich auf seine guten Seiten und das Schöne in Ihrer Partnerschaft konzentriert haben, dürfte sich Ihr Ausdruck der Wertschätzung ganz ehrlich und warm angefühlt haben. Vielleicht war da sogar plötzlich ein Gefühl von Dankbarkeit in Ihnen. Dankbarkeit für Ihr Leben mit einem solch besonderen Mann. Ja, das ist Ihrer. Das ist der Mann, der Sie liebt und den Sie lieben. Wie wunderbar. So, und jetzt verlassen wir den etwas pathetischen Modus wieder und staunen ein wenig. Denn vor fünf Minuten hätten Sie denselben Mann vermutlich noch ohne mit der Wimper zu zucken gegen George Clooney eingetauscht. Wie – das würden Sie jetzt immer noch tun?

Ehe Sie jetzt anfangen, von diesem Beau zu träumen, kehren wir lieber rasch zum Thema Lob und Wertschätzung zurück. Sie haben gerade erlebt, wie sich Ihre Entscheidung für eine bestimmte Geisteshaltung auf Ihre Beziehung auswirkt. Denn um nichts anderes als um die Geisteshaltung geht es gerade. Sie entscheiden, Ihren Fokus bewusst auf das Positive an Ihrem Partner zu richten, können ihm aufrichtig dafür Anerkennung zollen, erzeugen damit in sich ein Gefühl von Glück und Zufriedenheit und verstärken gleichzeitig die positiven Charakterzüge und Verhaltensweisen Ihres Mannes. Denn Lob spornt ihn an, das Gute zu wiederholen. Außerdem wird er Sie dafür lieben, dass Sie sein Bedürfnis nach Lob und Anerkennung befriedigen. Er ist für Sie der Größte – und das macht Sie für ihn unwiderstehlich. So erschaffen Sie, indem Sie einfach nur das Gute, was da ist, aussprechen, eine rundum liebevolle Atmosphäre zwischen Ihnen und dem Mann Ihres Herzens.

Falls die Ups-Liste Ihnen vor Augen führte, dass Sie Ihren Partner wenig loben und Sie in Kapitel 1 auf der Skala »Meine Liebe für den Partner« einen unterdurchschnittlichen Wert angekreuzt haben, ist dieses Kapitel für Sie der Schlüssel zu einer raschen Veränderung. Sobald Sie nur den Fokus Ihrer Aufmerksamkeit verschieben, werden Sie wieder mehr Wärme und Zuneigung für Ihren Partner empfinden.

Etwas Ähnliches können Sie erleben, wenn Sie anfangen, Ihrem Mann explizit zu danken. Damit meine ich jetzt nicht nur den Dank aus Höflichkeit wie etwa »danke für die Butter«, sondern aufrichtigen Dank für die vielen Kleinigkeiten im Alltag, die Ihr Prinz Ihnen zuliebe tut oder auch unterlässt. Lassen Sie uns doch gemeinsam die letzten 48 Stunden unter diesem Gesichtspunkt genauer anschauen.

Wofür verdient er Ihren Dank?

(Beispiel: Was hat er Ihnen abgenommen? Wobei hat er Sie unterstützt? Auf welche Dinge, die ihm Spaß machen, hat er für Sie verzichtet? Was hat er getan, um Sie glücklich zu machen?)

1. ....
2. ....
3. ....
4. ....
5. ....
6. ....
7. ....
8. ....
9. ....
10. ....

Haben Sie ihm in all diesen Situationen gesagt, wie dankbar Sie ihm sind? Wenn nicht, holen Sie es doch einfach nach. Oder beginnen Sie zumindest ab heute damit, ihm bewusst zu danken, wann immer es einen Anlass dafür gibt. Der Anlass muss gar nicht groß sein. Dankbarkeit ist ein tolles Gefühl für beide. Für den, der erlebt, dass seine Anstrengungen gewürdigt wurden. Insbesondere aber auch für den, der dankt. Denn viele Gelegenheiten zum Danken zu haben gibt ein Gefühl des inneren Reichtums. Je mehr Sie Ihrem Mann danken, desto positiver nehmen Sie ihn und Ihr Liebesleben wahr. Sie fühlen sich glücklicher, Sie fühlen sich zufriedener, und damit sind Sie auch entspannter. Das wiederum wird Ihr Mann genießen. Er wird stolz darauf sein, seine Liebste so glücklich zu machen, und sich gleich noch mehr Mühe geben. Auf diese Weise verwandeln Anerkennung, Wertschätzung und Dank die gesamte Atmosphäre zwischen Ihnen beiden und wirken wie eine Repair-Spülung für die Liebe, damit sie wieder gesund und glänzend wird.

Erinnern Sie sich noch an das Vorwort, in dem ich von der wundersamen Wandlung meines Ex-Engländers schrieb? Aus einem Mann, der sich vorrangig um seine eigenen Bedürfnisse kümmerte und meine Unzufriedenheit ignorierte, wurde ein überaus aufmerksamer, liebevoller Gefährte, der sehr darauf achtete, dass es mir gut ging. Genau das bewirken Lob und Anerkennung. Eines Tages war mir aufgefallen, wie häufig ich ihn kritisierte und wie unleidlich ich oft war. Also ging ich zu ihm, schilderte ihm meine Beobachtungen, entschuldigte mich für mein Benehmen und begann verstärkt darauf zu achten, wann er nett zu mir war. Jede seiner Freundlichkeiten und Aufmerksamkeiten kommentierte ich von nun an aufrichtig positiv. Ich dankte, ich lobte, ich sagte ihm, wie glücklich er mich machte. Was ihn motivierte, immer netter zu werden. Sie kennen das Prinzip aus der Hundeerziehung: Wenn Sie wollen, dass Ihr Welpe lernt, Pfötchen zu geben, loben Sie ihn überschwänglich und verwöhnen Sie ihn mit Leckerlis, sobald er auch nur zart mit der Pfote zuckt. Und innerhalb kürzester Zeit haben Sie einen Hund, der Ihnen voller Begeisterung die Pfote reicht. Engländer, Welpen, Ehemänner ... es ist schon erstaunlich, wie ähnlich sie sich manchmal sind ...

Gern behaupten Männer, nicht sie selbst, sondern das in ihnen schlummernde Steinzeitprogramm sei verantwortlich für ihr komisches Verhalten. Seitensprünge, Untreue und eklige Geräusche aus verschiedenen Körperöffnungen werden damit besonders gerne gerechtfertigt. Alles nicht ihre Schuld, nein, sie können nicht anders, das steckt einfach alles noch ganz tief drin aus Urzeiten. Ich halte diese These ja für gewagt. Was aber nach meiner Einschätzung wirklich tief in vielen Männern steckt, ist der Wunsch, ein Held zu sein. In der Steinzeit boten Angriffe von Säbelzahntigern und anderen bedrohlichen Kreaturen reichlich Gelegenheit für Heldentum. Und auch in späteren Jahrhunderten konnten Männer ihren Mut und ihre Tapferkeit regelmäßig unter Beweis stellen und dafür die Anerkennung ihrer Herzensdame ernten. Literatur, Musik, Filme und die Comicwelt strotzen nur so vor Heldengeschichten. Wir alle sind aufgewachsen mit Geschichten von Rittern, die eine schöne Prinzessin vor bösen Drachen erretten. Und heute? Männer wären immer noch gerne Helden. Und immer noch träumen viele Frauen davon, errettet zu werden. Aber sie verhalten sich nicht so. Moderne Frauen würden beim Anblick eines Ritters, der mit einem Drachen kämpft, um sie zu beschützen, eher so reagieren: »Hase, nicht doch diese Lanze.

Die silberne ist besser. Und jetzt lässt du auch noch überall das Blut hintropfen.« Nach diesen Worten würden sie den Ritter resolut zur Seite schieben und den Drachen mit der silbernen Lanze selbst kurzerhand erledigen. So kastriert man Männer.

Wie ist das in Ihrem Alltag? Sie sind klug, Sie sind praktisch, Sie sind geschickt und wissen sich in jeder Lebenslage zu helfen. Bei welcher Gelegenheit darf Ihr Mann noch ein Held sein? Geben Sie ihm hierfür überhaupt die Gelegenheit? Britta aus Bayern tut das ganz bewusst. Sie hat Schreinerin gelernt, war jahrelang alleinerziehende Mutter und hat ihr Leben im Griff. Eine starke, kluge, schöne Frau von Mitte 30. Vor einem Jahr hat sie geheiratet. Ihr Ehemann ist warmherzig, hilfsbereit, aber auch ganz schön dominant. Und natürlich möchte er derjenige sein, der weiß, wie's geht. Ein Held in jeder Lebenslage also. Kürzlich wollten die beiden eine Küche für ihre neue Wohnung bauen. Für eine ehemalige Schreinerin wie Britta ein Kinderspiel. Dennoch überließ sie diese Arbeit ihrem Mann, der darauf bestanden hatte, sich um die Küche zu kümmern. Sie schaute sogar schweigend zu, als er sich bei den Holzarbeiten eher ungeschickt anstellte. Seine Welt waren eher Metallarbeiten. Es wäre ihr ein Leichtes gewesen, ihm die Holzteile aus der Hand zu nehmen und rasch selbst zusammenzubauen. Aber sie unterließ das ganz bewusst. Was sie mir so erklärte: »Wenn ich ihm sage, wie das Zusammenschrauben besser funktioniert, habe ich am Ende eine Küche, die zwei Stunden eher fertig ist. Halte ich mich raus, habe ich am Ende einen Mann, der ungeheuer stolz auf sein Werk ist und sich freut, mir so eine tolle Küche gebaut zu haben. Letzteres ist für unsere Beziehung viel besser. Da halte ich mich doch gerne zurück.«

Ja, manchmal ist Schweigen die liebevollste Kommunikation und der Verzicht darauf, recht zu haben oder etwas besser zu können, der wirkungsvollste Beziehungsbalsam. In welchen Situationen könnten Sie sich vorstellen, wie Britta zu handeln? Oder widerstrebt Ihnen das? Wenn ja – was sind Ihre Gedanken und Gefühle dabei? Haben Sie vielleicht gerade wieder ein wenig Psychomüll aufgedeckt, der mit BSFF beseitigt werden möchte? Dann los, Sie wissen ja, wie's geht!

4. Es prickelt und prickelt und prickelt

Oder: Wie die Liebe frisch bleibt

Nieder mit dem Beziehungsgrauschleier! – Die Händchen-halt-Einflussfaktoren

Sie sehen dieses alte Pärchen auf der Bank am See, Händchen haltend, lächelnd und plaudernd wie frisch verliebt. Mal angenommen, die beiden haben sich nicht erst vor drei Wochen in der Seniorenresidenz kennengelernt, sondern sind wirklich seit Jahrzehnten zusammen: Wie haben sie es dann geschafft, ihre Liebe über Jahrzehnte zu bewahren? Und welche Anregungen könnte uns dieses Paar geben, um Gefühle, die in der Routine des Miteinanders eingeschlafen sind und an Farbe verloren haben, mit geringem Aufwand neu zu beleben? In diesem Kapitel geht es darum, wieder glänzende Werte auf den Bewertungsskalen »Zufriedenheit in der Partnerschaft«, »Sex und Zärtlichkeit« und »Nähe/Freiraum« zu erreichen. Vor allem aber geht es um Schmetterlinge im Bauch, wenn Sie den Mann anschauen, für den Sie sich vor einigen Jahren entschieden haben. Es geht um Leidenschaft, die aufflammt, wenn er Sie berührt, und um seine Blicke, die immer noch sagen, wie wunderschön und hinreißend er Sie findet. Sollte genau das Ihre Beziehungsrealität sein – herzlichen Glückwunsch! Andernfalls könnte dies ein guter Zeitpunkt sein für ein erfolgreiches Love-Revival.

Um den Beziehungsgrauschleier bestmöglich wegzuputzen, ist es sinnvoll anzuschauen, welche Faktoren ihn verursacht haben könnten. Ob einer oder mehrere der folgenden Punkte auf Ihre Situation zutreffen, sehen Sie selbst.

Evolutionsbedingtes Abflauen – Ein Hoch auf Dopamin und Oxytocin

So hinterhältig es auch klingt: Es scheint von der Natur gewollt zu sein, dass die schwärmerische Verliebtheit der Anfangsphase und die romantische Leidenschaft mit der Zeit abklingen. Helen Fisher, eine bekannte amerikanische Anthropologin, beschreibt dies in ihrem Buch »Warum wir lieben – die Chemie der Leidenschaft« als Werk der Evolution, das sinnvoll ist, weil die extremen Emotionen der Anfangsphase ungeheuer viel Zeit und Energie verbrauchen. Ihrer Ansicht nach wäre eine jahrelange extreme Verliebtheit ausgesprochen kontraproduktiv für unsere Fähigkeit, unseren Alltag normal zu gestalten und unsere Kinder aufzuziehen. Die Natur habe es so eingerichtet, dass die Leidenschaft der Suche eines Paarungspartners dient und nur so lange anhält, bis die Empfängnis gesichert ist.

Nun sind die Muster der Hirnaktivität eines leidenschaftlich verliebten Menschen denen eines Menschen unter Drogeneinfluss erstaunlich ähnlich. Das Hormon Dopamin spielt in diesem Kontext eine wesentliche Rolle. In Verbindung mit Noradrenalin ist Dopamin der entscheidende Botenstoff für Empfindungen wie Aufmerksamkeit, Begeisterung, Glück, Interesse, Wollen, Motivation und vor allem auch Begehren. Das Hirn ist geradezu süchtig nach dem geliebten Menschen. Und so wie man gegen die angenehme Wirkung einer Droge im Laufe der Zeit abstumpft, scheinen wir auch den Reizen des Partners gegenüber weniger sensibel zu werden. Offenbar unterstellt uns die Evolution unfairerweise, wir wollten im Dopaminrausch den lieben langen Tag in heißer Liebe mit dem Mann des Herzens verbringen, statt uns um unsere Brut zu kümmern. Trübe Aussichten für die vielen, vielen Jahre danach? Glücklicherweise lässt sich die Evolution austricksen, denn Oxytocin, auch das Liebeshormon genannt, scheint die Gewöhnung an gute Gefühle zumindest abschwächen zu können. Also brauchen Sie einfach nur für die Ausschüttung von Oxytocin zu sorgen. Dazu kommt es bei Mann und Frau beim Orgasmus. Angenehmer kann man sich doch gar nicht um seine Hirnchemie kümmern, oder? »Schatz, wie wäre es heute mal wieder mit einer Oxytocin-Ausschüttung?« Gibt es eine romantischere Beischlafstimulation?!

Hot mit Kids – Elternschaft

Laut Stefan Klein, Autor des Buches »Die Glücksformel«, spielt Oxytocin übrigens auch eine wichtige Rolle bei der Liebe für ein Kind. Die Kombination aus Schwangerschaftshormonen und Oxytocin scheint das Programm »Mutterliebe« bei Frauen auszulösen. Aber in diesem Zusammenhang bewirkt Oxytocin nicht nur Positives. Denn auch wenn viele Eltern sagen, wie glücklich ihre Kinder sie machen, mindern Kinder nach Aussage von Klein gleichzeitig auch die Freude, die Eltern aneinander haben. Ich schätze, so manche erschöpfte, genervte Mutter wird dieser Erkenntnis zustimmen, auch ohne dafür die Sozialforschung bemühen zu müssen.

Schon in der Schwangerschaft sinkt im Normalfall das Beziehungsglück, ein Tiefpunkt ist erreicht, wenn der Nachwuchs ins Kleinkindalter kommt, sagen die Sozialforscher. Dies ist alles andere als ein unausweichliches Schicksal, sagen all die Mütter, die ich für dieses Kapitel befragte und denen es gelungen ist, Liebesbeziehung und Mutterschaft glücklich zu vereinen. Ihrer Einschätzung nach betreffen die Probleme insbesondere junge Eltern, die mit den unerfreulichen Auswirkungen, die ein Kind auf ihre Paarbeziehung haben kann, gar nicht gerechnet hatten.

Vielleicht kennen Sie solche Paare, für die ein Baby die Krönung ihrer Liebe sein soll und deren Vorstellungen von Familienleben aus Joghurtwerbespots zu stammen scheinen. Dummerweise spielen weder der weibliche Körper noch Babys noch Männer immer brav die ihnen zugewiesene Rolle. Statt lustvoll ihre urweiblichen Schwangerschaftskurven gemeinsam mit dem Partner zu genießen, verbringt so manche werdende Mutter die Nächte allein im Gästezimmer und fühlt sich so sexy wie ein gestrandeter Pottwal. Das ist die Phase, wenn sie nicht mehr ständig kopfüber in der Kloschüssel hängt, was dem erotischen Selbstbild und einem leidenschaftlichen Sexualleben ebenfalls nicht wirklich zuträglich ist. Andere Schwangere bleiben von diesen Problemen verschont und kämpfen stattdessen mit mehrmonatiger Erschöpfung oder Heißhungerattacken auf die skurrilsten Nahrungsmittelkombinationen. Wenn dann noch Schwangerschaftsbeschwerden wie Müdigkeit, Sodbrennen, Rückenschmerzen und Schlaflosigkeit hinzukommen, ist es den meisten schließlich egal, ob es in ihrer Beziehung noch prickelt oder nicht. Hauptsache, der Mageninhalt bleibt drinnen.

Auch für Männer ist das nicht immer nur eine schöne Zeit. Ihre Partnerin verändert sich in einer Art und Weise, die sie wirklich niemals werden nachempfinden können. Das verunsichert Männer oft bis hin zur völligen Verständnislosigkeit. Sie haben den Eindruck, plötzlich mit einer Fremden zusammenzuleben, deren Stimmungen, Befindlichkeiten und Wünsche permanent wechseln. Das ist anstrengend. Hinzu kommen quälende Fragen wie »Bin ich ihr als Partner eigentlich noch wichtig?« oder »Was ist mit meinen Bedürfnissen?«. Das finden nun wieder – Sie werden das nachvollziehen können – viele Frauen ziemlich egoistisch und unsensibel. Immerhin hat der Mann an der aktuellen Situation einen nicht unerheblichen Anteil; außerdem muss er ja nicht zuschauen, wie sich der eigene Körper in möglicherweise irreversibler Art und Weise verändert. Auch wenn einige werdende Väter parallel zu ihrer Partnerin ordentlich an Gewicht zulegen ...

Was hilft bei solchen Konflikten? In erster Linie die Parole »Durchhalten!«. Jede Schwangerschaft ist anders, jede bringt ganz individuelle Veränderungen und Belastungen mit sich, und beide Partner müssen sich klar dafür entscheiden, diese neun Monate tapfer durchzustehen – komme, was wolle.

Darüber hinaus ist es sinnvoll, alles zu nutzen, was Sie schon im vorherigen Kapitel über den Umgang mit Konflikten gelernt haben: klären, sich offenbaren, gemeinsam kreative Lösungen finden. Und obendrein natürlich noch einfühlsam sein und Dankbarkeit und Wertschätzung zeigen für die Bemühungen Ihres Partners, seinen Teil zum bestmöglichen Schwangerschaftsverlauf beizutragen. Und bei allem, was Sie tun, stärken Sie das Gefühl, immer noch Mann und Frau zu sein und nicht nur Mutter und Vater in spe. Zugegeben – das hinzubekommen, wenn gerade das eigene Hormonsystem und damit natürlich auch die Psyche Karussell fahren, ist schon eine echte Herausforderung.

Wie gut, dass Ihnen BSFF zur Verfügung steht und Sie damit die heftigsten emotionalen Wallungen auf ein handhabbares Niveau herunterfahren können. Genauso können Sie – aber das haben Sie natürlich längst im Hinterkopf – Selbstzweifel, Ängste und ein negatives Körpergefühl mit BSFF auflösen. Und, ganz wichtig: Sorgen Sie gut für sich selbst! Was macht Ihnen Freude? Was ist Balsam für Ihre Seele? Vielleicht ausgiebige Bäder bei Kerzenschein, Treffen mit den Freundinnen oder das Bepflanzen des Balkons? Egal ob schwanger oder Mutter einiger wuseliger Kinder – wenn Sie ausgeglichen und zufrieden sind, wirkt sich das positiv auf Ihr ganzes Umfeld aus. Die Selbstfürsorge einer Frau ist also gerade im Familienkontext das Gegenteil von Egoismus: Sie ist die Basis für eine harmonische Familienatmosphäre. Und natürlich für eine prickelnde Partnerschaft.

Silke, 40, Mutter eines sensiblen Fünfjährigen und einer temperamentvollen zwei Jahre alten Tochter, tankt regelmäßig beim Lesen von Thrillern und Krimis auf. Unbedingt mit hohem Gänsehautfaktor und viel Blut. Ihrem Körper gönnt sie außerdem regelmäßig Yoga-Stunden. Mit diesem Kontrastprogramm gelingt es ihr, den Kids eine fürsorgliche, geduldige Mutter zu sein und ihrem Mann eine reizvolle Partnerin.

Ein bewusster Fokus auf die Paarbeziehung trägt die Liebe auch durch die vielen Jahre der Elternschaft. Ich habe viele Eltern befragt und ihr Miteinander analysiert, und immer stellte sich heraus: Diejenigen, bei denen es trotz mehrerer Kinder und viel Stress noch kribbelte, hatten sich ganz bewusst Freiräume für ihr Miteinander als Liebende genommen und die Paarbeziehung aktiv gepflegt. In den meisten Fällen war es die Frau, die von vornherein beschlossen hat, Geliebte und Partnerin bleiben zu wollen, statt vollständig in die Mutterrolle zu wechseln. Und alleine schon mit dieser Entscheidung verhinderte sie einen Großteil von Konflikten, die aus dem Gefühl eines Mannes resultieren können, nur noch das fünfte Rad am Wagen zu sein.

Wie leben solche Frauen, die neben den hohen Anforderungen des Mutterseins auch weiterhin gerne Frau sind? Sie sorgen beispielsweise dafür, dass ihr Nachwuchs abends früh schlafen geht, damit sie ungestört Zeit mit ihrem Mann verbringen können. Sie erziehen ihre Kinder dazu, in ihrem eigenen Bett zu schlafen und sich morgens alleine zu beschäftigen, damit im Ehebett mehr stattfinden kann als nur kuscheln mit den Kids. Sie pflegen ihr Äußeres und ihr Inneres und nehmen sich Zeit für intensive Gespräche.

Manchen Müttern mögen schon diese einfachen Vorschläge völlig unrealistisch erscheinen. Ihr Alltag ist komplett von den Kindern dominiert. Und genau für diese Frauen ist es wichtig, das zu tun, was mir Birgit, eine glücklich verheiratete vierfache Mutter, kürzlich empfahl: »Es braucht einen gesunden Egoismus«, sagte sie, »um sich bewusst Zeit und Muße für das Leben als Paar zu nehmen und den Bedürfnissen der Kinder nicht immer oberste Priorität einzuräumen. Aber es lohnt sich.« Birgit und ihr Ehemann haben gemeinsam die Entscheidung getroffen, im Familien-Terminkalender Zeiten festzulegen, die nur ihnen beiden vorbehalten sind. Wie häufig und wie lang diese Paar-Zeiten sind, hängt nicht zuletzt davon ab, welche Betreuungsmöglichkeiten sie für die Kinder gerade ermöglichen und finanzieren können. Geld ist bei ihnen ein Thema und sie müssen sich an anderer Stelle einschränken, um im Alltag Liebesinseln zu schaffen. Ihrer Ansicht nach ist es aber langfristig günstiger, regelmäßig in die Liebe zu investieren als einmalig in eine Scheidung. Und es macht mehr Spaß. Denn die Zeiten mit dem Partner sind dem Genuss gewidmet, dem innigem Austausch, der Erotik und dem gemeinsamen Schwelgen. Daraus zieht jeder für sich viel Kraft, vor allem aber stärken sie ihr Wir-Gefühl, das ihnen wiederum dabei hilft, die familiären Belastungen als Team zu meistern.

Neben der – meist unbeabsichtigten – Vernachlässigung des Lebens als Paar kann Elternschaft aber auch ganz andere emotionale Probleme schaffen, die den Beziehungsfrieden belasten:

A. Schuldgefühle

Jungen Eltern ist es oft einfach nicht möglich, den Erwartungen und Bedürfnissen aller Beteiligten immer so gerecht zu werden, wie sie es selbst möchten. Das kann zu Schuldgefühlen führen. Wenn der Beruf den jungen Vater daran hindert, seine Frau intensiv zu unterstützen, die Mutter dem älteren Kind nicht mehr so viel Zeit schenken kann, weil sie sich um ein Baby kümmern muss, die erschöpfte junge Mutter es nicht mehr hinbekommt, ihrem Mann Geliebte und Partnerin zu sein, oder die berufstätige junge Mutter ihrem Kind gegenüber ein schlechtes Gewissen hat, weil sie seine Betreuung Dritten stundenweise überträgt, wirkt Vergebungsarbeit mit BSFF Wunder. Nach nur wenigen Minuten verschwinden die Schuldgefühle, es fühlt sich an, als würde man eine Last von ihren Schultern nehmen. In diesem Zusammenhang ist es auch wichtig, in einem zweiten Schritt der BSFF-Behandlung das stärkende Gefühl, sein Bestes zu geben, und die innere Erlaubnis für diese Entscheidungen im Unterbewusstsein zu verankern.

B. Sich fremdbestimmt, eingesperrt oder alleine gelassen fühlen

Frauen, die vor der Geburt ihres Kindes eine große Selbstbestimmtheit genossen haben, empfinden unter Umständen die Veränderungen, die Mutterschaft mit sich bringt, als leidvolle Einschränkung ihrer Freiheit. Andere fühlen sich nur in der Stillzeit eingeschränkt oder wenn sie wegen Krankheit des Kindes das Haus nicht verlassen können. Auch in solchen Fällen ist es möglich, mit BSFF die subjektive Wahrnehmung der Realität so zu verändern, dass sich die Frau wieder wohl- und entspannt fühlt und sich wieder auf die positiven Seiten der Mutterschaft fokussieren kann. Ebenso hilfreich ist eine BSFF-Behandlung, sollte sich eine Frau von ihrem Partner bei der Kinderbetreuung alleine gelassen und unverstanden fühlen. Wenn sie vor einer Aussprache mit dem Partner schon einmal ihren größten Frust mit BSFF aufgelöst hat, verläuft das Gespräch frei von Vorwürfen und Schuldzuweisungen und beide können sich auf die Suche nach bestmöglichen Lösungen konzentrieren. Wie das funktioniert, haben Sie in Kapitel 2 erfahren.

C. Rollenverhalten

Manche Frauen gehen sehr stark in ihrer Mutterschaft auf, weil sie ungewollt alten Rollenvorbildern aus dem Elternhaus nacheifern. Wir haben schon in den ersten Kapiteln ausgiebig über die heimliche Macht dieser alten Konditionierungen gesprochen. Es kann leicht passieren, unbewusst dem Vorbild der eigenen Mutter nachzukommen oder – ebenfalls unbewusst – just das Gegenteil davon zu tun. Beides verhindert, ein individuelles Lebenskonzept für Mutter- und Elternschaft zu entwickeln, das zur eigenen Persönlichkeit, zu den Lebensumständen und Visionen passen. Mit BSFF fällt es Ihnen leicht, sich von den alten Prägungen und Konditionierungen zu lösen und sich neue innere Haltungen und Gestaltungsmöglichkeiten zu erlauben.

D. Ängste und Sorgen

Sich um das Wohl und die Sicherheit des Kindes zu sorgen, ist gut und sinnvoll. Gelegentlich kann diese Sorge, obwohl keine realen Gefahren gegeben sind, aber so groß werden, dass sie für Mutter und Kind zur Last und Einschränkung wird. Um diese Angst zu überwinden, ist es zunächst wichtig zu erkennen, in welchen Erfahrungen das Gefühl der elementaren Unsicherheit und Bedrohung seine Wurzeln hat. Anschließend lassen sich diese prägenden Erinnerungen mit BSFF behandeln und durch ein Empfinden von Vertrauen und Sicherheit ersetzt.

Von Burnout und brennender Leidenschaft – Stress und sexuelle Probleme

Julia, 32 Jahre, ist mit ihrer Partnerschaft unzufrieden und wünscht sich Veränderung. Seit drei Jahren lebt sie mit ihrem Freund Kai in einer schönen Altbauwohnung in Berlin. Beide arbeiten hart und viel, können sich dadurch zwar einiges leisten, aber die berufliche Belastung zerfrisst ihre Partnerschaft. Keinem gelingt es, die Gedanken an den Job im Büro zu lassen und abzuschalten, sobald sie nach Hause kommen. Sie tragen in ihrer Arbeit Verantwortung und Smartphones und Rechner sind immer angestellt, sie dürfen zu jeder Zeit in ihr Privatleben hineinplatzen und sie in den Businessmodus zurückrufen. Julia ist mittlerweile aufgefallen, dass sie sich durch diesen stressigen Lebensstil voneinander entfernen und der Beziehung die Leidenschaft abhanden gekommen ist. Statt heißer Küsse aus Freude am Knutschen gibt es nur noch ein rasches Bussi zur Begrüßung. Sex findet ebenso wenig statt, weil sie meist beide zu erschöpft sind oder einfach keine rechte Lust aufkommen will. Wann sie zuletzt zusammen so richtig Spaß miteinander gehabt und gelacht haben, bis ihnen der Bauch wehtat, daran kann Julia sich kaum mehr erinnern. Stattdessen sind beide vom Alltagsstress meist angespannt, oft sogar gereizt. Eigentlich sehnt sich Julia nur danach, endlich mal Ruhe zu haben. So kann es nicht weitergehen. Immer wieder versucht sie, Kai zu sagen, dass sie Angst davor habe, ihre Liebe könnte durch den Stress kaputtgehen, aber Kai blockt jede Bitte, etwas zu ändern, mit der Bemerkung ab: »Keine Sorge, das wird bestimmt wieder besser, wenn wir beide im Job mal eine ruhigere Phase haben.« Diese ruhigere Phase kommt natürlich nie.

Solch ein Leben im Dauerstress kommt Ihnen vielleicht bekannt vor. Hinzu kommen meist noch zu wenig Schlaf, zu viel Kaffee, falsche Ernährung, Zigaretten und Alkohol. Und dann wundert man sich, warum man nicht mehr jubilierend verliebt ist und weder Lust hat, sich zu küssen, noch leidenschaftlich übereinander herzufallen. Und irgendwann kommen auch Zweifel auf, ob man den anderen wohl überhaupt noch liebt. Ob er der Richtige sein kann, wenn man so gar keine Lust mehr auf ihn hat. Was könnte helfen? Eine Paartherapie? Nein, die Antwort ist viel einfacher: Ein Blick in unser Nervensystem. Denn dort erkennen wir, warum sich Stress und Sex ausschließen. Stress – egal ob ein brüllender Chef, ein unhöflicher Kunde, ein Projekt mit hohem Katastrophenpotenzial oder ein verspätetes Flugzeug – aktiviert über das sympathische Nervensystem Flucht- und Kampfimpulse in uns. Da reagiert unser Körper ganz genauso wie bei unseren Steinzeit-Vorfahren: Der Atem geht schneller, die Blutgefäße verengen sich, Muskeln und Hirn werden besonders gut mit Blut versorgt. Gleichzeitig wird die Tätigkeit von Verdauungs- und Fortpflanzungsorganen heruntergefahren. Was Sinn macht, denn wenn ein Steinzeitmann bei der Flucht vor einem Säbelzahntiger an einer hübschen Steinzeitmaid vorbeikommt und lustgetrieben stehen bleibt, um mit ihr eine flotte Nummer zu schieben, ist das ein ganz, ganz schlechtes Timing. Ähnlich fatal wäre die Unterbrechung der Flucht an einem Kirschbaum, um einen kleinen Snack einzunehmen.

Die Natur hat es also gut mit uns gemeint, als sie Stress und Lust entkoppelte. Sie rechnete nur nicht damit, dass die Menschen eines schönen Tages in einem Zustand von Dauerstress leben würden. Dafür sind wir nicht gemacht. Vor dem Love-Revival sollte deshalb das Stressmanagement stehen. Es gibt viele einfache Maßnahmen, den Pegel an Stress und damit auch an Adrenalin zu senken. Jetzt stellen Sie sich vielleicht die Frage, wie Sie Ihren Partner motivieren können, solche Maßnahmen zu ergreifen. Meine Antwort lautet: »Beginnen Sie bei sich selbst!« Ändern Sie Kleinigkeiten in Ihrem Leben, wie beispielsweise die ständige telefonische oder E-Mail-Verfügbarkeit. Wenn Sie dazu übergehen, Ihr Smartphone und Ihren Rechner abends, am Wochenende und im Urlaub die meiste Zeit ausgeschaltet zu lassen und sonst nur alle paar Stunden die eingegangenen Mails und Anrufe zu checken, gönnen Sie Ihrem Körper und Ihren Nerven damit bereits notwendige Erholungsphasen. Adrenalin baut der Körper am schnellsten durch Sport, beispielsweise durch Jogging, oder auch durch Entspannungsübungen ab. Welche dieser beiden Lösungen lässt sich leichter in Ihren Alltag integrieren? Für eine der beiden sollten Sie sich aber auf alle Fälle entscheiden. Sinnvoll ist auch, sich für den Feierabend ein Ritual auszudenken, das Ihnen hilft, das Berufsleben gedanklich und emotional hinter sich zu lassen und sich auf das Zusammensein mit dem Partner einzustimmen.

Julia wählte hierfür Meditationsübungen, die sie sich während der U-Bahn-Fahrt vom Büro nach Hause über Kopfhörer anhört. Sie hat auch angefangen, regelmäßig zu walken, sie ernährt sich gesünder und arbeitet daran, beruflichen Ärger nicht mehr so dicht an sich herankommen zu lassen. Statt Kai zu überreden, sich ihrem Programm anzuschließen, lebt sie ihm lieber vor, wie gut es sich anfühlt, achtsam mit sich selbst umzugehen und die Stressbelastung zu reduzieren. Natürlich registriert Kai die Veränderungen: Es ist unübersehbar, wie viel fröhlicher und entspannter Julia innerhalb weniger Wochen geworden ist, ohne dass ihre Karriere darunter gelitten hätte. Seine bisherigen Überzeugungen, der stressige Lebensstil sei nun mal der notwendige Preis für den Erfolg, beginnen zu bröckeln. Er wird neugierig und damit erstmals offen für die Informationen, wie sich der Alltagsstress reduzieren und von der Beziehung fernhalten lässt.

Auch Sie können sich Julias Vorgehensweise zunutze machen. Die wenigsten Männer sind bereit zuzuhören und sie sind schon gar nicht veränderungswillig, nur weil die Dinge, die man zu sagen hat, wichtig, sinnvoll oder hilfreich sein mögen. Selbst wenn Sie tausendmal sagen, dass Sie unglücklich sind und Ihre Beziehung ohne eine Veränderung vor dem Aus steht – das motiviert kaum einen Mann. Erst wenn direkt vor seiner Nase Dinge passieren, die sein Interesse wecken und ihm erstrebenswert erscheinen, schaltet er seine Ohren auf Empfang.

Julia erzählte Kai nicht nur, wie es ihr gelingt, mehr Ruhe in Ihren Alltag zu bringen, sie zeigte ihm auch Statistiken dazu. Laut einer Umfrage der Zeitschrift *Focus* leiden nämlich 60 Prozent der Businessmänner stressbedingt unter sexueller Lustlosigkeit, ganz zu schweigen von dem Ausmaß, in dem Erkrankungen wie Burnout in unserer Gesellschaft um sich greifen. Schließlich zog Julia noch einen Trumpf aus dem Ärmel, indem sie zu einem Massageöl griff, eine Kerze anzündete und ihrem Liebsten einen der angenehmsten Wege überhaupt ankündigte, wieder ins Hier und Jetzt einzutauchen: eine Massage. Sie begann mit einer Handmassage, beschäftigte sich ganz in Ruhe und mit voller Konzentration mit Kais rechter Hand und ließ jedem Finger liebevolle Aufmerksamkeit zukommen. Kais Aufgabe war es, sich als Empfänger der Massage in seine Hand hineinzufühlen. Danach widmet sich Julia seinen verspannten Schultern und dem Nacken. Kai genoss, schnurrte und begann, die Innigkeit wieder zu schätzen, die aus Zärtlichkeit ohne Sex erwächst. Danach wechselten sie die Rollen und Kai fing an, Julia zu verwöhnen. Julias liebevolle, rezeptive Art weckte wieder seine Lust auf zärtliche Berührungen und achtsames Erforschen ihres Körpers. Just als er überlegte, die Massage erotischer werden zu lassen, schaute ihn Julia lächelnd an und sagte: »Das war wundervoll und wird bald fortgesetzt. Jetzt hole ich uns erst einmal ein Glas Wein.« Die Aussicht auf eine Fortsetzung bewirkte eine erotische Spannung, wie sie sie beide lange nicht mehr gespürt hatte. Prickelndes Kopfkino, das ihrem Gespräch beim Wein eine beschwingte, knisternde Note verlieh.

Entscheidend für den Erfolg von Julias Maßnahme sind zwei Aspekte: Zum einen vermied sie jeden sexuellen Druck. Im Gegenteil – sie bewirkte Sehnsucht und Begehren, weil sie just vor dem Sex abbrach. Und zum zweiten führte sie Kai, der ständig in der Vergangenheit weilte und vergangene berufliche Aktivitäten analysierte oder sich mit der

Planung der beruflichen Zukunft beschäftigte, zurück in die Gegenwart. Nur in der Gegenwart ist es möglich, mit dem eigenen Körper und den eigenen Emotionen in Kontakt zu sein, zu fühlen und sich auf den Partner wirklich einzulassen. Abschalten zu können und Gedanken wie »Ich müsste eigentlich noch ... erledigen« aus dem Kopf zu verbannen, ist die Voraussetzung für Intimität – körperliche, emotionale und seelische. Und damit auch für die Rückkehr der Schmetterlinge ...

Nun kann es natürlich sein, dass jemand auf der Skala in Kapitel 1 beim Thema Sex und Zärtlichkeit eine niedrige Punktzahl angekreuzt hat, also deutlich unter der durchschnittlichen 5, ohne dass Stress die Ursache dafür ist. In Zusammenhang mit der Skala haben wir bereits einige häufige Ursachen für sexuelle Probleme kurz beleuchtet. Das Spektrum reichte von Hemmungen durch medial verursachten sexuellen Leistungsdruck über Zweifel an der eigenen Attraktivität, Abneigung gegen bestimmte Praktiken bis hin zu verletzenden Erfahrungen, die die Lust am Sex raubten. All das lässt sich mit BSFF gut beeinflussen, wie wir anhand einiger Beispiele schon gesehen haben. An dieser Stelle wollen wir uns aber auf die diejenigen unerfreulichen Veränderungen in Bezug auf Zärtlichkeit, Erotik und Sex beschränken, die etwas mit der Beziehungsdauer zu tun haben. Wenn Ihr gemeinsames Liebesleben in der Anfangsphase aufregend, hemmungslos und leidenschaftlich war und Sie das auch genossen haben, stellt sich natürlich die Frage: Woran liegt es, dass es jetzt, hier und heute anders ist? Und noch wichtiger: Was können Sie tun, um das Ruder wieder herumzureißen?

Ein klassischer Erotikkiller ist Routine. Routine im Bett macht den Sex für viele Frauen so aufregend wie Früchtemüsli von Lidl. »Ich will nie wieder Samstagssex«, sagte mir kürzlich eine Klientin, deren Partner nach einer Weile dazu übergegangen war, ausschließlich den Samstagabend nach der Sportschau für die Lust vorzusehen. Für die leidenschaftliche, lebendige Anna, 46, war so ein fest terminierter Sex der Gipfel der Langeweile. Was sich an den Samstagabenden im Bett abgespielt hatte, war ihrer Ansicht nach auch nicht mehr der Rede wert. Er hatte sich in seinem gemütlichen Zuhause-Outfit, das deutlich signalisierte »Für dich mach ich mich nicht mehr extra schick«, an sie herangepirscht, hier mal kurz gegrabbelt, da mal kurz gerubbelt und ihre Brüste getätschelt, während er sie ins

Schlafzimmer geleitete. Wow, wie aufregend. Ausgiebige leidenschaftliche Küsse vorab hatte es schon lange nicht mehr gegeben. Und als er dann eines Tages mal wieder zufrieden schnaufend von ihr heruntergerollt war, hatte sie beschlossen: So wollte sie Sex nie wieder erleben. Um das zu erreichen, gab es drei mögliche Ansätze: die Trennung, einen Gelegenheitslover oder ganz neue Regeln im Bett. Spontan tendierte Anna zu einem Schlussstrich unter der Beziehung. Dann erinnerte sie sich an die glücklichen ersten Jahre ihrer Ehe und an ganz viel Loyalität und Unterstützung durch diesen Mann, den sie mittlerweile in ihrer Wahrnehmung auf die Rolle des langweiligen Bettpartners reduziert hatte. Da war mehr, viel mehr, das sie immer noch liebte. Vor allem hatte er das Zeug dazu, wieder der leidenschaftliche, einfallsreiche Liebhaber von früher zu werden. Also wählte Anna letztlich die neuen Regeln und machte mit viel Fantasie aus ihrem eingefahrenen Samstagsmann wieder einen experimentierfreudigen Jederzeit-und-überall-Geliebten. Zu ihren Strategien kommen wir gleich, zuvor aber lassen Sie uns schauen, welche Positionen Frauen einnehmen, deren Liebesleben müde vor sich hin dümpelt. Ganz grob lässt sich das Gros dieser Frauen einer der drei folgenden Aussagen zuordnen, zu denen jeweils eine individuelle Lösungsstrategie gehört:

1. »Sex – ach ja, den gibt's auch noch.«

Für Frauen mit dieser Haltung haben Erotik und Sexualität einfach keinen hohen Stellenwert. Sie finden sich wieder in Aussagen wie den folgenden:

Sex ist mir nicht so wichtig.

Sex habe ich eher, um meinen Partner zufriedenzustellen.

Ich beschäftige mich wenig mit Erotik.

Meine Weiblichkeit zu genießen fällt mir schwer.

Ich habe Hemmungen, meinem Partner zu sagen, was mich erregt oder befriedigt.

Ich initiiere Sex nicht.

Beim Sex bin ich wenig experimentierfreudig.

Ein sinnlicher Lebensstil ist mir fremd.

Für mehr Sex fehlt mir einfach die Zeit.

Ob ich heimliche Fantasien habe, weiß ich nicht.

Die 35-jährige Maja war eine typische Vertreterin dieser Grundhaltung. Seit vier Jahren lebte sie mit Daniel zusammen, nach einer leidenschaftlichen Anfangsphase verbrachten sie mittlerweile die meiste Zeit wie Brüderchen und Schwesterchen. Gelegentlich versuchte Daniel, sie zu verführen, und Maja ging dann darauf ein, sie war ja nett. Aber im Grunde hätte sie in dieser Zeit lieber andere Dinge getan. Den Sex selbst fand sie auch nicht begeisternd, weshalb sie währenddessen schon mal über die Planung des nächsten Tages oder notwendige Anschaffungen nachdachte. Daniel merkte natürlich, wie wenig ihr der Sex mit ihm bedeutete und war frustriert – menschlich wie hormonell. Als er irgendwann unmissverständlich sagte, dass es so nicht weitergehen könne, begann Maja nachzudenken. »Wieso reizt es mich eigentlich so wenig, mit Daniel zu schlafen?«, fragte sie sich und realisierte schnell, dass es mit Daniel als Mann gar nichts zu tun hatte. In jeder ihrer Beziehungen hatte sie der körperlichen Liebe einen geringen Stellenwert eingeräumt – genauso wie sie dies aus ihrem Elternhaus kannte. Lust, Genuss, Sinnlichkeit und Erotik hatten für ihre Mutter keine Rolle gespielt, bei der immer alles vernünftig und sinnvoll sein musste. Nun war es wohl an der Zeit für Maja, diese alten Konditionierungen loszulassen und sich auf Entdeckungsreise in das Reich der Sinnlichkeit zu begeben. Daniel war es ihr wert, und außerdem hatte die Aufgabe ja durchaus ihren Reiz.

Als ersten Schritt empfahl ich Maja, sich gar nicht um Sex und Daniels Erwartungen zu kümmern, sondern stattdessen in einem ersten Schritt dazu, ihre Sinne zu trainieren. Was so trocken klingt, war tatsächlich eine überaus intensive, genussvolle Aufgabe. Schokolade zu essen gehörte beispielsweise dazu. Nicht husch, husch nebenbei, sondern ganz bewusst, mit geschlossenen Augen, sehr langsam und aufmerksam. Maja spürte dem Geschmack auf der Zunge nach, erforschte die Konsistenz und die Wahrnehmungsunterschiede, wenn man knabberte, leckte oder die Schokolade einfach im Mund zergehen ließ. Genauso neugierig tauchte sie in die Welt der Düfte ein, verbrachte Stunden damit, an Obstsorten, Blüten und Parfüms zu schnuppern, bis ihre Nase feine Nuancen wahrnehmen konnte und wusste, was ihr richtig gut gefiel. Sie kaufte sich ein Eau de Toilette, das sie in seinen Bann gezogen hatte, und gönnte sich auch die dazugehörige Körperlotion. Zu ihrem »Trainingsprogramm« gehörte ebenso, ihren Tastsinn zu sensibilisieren, dafür war das genussvolle Eincremen mit der duftenden Lotion eine passende Maßnahme. Danach sollte Maja erforschen, wie sich verschiedene Gegenstände auf ihrer Haut anfühlten. Die weichen Härchen des Mohairpullovers, fließende Seidenwäsche, Lavendelblüten vom Balkon, ein Eiswürfel ... Je mehr Maja experimentierte, desto mehr schaltete ihr Körper auf Empfang. Ihre Empfindungen wurden intensiver und lustvoller. Im zweiten Schritt bezog sie Daniel in die sinnlichen Übungen mit ein. Er sollte Maja die Augen verbinden, sie mit Leckereien unterschiedlicher Geschmacksrichtungen füttern und ihren Körper mit Federn, weichen Bürsten und duftenden Ölen verwöhnen. Daniel entpuppte sich – welch Wunder – als bereitwilliger Trainingspartner, auch wenn er bei dieser Stufe des Programms nicht weitergehen durfte. Schritt 3 der sinnlichen Erweckung war das Eintauchen in die Welt der Erotik. Erotische Kurzgeschichten, lustvolle Videos, reizvolle Bilder, Musik, die die Lust anheizte ... Majas Aufgabe war es, all das auf sich wirken zu lassen, zuzulassen, was immer das alles in ihr auslöste, und behutsam zu erspüren, was sie anregend und geil fand. Es erstaunte sie, wie intensiv sie auf Unterwerfungsszenen oder Sex zwischen Fremden reagierte. Sollte sie Daniel das erzählen? Ja, beschloss sie, allerdings erst nachdem Schritt 4 – die erste von ihr initiierte und choreografierte Liebesnacht mit Daniel – stattgefunden und Spaß gemacht hatte. Genau so passierte es schließlich auch. Seitdem leben Maja und Daniel ein erotisches Miteinander, das beide rundum glücklich macht.

Wenn Lust und Sinnlichkeit für Sie ohnehin wichtige Bestandteile des Lebens sind, möchten Sie sich vielleicht von Majas Programm inspirieren lassen. Sinnliche Momente kann man in seinem Alltag gar nicht genug haben. Sie erhöhen die Lebensqualität und sorgen dafür, dass wir uns wacher, lebendiger und femininer fühlen. Sie wirken sich nicht nur positiv auf das Miteinander mit dem Geliebten aus, sondern auch auf die eigene Ausstrahlung. Frauen, die sinnesfreudig mit weit ausgefahrenen Antennen leben, werden von ihrer Umwelt als charismatisch empfunden. Dennoch ein kleiner Hinweis für alle Schokoholics: Beschränken Sie das Programm bitte nicht nur auf die Schokoladenerforschung. Für den Erfolg der Maßnahme ist es auch keinesfalls erforderlich, alle Sorten von rotem Pfeffer bis Nougat und von Vollmilch bis 100 Prozent Kakaogehalt auf ihre geschmacklichen Qualitäten zu testen. Es sei denn, Sie verbrennen die Kalorien danach aufs Leidenschaftlichste mit Ihrem Prinzen. In diesem Fall wünsche ich Ihnen viel Spaß und unzählige leckere Momente.

2.»Sex – ja, aber bitte nicht so.«

Anna, die einen Samstagmann zu Hause hatte, verkörpert die Haltung dieser Frauengruppe perfekt. Sie mag Zärtlichkeit und Sex, aber nicht in der Form, wie beides ihr vom Partner geboten wird. Sie könnten zu dieser Frauengruppe gehören, wenn Sie sich in folgenden Sätzen wiederfinden:

Ich würde gerne häufiger hemmungslos knutschen.

Zärtlichkeiten vermeide ich, weil sie immer in Sex münden.

Mir fehlen Spontaneität und Überraschung.

Ich fühle mich nicht mehr begehrt.

Wenn wir miteinander schlafen, weiß ich vorher schon, was passiert.

Mir fiele so einiges ein, was ich gerne mit meinem Partner ausprobieren würde.

Ich habe nicht den Eindruck, dass sich mein Partner Mühe gibt, mich wirklich zu befriedigen.

Wenn ich mir vorstelle, dass so es noch einige Jahre weiter geht, packt mich das Grauen.

Aufregender Sex? Lange nicht erlebt ...

Sollten Sie in einer solchen Situation sein, besteht die Gefahr darin zu hoffen, der Partner möge von alleine merken, was falsch läuft, und es ändern. »Ich kann ihm doch nicht sagen, wie kolossal ich mich im Bett mit ihm langweile«, sagen mir die Frauen, wenn wir über Lösungen sprechen. »Er wäre bestimmt verletzt. Und außerdem finde ich es peinlich, über so was zu reden.« Völlig nachvollziehbar, aber es hilft nichts: Wer sich wieder mehr horizontalen Pepp wünscht, muss auch die Verantwortung für die Erfüllung seiner Wünsche übernehmen. Sonst passiert gar nichts.

Auch Anna hatte zunächst Hemmungen, ihrem Samstagmann Gerd reinen Wein in Bezug auf ihre Unzufriedenheit einzuschränken. Das war gut so, denn in diesem Fall bewirken Taten mehr als Worte. Und Annas Taten waren mitreißend: Als Gerd am Freitag vom Büro nach Hause kam, erwartete ihn Anna mit einem Köfferchen in der Hand. Er bekam gar nicht erst die Gelegenheit, seine schluffige Hauskleidung anzuziehen, sondern musste sofort in ein wartendes Taxi einsteigen. Anna nahm neben ihm Platz, mit einem schwarzen Wickelkleid ebenso reizvoll wie zugänglich gekleidet. Halterlose Strümpfe und High Heels komplettierten ihr Outfit. Gerd wurde es warm. Das Taxi hielt vor einem eleganten Hotel, in dem Anna ein Zimmer reserviert hatte. Kaum war ihr kleiner Koffer im Zimmer deponiert, verließ Anna den Raum auch schon wieder. »Du findest mich an der Bar«, ließ sie Gerd wissen. »Und wenn du möchtest, dass ich dir hierher auf das Zimmer folge – verzaubere mich.« Ehe der verdutzte Gerd nachfragen konnte, war sie schon weg. Gerd gönnte sich fünf Minuten, um zu überlegen, was ihn wohl erwartete, und kam zu dem Schluss: eine sexy Herausforderung. Wie elektrisiert ging er an die Bar, um mit seiner schönen Frau zu flirten. Während sie Champagner tranken, knisterte die Luft. Fast drei Stunden musste er werben, charmant sein und sie zum Lachen bringen, bis sie ihm endlich auf das Hotelzimmer folgte. Was dort passierte, hatte mit ihrem Routineprogramm keinerlei Ähnlichkeit mehr. Gerd lief zur Höchstform auf ... und Anna genoss und versicherte ihm immer wieder, welch fantastischer Liebhaber er sei. Dieses Lob war Motivation genug für Gerd, nicht wieder in alte Muster zurückzufallen, sondern die prickelnden Erotik und Leidenschaft auch im gemeinsamen Heim zu pflegen.

Selbst wenn nicht jeder Mann so schnell begreift wie Gerd – es lohnt sich, die Initiative zu übernehmen und für fantasievolle Überraschungen zu sorgen. Sollten Sie noch Hemmungen haben, Ihrer Kreativität bei der lustvollen Verführung freien Lauf zu lassen, schauen Sie sich die ihnen zugrunde liegenden Gedanken und Gefühle an und behandeln Sie sie dann in gewohnter Weise mit BSFF. Viele Frauen schleppen noch Glaubenssätze mit sich herum wie »Das gehört sich nicht!«, »Wer sich so benimmt, ist eine Schlampe!« und anderen Unsinn. Auch die Angst, nicht mehr respektiert zu werden, wenn man seine erotische Seite offensiver präsentiert, kommt als Blockade häufig vor. Manche Frauen glauben sogar, ihren Mann zu verschrecken, wenn sie ihrerseits aktiv werden. Dabei höre ich immer wieder in Gesprächen mit Männern, wie sehr sie sich wünschen, dass die Initiative zum Sex auch mal von ihrer Partnerin ausgeht. Passiert das nicht, fühlt sich der Mann seinerseits nicht wirklich gewollt und begehrt.

Sollten Sie also in Ihrem Hinterkopf eine leise Stimme vernehmen, die Einspruch gegen Ihre Pläne erhebt, nehmen Sie sich jetzt bitte einige Minuten und schreiben Sie alles auf, was diese Stimme sagt. Und dann wird durchgeputzt:

Liebes Unterbewusstsein, bitte behandle diese Überzeugung ... mit BSFF. JETZT. Schlüsselwort.

Liebes Unterbewusstsein, bitte behandle jeden Zweifel, Einspruch, Widerstand gegen den Satz »Ich bin jetzt bereit/ich erlaube mir die Überzeugung, ..., vollständig loszulassen und frei davon zu sein«. JETZT. Schlüsselwort.

Liebes Unterbewusstsein, ich genieße zu wissen, dass es okay ist, diese Überzeugung vollständig loszulassen und frei davon zu sein. JETZT. Schlüsselwort.

Liebes Unterbewusstsein, bitte behandle jeden Zweifel, Einspruch, Widerstand gegen den Satz »Ich erlaube mir meine weibliche Erotik kraftvoll zu leben und für meine sexuellen Bedürfnisse zu sorgen und mich damit rundum gut und wohlzufühlen. JETZT«. Schlüsselwort.

Sicherlich fallen Ihnen noch weitere Behandlungssätze ein, die Sie dabei unterstützen, das für Sie persönlich optimale Maß sexueller

Selbstbestimmtheit zu erreichen. Und wahrscheinlich sind Ihnen beim Lesen dieses Kapitels auch schon einige Ideen gekommen, um sich selbst und Ihren Liebsten lustvoll anzuheizen. Weg mit dem langweiligen Grau zwischen den Laken, es ist an der Zeit, es endlich wieder bunt zu treiben. Und damit es nicht bei guten Vorsätzen bleibt, schlage ich vor, Sie schreiben kurz auf, was Sie sich vorgenommen haben. Schriftlich festgehaltene Pläne werden sehr viel häufiger realisiert als solche, die nur als Gedanken existieren. Und nun sind Sie dran:

Meine erotischen Vorsätze für diese Woche: Ich werde meinen Mann überraschen, indem ich:

....

....

....

....

....

....

Es wäre sinnvoll, diese Ideensammlung ein paar Wochen lang weiterzuführen. Falls Ihnen die Einfälle ausgehen, schauen Sie sich die Websites von Frauenzeitschriften oder die Internetportale für Frauen an. Auch ein Brainstorming mit Ihren besten Freundinnen könnte ergiebig sein. Spätestens nach dem ersten Cocktail oder dem ersten Prosecco beginnen die Verführungsstrategien nur so zu sprudeln.

Gelegentlich erheben Frauen Einspruch, wenn ich ihnen vorschlage, ihren Mann häufiger und fantasievoller zum Sex zu animieren. »Das würde ich nur tun, wenn ich gerade wirklich auf ihn Lust hätte. Und die habe ich nicht so häufig. Denn so toll ist unser Sex ja nun mal nicht.« Nein, so wird das nichts, da beißt sich die Katze in den Schwanz. Während am Anfang der Beziehung die Lust auf den anderen von ganz alleine da ist, entsteht das Begehren im Verlauf einer Partnerschaft eher durch die Beschäftigung mit der Erotik. Wer die Qualität des gemeinsamen Liebesspiels nachhaltig verbessern will, muss aktiv werden, bei sich selbst ein erotisches Kopfkino in Gang setzen und für kreative Überraschungen sorgen. Diese Initiative wird durch die reichliche Ausschüttung des Beziehungshormons Oxytocin belohnt, das die sexuelle Lust verstärkt und die sexuelle Zufriedenheit fördert. Was wiederum dazu führt, dass man motiviert ist, häufiger miteinander zu schlafen. Sie setzen also damit einen positiven Kreislauf in Gang. Es kann sogar eine Konditionierung entstehen, die dazu führt, dass schon der Anblick Ihres Partners ausreicht, um den Oxytocinspiegel ansteigen zu lassen. Da sind sie dann endlich wieder, die viel gerühmten Schmetterlinge, das ersehnte »Wie-frisch-verliebt-Gefühl«.

Auch Zärtlichkeit stimuliert den Hypothalamus, Oxytocin freizusetzen. Der Hypothalamus ist das wichtigste Steuerzentrum des vegetativen Nervensystems, wo eine Vielzahl von Hormonen gebildet werden. Frauen tun also gut daran, ihre Partner zu häufigem Kuscheln, Streicheleinheiten und hemmungslosen Küssen im Alltag zu animieren. All das setzt zudem Glückshormone wie Endorphine und auch Dopamin frei. Diese bewirken, dass man sich entspannt und wohlfühlt. Und nichts anderes wollen wir schließlich mit unserem Partner.

3. »Sex – ja, aber bitte nicht mit dem.«

Diejenigen Frauen, um die es jetzt geht, stehen vor besonderen Herausforderungen, wenn sie ihrer Partnerschaft neues Leben einhauchen wollen. Sie mögen Sex, sie sind sinnliche, fantasievolle Frauen, aber diese Seite mit ihrem Partner zu leben, widerstrebt ihnen mittlerweile. Die möglichen Ursachen dafür sind vielfältig und können von Frust über die mangelnden Liebhaberqualitäten des Partners bis hin zu schweren emotionalen Verletzungen durch Untreue oder illoyales Verhalten des Mannes reichen. Widerwillen gegen die körperliche Nähe lässt sich durchaus überwinden, wenn man die eigene Einstellung ändert. Es sei denn, der eigene Körper zeigt mit dieser Abneigung an, dass es an der Zeit ist, die Beziehung zu beenden. Neubeginn oder Schlussstrich – in Kapitel 6 finden Sie einige Denkanstöße, die im Fall der Fälle bei der Entscheidungsfindung helfen. An dieser Stelle aber widmen wir uns den Beziehungskonstellationen mit guter Aussicht auf ein Revival. Die folgenden Aussagen helfen, die Gründe der Lustlosigkeit aufzudecken:

Ich halte ihn für einen schlechten Liebhaber.

Ich habe keine Lust, ihm beizubringen, wie er mich sexuell befriedigen könnte.

Für Sex ist er mir nicht gepflegt genug.

Beim Anblick seiner Outfits vergeht mir jede Lust.

Seine erotischen Wünsche und Bedürfnisse interessieren mich nicht mehr.

Ich finde meinen Partner körperlich nicht mehr attraktiv.

Ich finde es schwer, Nähe zuzulassen, seit er ... gesagt/getan hat.

Sollten Sie dem letzten Satz zugestimmt haben, wissen Sie wahrscheinlich schon, was jetzt für Sie ansteht: Emotionale Heilung mit BSFF, ganz viel Vergebungsarbeit und sehr offene Gespräche mit Ihrem Partner. Es ist wichtig für ihn zu wissen, was seine Worte oder Taten in Ihnen verursacht haben, und noch wichtiger ist die Bereitschaft zu einer Wiedergutmachung. Von Ihrer Seite erfordert das natürlich, dieses Ereignis innerlich zu den Akten zu legen und Ihrem Partner die Chance auf einen Neuanfang einzuräumen. Danach können Sie Schritt für Schritt – auch körperlich – wieder aufeinander zugehen – und zwar am besten wie die Stachelschweine: ganz, ganz vorsichtig.

Kommen wir nun zu einem Phänomen, das nur dann als Lustkiller wirken kann, wenn eine Frau ohnehin schon schlecht auf ihren Mann zu sprechen ist. Ich meine den Überraschungsanblick, den Männer ihren Partnerinnen zu Hause bieten: Verblüffend viele Männer, die im Berufsleben tipptopp gestylt herumlaufen, verlieren bei ihrer Rückkehr in die heimischen Gemächer schlagartig jeden Sinn für Ästhetik und schlüpfen in Kleidungsstücke, die man maximal zum Reinigen einer Güllegrube anziehen sollte. Oder sie greifen zu pastellfarbenen Jogginganzügen aus Fliegerseide, deren Anblick den Tatbestand von Körperverletzung erfüllt. Bei Männern, die sich im Privatleben einen Touch komfortabler Jugendlichkeit verpassen wollen, stehen auch Baggy-Jeans hoch im Kurs. Wobei man insbesondere Männern, die eher in die Breite als in die Länge gewachsen sind, derartige Hosen verbieten sollte ... Ich erinnere mich da gerade an zwei Exemplare ... Und erst kürzlich erzählte mir eine Freundin, ihr Liebster würde, kaum durch die Wohnungstür getreten, in seinen Schlafanzug schlüpfen.

Die meisten Männer finden ihre Freizeitkleidung total gemütlich. Und sie sind der Meinung, damit Folgendes Ihrer Frau gegenüber auszudrücken: »Bei dir fühle ich mich wohl, ich kann ganz entspannt ich selbst sein und brauche keine glänzende Fassade zu präsentieren.« Die Frau wertet das Ganze oft aber eher so: »Für dich brauche ich mich nicht mehr schön zu machen.« Was nicht schlimm ist, solange in der Beziehung noch eine gewisse Innigkeit besteht und die Frau ihrem Partner wohlwollend gegenübertritt. Oder anders gesagt: Auch der grässlichste Kleidungsfehlgriff kann echter Liebe keinen Schaden zufügen. Wenn Sie beschlossen haben, sich auf die positiven Seiten Ihres Partners zu fokussieren, und von Dankbarkeit erfüllt sind, einen so tollen Mann an Ihrer Seite zu haben, kann er anziehen, was er will – Sie werden es mit Humor nehmen. Herrscht aber eine emotionale Schieflage, verzerrt sich Ihre Wahrnehmung, wodurch dieselbe Kleidung zu einem unerträglichen Abturner wird. Frau schaut IHN an und schüttelt sich. Und genau in diesem Moment ist es entscheidend, sich zu vergegenwärtigen, dass das Schütteln das Resultat der eigenen inneren Haltung und ist und nicht eine zwangsläufige Reaktion auf das Outfit. Genau diese Erkenntnis verleiht Ihnen die Macht, die Dinge zu ändern – ohne dabei an dem Mann herumerziehen zu müssen. Und wenn Sie dennoch den Wunsch verspüren, ihn zu der Wahl anderer Kleidungsstücke zu motivieren, wie wäre es mit folgendem Satz: »Gestern hab ich einen Mann gesehen, der ... (bitte das Kleidungsstück einsetzen, in dem Sie ihn lieber sähen) trug. Wie obersexy! Ein Mann in ... – das hat wirklich was.« Sollte er begriffsstutzig sein, können Sie noch ergänzen: »Ich weiß, es ist eigentlich nicht dein Stil, aber in ... sähest du garantiert oberlecker aus.« Und dann lassen Sie sich überraschen, wie lange es dauert, bis er in Ihrem Lieblingsoutfit daherkommt. Es ihm im Anschluss sofort wieder vom Leib zu reißen und leidenschaftlich über ihn herzufallen, könnte übrigens dafür sorgen, dass er es in Zukunft häufig trägt. Aber natürlich funktioniert das nur, wenn Sie in der Zwischenzeit Ihre inneren Blockaden gegen Sex mit ihm aufgelöst haben.

Ein weiterer gängiger Abturner ist das Thema Körperpflege. »Männer sind Schweine«, haben Die Ärzte vor vielen Jahren gesungen. Und was mir einige Frauen vom Hygieneverhalten ihres Mannes erzählen, lässt mich den Ärzten zustimmen. Erschreckend viele Männer gehen – ist die Balz- und Werbephase erst einmal vorbei – dazu über, es sich zu Hause auf ihre ganz persönliche Weise gemütlich zu machen. Gemütlichkeit assoziieren sie dabei mit dem Verzicht auf Duschen, Rasieren und Zähneputzen, bis Frau sich irgendwann denkt: Frisch verliebt – das wäre Luxus; frisch geduscht würde mir schon reichen. Wir alle wissen, wie wichtig es ist, seinen Partner gut riechen zu können, denn die Nase ist ein hochempfindliches Sinnesorgan, das wir nicht bei Bedarf abschalten können. Bei vor sich hin miefenden Männern hat Frau also keine Chance weiterzukommen, wenn sie ihre eigene Einstellung ändert. Wie wäre es, ihn beispielsweise zu sich unter die Dusche oder in die Badewanne zu locken? Badezimmer + Wasser + Seife = Sex. Das ist eine Form der Mathematik, die ein Mann schnell lernt. Als zusätzliche Maßnahme böte sich an, ihn immer dann zu verführen, wenn er das Badezimmer appetitlich sauber verlässt. Damit meine ich einen appetitlich sauberen Mann, kein appetitlich sauberes Badezimmer. Solche für den Mann direkt erlebbaren Konsequenzen seines Tuns sind im Allgemeinen sehr viel wirkungsvoller, als sich den Mund fusselig zu reden. Aber das wissen Sie ja längst.

Bleibt der Widerwillen gegen Sex mit dem eigenen Mann bestehen, obwohl sich Kleidungswahl und Körperpflege verbessert haben, könnte sich dahinter auch eine Projektion verbergen. Brigitte, seit acht Jahren mit Gerhard verheiratet, stellte genau diese Ursache bei sich fest. Auch sie hatte lange keine Lust mehr gehabt, mit Gerhard zu schlafen, und glaubte, es läge daran, dass er sich gehen ließ. Zugegebenermaßen – auch sie selbst investierte nicht mehr so viel Zeit und Mühe in ihr Aussehen wie damals, als sie frisch verliebt gewesen waren. Aber an Gerhard störte sie das natürlich viel mehr als an sich selbst. Also versuchte sie, ihren Mann durch die oben dargestellten Maßnahmen zu einer Veränderung zu motivieren, die ihn appetitlicher und damit für sie optisch anziehender machen sollte. Partiell funktionierte dies. Gerhard tauschte bereitwillig seine Jogginganzüge gegen schicke Freizeitkleidung, ging mal wieder zum Friseur und stieg wieder täglich unter die Dusche. Aber Brigittes Abneigung gegen Sex mit Gerhard blieb bestehen. Also begannen wir, gemeinsam nach den Gründen zu forschen. Gefragt, wie glücklich und zufrieden sie eigentlich mit ihrem Leben sei oder ob es noch unerfüllte Träume gäbe, seufzte Brigitte tief. Ja, sie war frustriert. Als sie Gerhard kennenlernte, hatte sie ihr eigenes Leben langweilig gefunden. Unspektakulär. Und ein Teil von ihr hatte wohl gehofft, durch ihn würde sich das ändern. Sie hätte gar nicht genau sagen können, was sie sich von ihm erwartete, es war nur eine diffuse Sehnsucht nach Lebendigkeit und Intensität gewesen. Dummerweise hatte Gerhard diese Erwartungen nicht erfüllt. Er war Sachbearbeiter, liebte Dänemark-Urlaube und ging gerne mal mit ihr abends zum Italiener um die Ecke. Ihre gemeinsame Wohnung hatten sie eingerichtet mit Möbeln von Ikea und Möbel Höffner, er fuhr einen Golf und sie einen Twingo. Ein ganz normales Durchschnittsleben eben, mit dem man eigentlich zufrieden sein könnte. Aber Brigitte war nicht zufrieden. Je genauer sie sich anschaute, was sie hatte, desto quälender wurde die Frage: Sollte das alles gewesen sein? Sie war 33 Jahre alt, deshalb es graute ihr vor dem Gedanken, mit Gerhard noch Jahrzehnte so weiterzuleben. Und da fiel der Groschen: Ja, es war dieses Grauen, das sie mittlerweile mit Gerhard assoziierte und ihr eine zärtliche Zweisamkeit mit ihm vergällte. »Wer hat denn dieses gemeinsame Leben gestaltet – so, wie es jetzt ist?« Bei dieser Frage wand sich Brigitte ein wenig. In der Tat, sie selbst hatte großen Anteil daran, dass die Dinge wurden, wie sie waren. Hatte sie selbst große Träume gehabt? Fehlanzeige! Hatte sie ihre Wünsche in konkrete Ziele umgesetzt? Das war nicht passiert! Suche nach sinnstiftenden Tätigkeiten? Sträflich vernachlässigt! Zähneknirschend öffnete sich Brigitte der Einsicht, in welchem Umfang sie Gerhard die Verantwortung für ihr Glück bzw. für ihre Unzufriedenheit zugeschoben hatte, ohne selbst einen eigenen Beitrag zu leisten. Nun gab es nur eine Lösung: Eigenverantwortung! Eigenverantwortung bedeutet Macht über das eigene Leben, Gestaltungsspielräume und die Möglichkeit zur Selbstentfaltung. Brigitte setzte diese Erkenntnis sofort in die Praxis um. Zum einen begann sie sich in ihrer Freizeit in einem Verein zu engagieren, der sich zur Aufgabe gemacht hatte, krebskranken Kindern Freude zu schenken. Menschen helfen zu können, die Begeisterung der Kinder zu erleben – das gab ihr endlich das Gefühl, etwas Sinnvolles zu tun. Darüber hinaus fühlte sie sich mit den Kindern lebendig. Zum zweiten begann sie, mit Gerhard regelmäßig Gespräche über ihre Werte, ihre Träume, ihre Sehnsüchte und das, was ihnen im Leben eigentlich wirklich wichtig war, zu führen. Dies brachte sie einander wieder näher; die erotischen Hemmungen verschwanden. Brigitte entdeckte durch diesen tief gehenden Austausch immer mehr Seiten an Gerhard, die sie nicht kannte und niemals an ihm vermutet hätte. Genau das machte ihn wieder interessant und damit auch sexy für sie.

Wenn Sie ebenfalls in einen solchen Dialog mit Ihrem Partner eintreten wollen, finden sich in Kapitel 5 Anregungen und Denkanstöße. Und nur mal angenommen, sie hätten sich in Brigittes Sehnsucht nach mehr Leben im Leben partiell wiedererkannt, schlage ich vor, hier und jetzt Ideen in Ihrem Notizbuch dazu zu sammeln.

Und nun lassen Sie uns zu einem letzten Aspekt von »Sex – ja, aber bitte nicht mit ihm« kommen: seinen Liebhaberqualitäten. Es gibt zwei primäre Gründe, aus denen eine Frau im Laufe der Jahre an den Punkt kommen kann zu denken: »Mein Mann ist kein wirklich toller Lover.«

1. Er war früher ein guter Liebhaber, bietet jetzt aber nur noch Hausmannskost.

2. Sie hatte zwischenzeitlich Sex mit einem anderen Mann, der grandios im Bett war. Und an ihm gemessen begeistert sie der Lebensgefährte plötzlich nicht mehr.

Bei Grund Nummer 1 helfen die in den vorangegangenen Abschnitten (»Sex – ach ja, den gibt's auch noch« und 2. »Sex – ja, aber bitte nicht so«) beschriebenen Maßnahmen. Aber was tun, wenn sich einer Frau beim Seitensprung völlig neue erotische Dimensionen erschlossen haben? Möglicherweise hat dieser andere Mann in ihr ja Saiten zum Klingen gebracht, von denen sie gar nicht wusste, dass es sie gibt. Zu Hause bei ihrem Lebensgefährten oder Ehemann soll sie all das wieder vergessen, darauf verzichten und zum Standardprogramm zurückkehren? Schwierig, schwierig, schwierig! Nicht umsonst nennt man solch ein Ereignis LCS (Life Changing Sex), weil er das Leben grundlegend verändert. Die Frau hat eine neue erotische Qualität und Intensität für sich entdeckt und alles, was weniger ist als das, empfindet sie als unbefriedigend. Also hat sie entweder keine Lust mehr, mit ihrem Partner zu schlafen, oder der heimliche Geliebte liegt die ganze Zeit mit im Bett – als stille

Messlatte. Das kann ein ungeheurer Lustkiller sein. LCS kann zu einer Trennung führen, muss es aber nicht. Die Entscheidung hängt zum einen von persönlichen Prioritäten und zum anderen davon ab, ob die Frau es für möglich hält, dass Liebe ein verdammt zähes Gefühl ist. Frauen in solch einer Beziehungskonstellation können sich auch entscheiden, den Fremdsex – oder war es sogar eine Romanze? – für ihre Persönlichkeitsentwicklung und Selbstdefinition zu nutzen. In diesem Fall stellen sich folgende Fragen:

Inwiefern habe ich mich durch dieses Ereignis besser kennengelernt? Welche neuen Seiten habe ich an mir entdeckt? Welche schlummernden Wünsche oder Bedürfnisse?

Wie könnte ich all das in meine Beziehung einbringen?

Was hält mich davon ab, meinem Mann zu vermitteln, wie er mich in und außerhalb des Bettes wirklich glücklich machen kann?

Halte ich es tatsächlich für möglich, dass auch mein Partner ein großes Entwicklungspotenzial in sich trägt?

Bin ich bereit, den Gedanken loszulassen, dass nur der andere Mann in der Lage ist, mich wirklich zu befriedigen?

Was brauche ich für die Entscheidung, meinem Mann zumindest die Chance einzuräumen, ein guter Liebhaber für mich zu werden?

Wie man es auch dreht und wendet – am Ende landet die Frau immer bei der Frage, ob sie bereit ist zu einem weiteren, intensiven Lernschritt mit dem Partner oder lieber aussteigt. Wenn sie sich entscheidet, die Schwierigkeiten und Hindernisse zu überwinden, ist der Prozess immer der gleiche: sich selbst erforschen, den inneren Hausputz vornehmen, die Kommunikation mit dem Partner wieder intensivieren und für ganz viel Lachen, Zärtlichkeit, aufregende Abwechslung, Leidenschaft und Genuss sorgen. Wenn sie das tut, hat sie beste Chancen für hervorragende Werte auf der Skala »Sex und Zärtlichkeit«.

Bitte lass mich dich vermissen! – Die klassische Wohnungsaufteilung

Er liegt neben ihr. Jede Nacht. Und er schnarcht. Vor dem Einschlafen schauen sie fern. Im Bett. Morgens sind sie zusammen im Badezimmer. Er schneidet sich die Zehennägel, sie cremt sich mit Anti-Cellulite-Lotion ein und schlüpft danach in ihre bequeme Alltagsunterwäsche. Wenn sie abends mit ihren Freundinnen ausgiebig telefoniert, sitzt er daneben, liest, hört Musik oder surft im Internet. Gemalt hat sie schon lange nicht mehr, ihn nervt die herumstehende Staffelei. Sollte Ihnen das eine oder andere aus diesem Szenario bekannt vorkommen – grämen Sie sich nicht. So oder ähnlich sieht der Alltag in vielen Langzeitbeziehungen aus. Und wissen Sie, wer daran Schuld hat? Nein, nicht die Männer mit ihrer Nachlässigkeit oder die Frauen, die im Zusammenleben aufhören, ihren Sexappeal und ihr Geheimnis zu bewahren. Es sind die deutschen Architekten! Moderne Architekten in diesem Land machen nämlich den Fehler, sich nicht um die Bedeutung unserer Neurotransmitter zu scheren. Sie geben uns in Wohnungen und Häusern Grundrisse vor, die es ungeheuer schwer machen, eine romantische Liebe voller Schmetterlinge im Bauch zu pflegen.

Die heutzutage übliche Raumaufteilung umfasst ein gemeinsames Schlafzimmer, ein gemeinsames Wohn-/Esszimmer, mittlerweile häufig mit offener Küche, ein oder mehrere Kinderzimmer, ein Badezimmer, eine Gästetoilette, vielleicht etwas Abstellfläche und mit Glück noch ein Gästezimmer. Egal ob Wohnung oder Haus – so in etwa ist die Planung der Architekten. Auch große Entrées und offene Galerien in einer ersten Etage sind heutzutage sehr angesagt, Badezimmer umfassen nicht selten 20 bis 25 Quadratmeter und werden mittlerweile Wellness-Oase genannt. Und all das geht komplett an den Bedürfnissen der Menschen vorbei, die ihre Liebe frisch halten möchten und dafür eher abgeschlossene Rückzugsorte und Intimsphäre benötigen. Warum? Ganz einfach: »Absence makes the heart grow fonder« (Die Liebe wächst mit der Entfernung), schrieb ein anonymer Autor in einem Gedicht, das 1602 in Davisons »Poetical Rhapsody« erschien. Vor 400 Jahren ahnte man noch nichts von Neurotransmittern, kannte aber die menschliche Natur. Auch Charles Dickens wusste: »Ein besonders üppiges Wachstum erfährt die Liebe oft in Zeiten der Trennung und unter äußerst widrigen Bedingungen.« Besonders intensiv haben wir das wahrscheinlich alle schon erlebt, wenn der Mann Ihres Herzens (noch) weit weg lebte oder ständig verreist war, weshalb wir ihn nur selten sehen konnten. Oder er war gebunden und es bestand lediglich die Gelegenheit zu sporadischen, gestohlenen gemeinsamen Stunden. Just in solchen Konstellationen verzehren wir uns ganz intensiv nach den Männern. Sie sind für uns die Schönsten und Tollsten und Erotischsten und überhaupt. Den Männern geht es genauso. Sie haben ein verklärtes Bild von ihrer Holden und begehren sie mit größter Leidenschaft. Maximale Realitätsverzerrung, aber eine der genussvollen Sorte. Dann naht das Wiedersehen, beide sind aufgeregt und voll freudiger Erwartung, es kribbelt im Bauch, das Herz rast. Es fühlt sich an wie Schmetterlinge mit Chiptuning.

Das ändert sich aber verblüffend schnell, ziehen wir mit Superman in eine gemeinsame Wohnung. Umgekehrt ist es genauso: Solange wir für ihn noch schwer und selten erreichbar sind, tut er alles für uns, wir sind der zu erzielende Hauptgewinn. Entsprechend intensiv ist sein Verlangen nach uns. Dann gründen wir einen gemeinsamen Hausstand, und nach verblüffend kurzer Zeit ersetzt der Alltag die Leidenschaft oder die freudige Erwartung. Enttäuschend? Neurobiologisch betrachtet total normal. Dies liegt an einem Mechanismus im Gehirn, der häufig als das Belohnungssystem bezeichnet wird. Eigentlich müsste er aber Erwartungssystem heißen, denn der Mensch reagiert primär auf die Erwartung von Belohnungen mit großer freudiger Erregung (und einer üppigen Dopaminausschüttung), nicht auf die Belohnung selbst. In unserem Fall heißt das: Mr. Right spürt seine Liebe zu uns viel mehr, wenn wir nicht oder zumindest nicht ständig für ihn verfügbar sind. Was ausgesprochen ungünstig ist, wenn man mit Mr. Right zusammenlebt. Und was noch viel ungünstiger ist: wenn der gemeinsame Lebensraum zu wenige Rückzugsmöglichkeiten bietet, um die eigene Individualität zu entfalten, die Intimsphäre zu bewahren und für äußere Distanz zu sorgen, die wiederum Lust macht auf Nähe. Nur wer die Freiheit hat, sich zu entfernen, geht auch wieder gerne auf den anderen zu.

Was bedeutet das nun für die Raumaufteilung in einer Wohnung? In Grits 2,5-Zimmer-Wohnung bedeutete das beispielsweise, einen zweiten Schlafraum einzurichten. Als ihr Freund zu ihr zog, verabschiedete sie sich von dem Konzept »Schlafzimmer, Wohnzimmer plus Arbeitsecke« und machte aus dem Wohnzimmer den Schlafraum ihres Freundes. Ihr Schlafzimmer behielt sie. Als ich sie nach dem Grund fragte, erklärte Grit, ungestörter Schlaf sei ihr wichtiger als ein Wohnzimmer. Außerdem mache sie nachts komische Geräusche, das müsse sie ja ihrem Freund nicht unbedingt zumuten. Und ohne einen ganz privaten Raum mit einer Tür, an deren Klinke sie auch mal ein »Bitte nicht stören«-Schild hängen könne, wolle sie mit niemandem unter einem Dach leben.

Falls Sie jetzt denken: »Na, bei so viel Abgrenzung ihrerseits wird diese Beziehung nicht lange gehalten haben«, ergänzend die Information: Die beiden sind mittlerweile seit 20 Jahren zusammen, seit zehn Jahren verheiratet und haben gemeinsam persönliche Dramen bewältigt, an denen manch andere Beziehung zerbrochen wäre. Sie leben mittlerweile in einem alten Bauernhaus irgendwo in Norddeutschland. Natürlich hat Grit auch dort ihr »Damen-Schlafzimmer« und außerdem ein eigenes Badezimmer. Denn trotz aller Intimität – bei der Körperpflege legt sie ein ausgesprochenes Territorialverhalten an den Tag. Sie hat überhaupt keine Lust, die Ablageflächen im Bad mit ihrem Mann zu teilen, dessen Haare in der Wanne zu finden, wenn sie ein Schaumbad nehmen möchte, oder neben ihm am Waschbecken zu stehen und stereo die Zähne zu putzen. Dass sie sich rasiert, Gesichtsmasken aufträgt oder die Haare färbt, muss er ihrer Ansicht nach nicht mitbekommen. »Zu viel Desillusionierung«, meint sie nur trocken. Dafür darf dann aber die Zwischentür offen bleiben, wenn ihr Mann Roland nebenan am Computer sitzt und sie im Wohnzimmer liest. Es reicht zu wissen, dass sie die Tür schließen könnte, wenn sie wollte.

Was sich bei Grit wie die Ausnahmeregelung einer eigenwilligen Frau anhört, war früher bei Adel und wohlhabenden Bürgern die Regel. Es gab immer ein Schlafzimmer für sie und eins für ihn, und zusätzlich das Damen- und das Herrenzimmer als privaten Aufenthaltsraum.

Nun würde niemand behaupten, ein üppiges Raumkonzept sei der Garant für eine glückliche, dauerhaft prickelnde Beziehung. Bei Paaren, die bereits in einer Krise stecken, können getrennte Schlaf- und Freizeitzimmer die Probleme unter Umständen sogar verstärken, weil man leichter vor einer Klärung davonlaufen kann. Paare, die dazu neigen, zu wenig zu kommunizieren und nebeneinanderher zu leben, leben sich auf diese Weise vielleicht noch weiter auseinander. Wenn nicht beide die Idee der räumlichen Privatsphäre verstehen und einander gerne zubilligen, kann es auch nicht funktionieren.

Trotz dieser vielen Einschränkungen möchte ich Sie dazu anregen, einmal ganz frei zu träumen, wie es wäre, wenn es in Ihrer Wohnung oder Ihrem Haus plötzlich einen zusätzlichen Raum gäbe. Wofür würden Sie ihn am allerliebsten nutzen? Welche Ihrer Bedürfnisse nach Selbstentfaltung, Ungestörtheit, Entspannung, Romantik oder Lust könnten in diesem Raum endlich befriedigt werden? Würde er Ihnen eine ungestörte Nachtruhe ermöglichen? Platz bieten für ihre Hobbys, für Yoga, künstlerische Tätigkeiten oder Treffen mit Ihren Freundinnen? Intimsphäre ermöglichen für Ihre Schönheitspflege? Wie gefiele Ihnen der Gedanke, daraus ein Boudoir zu machen? Dieser Begriff hat viele Facetten – ich denke dabei an einen eleganten Raum mit sinnlicher Atmosphäre, in dem Sie Ihren Liebsten empfangen können. Sie laden ihn ein in Ihre Kemenate, die der Schönheit, Weiblichkeit, Genuss und Erotik gewidmet ist. Möbel, auf denen man sich lasziv räkeln kann, berauschende Düfte, entspannende Klänge. Und natürlich muss Ihr Mann um Sie werben, damit Sie ihm die Tür zu Ihrem Reich öffnen.

Was würde solch ein Boudoir oder ein anders genutzter Privatraum für Ihre Beziehung bedeuten? Sie könnten plötzlich neue Grenzen setzen, was im Gegensatz steht zu der Grenzauflösung, zu der es normalerweise im Laufe der Zeit beim Zusammenleben kommt. Schamgrenzen fallen, man tut plötzlich Dinge voreinander, die einem am Anfang der Beziehung extrem peinlich gewesen wären. Und nun – durch diesen neuen Raum – dreht man die Uhr zurück. Zu Intimes, das den erotischen Reiz mindern könnte, wird dem Partner nicht mehr preisgegeben. Das Mysterium Frau kehrt zurück, weil verschlossene Türen auch signalisieren: »Ich bin nicht ständig für dich verfügbar und ich bin es mir wert, meine Individualität zu leben.« Ein Boudoir ist ein Statement, welchen Stellenwert Erotik in der Beziehung einnimmt. Verführung, Begehren und freudige Erwartung erhalten wieder einen Raum – in der Wohnung und im Miteinander des Paares.

Bestimmt kommen Sie noch auf weitere Ideen, wie Sie mit Veränderungen der Raumaufteilung oder Raumnutzung das Wiederaufleben der erotischen Spannung unterstützen können. In vielen Wohnungen findet man beispielsweise kleine Zimmer, in denen das Bügelbrett steht oder die für Gäste vorgesehen sind. Die ließen sich wunderbar umfunktionieren. Vorausgesetzt, dem Beziehungsglück wird Priorität gegenüber der Bügelwäsche eingeräumt. Es ist eben immer eine Frage der Entscheidung und der individuellen Werte.

Schauen wir uns am Schluss dieses Kapitels noch einmal kurz Ihre Werte auf der Skala »Nähe/Freiraum« (siehe 1. Kapitel) an. Sie haben zuvor eine Einschätzung ihrer emotionalen Nähe gegeben. Jetzt verändern wir die Parameter ein wenig und betrachten das Ganze unter dem Gesichtspunkt der räumlichen Nähe.

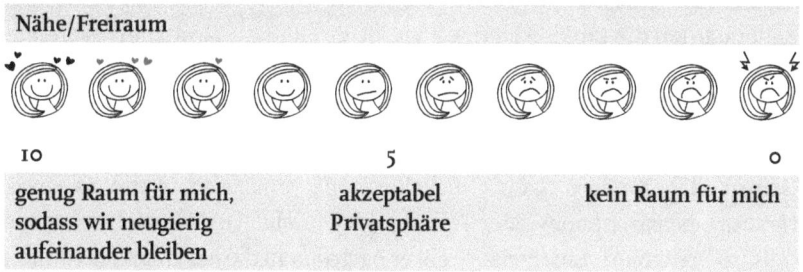

Nähe/Freiraum

10	5	0
genug Raum für mich, sodass wir neugierig aufeinander bleiben	akzeptabel Privatsphäre	kein Raum für mich

Welchen Handlungsbedarf offenbart Ihnen dieser Wert? Was ist Ihr Zielwert?

Von Ratten und Überraschungsmüslis – Alltagsroutine und Monogamie

Nach nur viermaligem Sex mit ein und demselben Weibchen nimmt das Interesse des Rattenmännchens am Geschlechtsverkehr deutlich ab, sagen Forscher, die den Dopaminspiegel der männlichen Ratte gemessen haben. Als man ihm die Rattendame erstmalig präsentierte, schoss der Dopaminwert in die Höhe – Mr. Ratte war oberrattig. Nach dem vierten Mal gab es kaum noch einen Anstieg des Wertes beim Anblick dieser weiblichen Ratte. Nun könnte man denken: Klar, er hatte wohl einfach keine Lust mehr auf noch mehr Sex. Viermal war genug. Weit gefehlt, denn zeigte man Mr. Ratte hinter einer Glasscheibe eine ihm fremde Rattenlady, war er sofort wieder Feuer und Flamme und wollte erneut ran.

Was sagt uns das? Erst einmal gar nichts, denn wir sind keine Ratten. Außerdem fehlt der Gegenversuch: Pushen neue Partner auch bei Rattendamen die Libido? Und wie würde ein Rattenmännchen reagieren, trüge sein gewohntes Weibchen beim Sex plötzlich eine Perücke oder würde ein Rollenspiel initiieren? Dopaminausschüttung – ja oder nein?

Fragen über Fragen. Als relativ sicher gilt hingegen, dass das menschliche Gehirn insbesondere dann Glückshormone produziert, wenn es etwas Neues, Überraschendes oder Aufregendes erlebt. Der Mensch ist etwas seltsam konzipiert. Einerseits strebt er nach genau diesen Glücksgefühlen, die aus ungewohnten Reizen und damit einer gewissen Unsicherheit erwachsen. Andererseits pflegt er das Gewohnte, weil er Angst vor der Unsicherheit hat, die Veränderung mit sich bringt. Und nun kommen Sie: Wie bringen Sie diese beiden Pole in Ihrem Liebesleben in eine Balance?

Gewohnheit, Vertrautheit und gemeinsame Alltagsrituale sind für eine Langzeitbeziehung charakteristisch, stimulieren unser Hirn, tragen aber nicht sonderlich zur Ausschüttung von Glückshormonen bei. Just diese Faktoren wirken ausgesprochen verbindend und lassen ein starkes

Wir-Gefühl wachsen. Dies über Bord zu werfen, wäre fatal. Was tun? Mein Vorschlag wäre: »Überraschungen/Neuerungen light«. Womit ich kleine Veränderungen meine, die positiv stimulieren, ohne Ängste oder Widerstand auszulösen. Zum Vergleich: Teilt eine Frau, die sich über viele Jahre um Haushalt und Kinder gekümmert hat, ihrem Ehemann mit, sie werde ab dem nächsten Monat wieder berufstätig sein, ist das eine massive Veränderung und Neuerung. Fürchtet der Mann nun um seinen gewohnten Komfort oder den Verlust der Machtposition innerhalb der Familie, reagiert er garantiert nicht mit Glückshormonen. Begehrenswerter erscheint ihm seine Frau damit leider auch erst einmal nicht. Das mag sich später ändern, sofern er an den Punkt kommt, ihr neu gewonnenes Selbstbewusstsein und ihre Unabhängigkeit reizvoll zu finden. Aber bis dahin fände er eine Neuerung light wie etwa den Vorschlag, ihr die Hände mit Seidenschals zu fesseln, garantiert deutlich attraktiver. Dann bestünde auch durchaus die Chance auf das eine oder andere stimmungsaufhellende Hormon. Noch spannender wäre die Angelegenheit für ihn, würde es ihm seine Frau ermöglichen, seine heimliche Sehnsucht nach fremden Frauen (in manchen Männern scheint ein Rattenmännchen zu stecken) auszuleben und ihr gleichzeitig treu zu bleiben. Manche Paare lösen dieses Dilemma durch Dates, bei denen sie so tun, als würden sie einander gar nicht kennen. Andere bevorzugen Verkleidungen, ob innerhalb eines Rollenspiels oder ohne. Und wieder andere leben ihre Lust auf Abwechslung aus, indem sie ausgewählte Dritte ins Liebesspiel einbinden oder Swinger-Clubs besuchen. Was immer beiden Spaß macht, die gewünschte Wirkung zeigt und weder Herzensbindung noch den Respekt füreinander beeinträchtigt, ist okay.

Nun sind es aber weiß Gott nicht nur erotische Überraschungen, die die Faszination füreinander aufrechterhalten. Ein wesentlicher Teil der Anziehung entspringt dem aufrichtigen Interesse an der Persönlichkeit des Geliebten. Just zum Thema Interesse erzählte mir der 53-jährige Wolf, seine zukünftige Ex-Ehefrau wisse auch nach jahrzehntelanger Ehe nichts Genaueres über den Beruf ihres Ehemannes. Unzählige Male habe er versucht, ihr zu erklären, welche anspruchsvollen Tätigkeiten bei der Krankenkasse zu seinem Aufgabenfeld gehörten. Denn sein Beruf war ihm wichtig und Teil seiner Identität. Aber seine Frau hatte immer ihre

Ohren auf Durchzug geschaltet und konnte am Ende nur sagen: »Mein Mann arbeitet bei der Krankenkasse.« Das empfand Wolf als ein Zeichen ungeheurer Missachtung. Ganz ähnliche Geschichten höre ich auch von Männern in IT-Berufen. Je komplexer die Tätigkeit, desto geringer ist häufig die Motivation der Partnerin, sich ernsthaft mit der Berufswelt ihres Mannes auseinanderzusetzen. Das lässt die Männer einsam zurück. Ungefähr genauso einsam wie die Frauen, deren Männer gar nicht so genau wissen wollen, womit sich ihre Partnerin tagsüber beschäftigt. Es ist also keine Frage des Geschlechtes, sondern der inneren Haltung. Das hat aber auch eine positive Seite, denn schließlich lässt sich daran leicht etwas ändern. Ein brauchbarer erster Schritt ist die Entscheidung, Augen und Ohren aufzusperren und den Partner aus den ganzen Schubladen herauszukramen, in die man ihn gesteckt hat.

In meinem Fall war es beispielsweise eine Frühstücksschublade, die mich aufrüttelte und achtsamer werden ließ bei der Wahrnehmung meines Partners. Es passierte, während ich mit meinem Ex-Engländer noch liiert war. Wir waren zu diesem Zeitpunkt schon seit einigen Jahren zusammen und ich hatte ihn innerlich abgespeichert als den Mann, der zum Frühstück Milchkaffee trinkt und dazu ein Croissant oder eine Madeleine isst. Frühstücksschublade auf, Engländer rein, Schublade zu. Aber bei einer gemeinsamen Kurzreise griff er am Frühstücksbuffet plötzlich zu Müsli. Ich war baff. »Du magst Müsli???« Ja, mochte er, gern sogar. Es waren genau diese Frühstückscerealien, die meine Überzeugung, diesen Mann zu kennen, als Illusion entlarvten. Nach diesem Ereignis begann ich sehr aufmerksam Ausschau nach weiteren Persönlichkeitsfacetten zu halten, die ich vielleicht noch nicht kannte. Natürlich wurde ich fündig, was den Engländer wieder deutlich spannender für mich machte.

Die Faszination der Fremdheit wiederherzustellen, liegt also in unserer Hand. Wir müssen dafür allerdings für möglich halten, dass wir den anderen weniger gut kennen als gedacht, und wir müssen uns unsere Neugier auf das Gegenüber bewahren, selbst in Bezug auf Kleinigkeiten. Aber warum fällt das den meisten Menschen so schwer? Ich denke, wir lieben Schubladen. Schubladendenken macht uns die Orientierung in unserem immer komplexer werdenden Leben einfacher. Vermutlich haben auch Sie Ihren Partner in eine ganze Reihe von Schubladen einsortiert. Welche das sind, finden Sie schnell heraus, wenn Sie den folgenden Satz schriftlich vervollständigen. Tun Sie das bitte so lange, bis Ihnen nichts mehr einfällt:

ER ist der Mann, der immer ...

Wenn Sie Lust haben, Ihren Mann in diese kleine Übung einzubeziehen, bitten Sie ihn doch um die Vervollständigung des Satzes:

SIE ist die Frau, die immer ...

Wenn Sie im Anschluss darüber sprechen, was Sie notiert haben, besteht natürlich das Risiko eines Streits. Jeder von Ihnen könnte dagegen protestieren, wie der andere ihn sieht, und sich damit um die Geschenke dieser Übung bringen. Deshalb mein Tipp: Konzentrieren Sie sich beim Feedback darauf, die Aussagen zu ergänzen oder zu vervollständigen. Wenn Ihr Antwortschema lautet: »Stimmt, und außerdem .... «, erfahren Sie am meisten übereinander. Und vielleicht gibt Ihnen die Fremdwahrnehmung durch Ihren Geliebten zusätzliche Impulse zur persönlichen Entwicklung.

Wahrscheinlich entdecken Sie bei dieser Übung zu zweit auch Persönlichkeitsaspekte des anderen, die Sie bisher weniger im Fokus hatten. Das ist normal, in der Liebe entwickelt man leicht einen Tunnelblick. Man nimmt vor allem diejenigen Persönlichkeitsaspekte wahr, die für einen selbst relevant sind. Relevant, weil man sie selbst besitzt, sie mag, sie selbst gerne besitzen würde oder sie unbewusst ablehnt, weil man sie bei sich selbst verurteilt. Und der ganze Rest rutscht unbeachtet durch. Hinzu kommt die Illusion, den andern doch eigentlich zu kennen, weil er ist, wie er ist. So lebt man achtlos nebeneinanderher, und die innere Distanz wächst unmerklich.

Meiner Klientin Marina ging es mit ihrem Lebensgefährten Peter ganz genauso. Nach 15 gemeinsamen Jahren war sie der felsenfesten Überzeugung, Peter in- und auswendig zu kennen. Er war nun mal ... nun ja ... der Peter eben. Dass Peter in seiner Persönlichkeitsstruktur aber gar nicht statisch war, sondern sich natürlich im Laufe der Zeit verändert hatte, war ihr gar nicht bewusst. Ich schlug ihr daher vor, Peter als ein sich ständig entwickelndes, komplexes System zu betrachten, etwa wie eine Großstadt. Nehmen wir beispielsweise Hamburg. Diese

Stadt hat zwar Charakteristika, die ihre Einzigartigkeit definieren, sie verändert sich aber trotzdem Tag für Tag. Auch wenn Wahrzeichen wie Elbe, Alster und Michel bleiben, werden ständig neue Häuser gebaut, ganze Stadtteile wie die Hafencity entstehen, andere werden hip oder verfallen, Straßen und Plätze werden umbenannt, neue Läden spiegeln die Bewusstseins- und Interessenentwicklung der Bewohner. Den Menschen geht es genauso. Auch Peter. Und so wie Menschen die Veränderungen ihrer Stadt häufig erst dann wirklich registrieren, wenn sie als Guide für stadtfremde Freunde fungieren müssen, so fallen Ihnen die Veränderungen an ihrem Lebenspartner erst auf, wenn es einen konkreten Anlass für eine intensive Auseinandersetzung damit gibt. Diesen konkreten Anlass bekommen Sie jetzt. Ich habe für Sie eine Reihe von Fragen zusammengestellt, mit denen Sie die Innenwelt Ihres Liebsten erforschen können. Die Vorgehensweise ist ganz einfach – zunächst versuchen Sie alleine die folgenden Fragen zu beantworten. Lassen Sie sich dafür ruhig viel Zeit und tragen Sie Ihre Antworten in Ihr Notizbuch ein. Bei passender Gelegenheit erzählen Sie Ihrem Lebensgefährten von Ihrem Plan, ihn noch besser verstehen und kennen zu wollen, und bitten ihn um die entsprechenden Antworten. Auch er sollte über die notwendige Muße verfügen, um sich mit den Fragen intensiv auseinandersetzen zu können. Die Diskrepanzen zwischen Ihrer Einschätzung und seiner Aussage offenbaren, wie interessant es werden könnte, wenn Sie sich wieder mehr und eingehend miteinander beschäftigen. Positiver Nebeneffekt dieser Übung: Je vertrauter Sie mit Ihrem Gegenüber sind, desto leichter können Sie Konflikte lösen und Krisen bewältigen. Die Liebe gewinnt nicht nur an neuer Farbe, sondern auch an Intensität und Stabilität.

Fragen zur Erforschung der Innenwelt:

* Welche Themen – privat oder beruflich – haben Ihren Partner in den letzten vier Wochen am meisten beschäftigt?
* Wer sind seine beiden besten Freunde und wie ist sein derzeitiges Verhältnis zu Ihnen?
* Welche Gedanken oder Gefühle hat er zum Thema Älterwerden?
* Was ist sein aktueller Lieblingssong/Lieblingsinterpret?

❋ Welche Bücher hat er zuletzt gelesen?

❋ Gibt es Menschen in seinem privaten oder beruflichen Umfeld, mit denen das Verhältnis zurzeit ausgesprochen angespannt oder schwierig ist?

❋ Was täte er, würde er heute 5 Millionen Euro gewinnen?

❋ Welche Lieblingshobbys hat er?

❋ Was ist sein derzeitiges Lieblingsrestaurant?

❋ Zu welchen Themen hat er innerhalb der letzten zwei Jahre seine Einstellung deutlich verändert?

❋ Mit welchem Geschenk würden Sie ihm gerade die größte Freude machen?

❋ Wenn er ein Jahr nicht arbeiten müsste – wie würde er diese frei Zeit verbringen?

❋ Welche Ängste haben ihn in den letzten vier Wochen geplagt?

Wenn Sie diese Übung durchgeführt haben, tauschen Sie die Rollen. Nun ist es an Ihrem Partner, diese Fragen über Sie und Ihre Innenwelt zu beantworten.

Hat Ihnen diese Übung Lust gemacht, wieder häufiger und bewusster in das Universum Ihres Partners einzutauchen? Dann los! Warum sich nicht ab sofort einmal in der Woche zu einem entspannten Abend verabreden, bei dem Sie sich gegenseitig erzählen, was Sie gerade beschäftigt, umtreibt, Ihnen Sorgen bereitet oder wovon Sie träumen? Vielleicht tun Sie dies bei einem Spaziergang oder einem Abendessen im Restaurant. Jede Woche ein Date mit Ihrem Liebsten, bei dem nur Sie beide wichtig sind. Es wäre jetzt ein guter Moment für den Blick in Ihren Terminkalender: Wann soll das erste Date stattfinden?

Während bei diesen wöchentlichen Dates der Rahmen für die Gespräche eher ruhig und vertraut sein sollte, geht es bei den folgenden gemeinsamen Ideen um das genaue Gegenteil: Wie häufig unternehmen Sie eigentlich gemeinsam etwas, das aufregend, verrückt bzw. einfach das genaue Gegenteil von Ihrem normalen Leben ist? Damit wären wir jetzt wieder bei dem Lied »Einfach nur so« von Udo Jürgens, von dem Sie schon im ersten Kapitel gelesen haben. Sie erinnern sich?

Der von seiner erkalteten Ehe frustrierte Mann auf der Suche nach Abwechslung, die abenteuerlustige Inserentin, die jemanden sucht, mit dem sie »nur mal zum Spaß« nach Paris fahren und verrückte Dinge tun kann und die sich dann als seine Ehefrau entpuppt ...

Was wäre Ihre ganz persönliche Version eines Paris-Trips? Legen Sie jetzt einfach mal folgende Hinderungsgründe beiseite:

Das kann man doch nicht!

Ich darf doch nicht!

Das tut man nicht!

Das ist zu teuer!

Dafür habe ich eigentlich keine Zeit!

Was sollen die Leute denken?!

In meinem Alter doch nicht mehr!

Sie dürfen hemmungslos träumen, spinnen, Ihrer Fantasie freien Lauf lassen. Was würde wieder mehr Pink in Ihr Leben bringen? Die Farbe Pink steht in diesem Fall für Lebensfreude, Jugendlichkeit, prickelnde Aufregung, Risiko, sich selbst und das Leben wieder intensiv spüren. Wenn Sie nämlich Dinge tun, bei denen Sie und Ihr Partner sich aufgrund der Aktivität genau so fühlen, passiert in Ihrem Körper etwas Verblüffendes: durch den Touch von Gefahr und Aufregung wird Adrenalin ausgeschüttet. Das Herz klopft, die Knie werden weich, im Bauch hat man ein komisches Gefühl – eigentlich genau die Symptome, die man auch bei Verliebtheit zeigt. Dann kommt es ganz häufig zu einer wundersamen Fehlinterpretation: Das körperliche Gefühl der Pseudoverliebtheit wird verknüpft mit dem Menschen, in dessen Gesellschaft man sich gerade befindet. Und schon erhält die Liebe wieder einen gehörigen Kick. Aus dem Alltagsgrau wird ein fröhliches Pink.

So ging es auch Beate und Jochen, nachdem sie ihre anfängliche Skepsis gegenüber dem »Mehr Pink«-Experiment überwunden hatten. Beide hatten bis dato ein vernünftiges, unspektakuläres Leben geführt. Seit zehn Jahren wohnten sie in einer gepflegten Altbauwohnung, trafen sich mit ihrem gemeinsamen Freundeskreis zu Abenden, an denen kultiviert diskutiert und guter Rotwein getrunken wurde. Im Sommer machten sie Club-Urlaube in Südeuropa. Alles sehr nett, alles sehr angemessen, aber ziemlich adrenalinarm. Und genauso gestaltete sich auch ihre Verbindung. Sie kannten einander, sie mochten einander, sie hatten auch noch Sex, aber statt eines Feuers der Leidenschaft besaß das Ganze eher den Charakter von Fußbodenheizung. Eines Abends Ende August, es war ein Mittwoch, saßen sie vor dem Fernseher und schauten eine Reportage über den Rückgang der Fischbestände in der Ostsee. Plötzlich begann vor Beates innerem Auge ein Film abzulaufen: Ostsee, Strand, Mondschein, ein Strandkorb, eine Flasche Wein ... sie sah Jochen an und sagte: »Lass uns hinfahren. Jetzt gleich.«

Jochen starrte sie verständnislos an. »Wohin?«

»Na, an die Ostsee.«

»Jetzt? Wieso?«

Jochen stand massiv auf der Leitung, während Beate immer mehr Gefallen an ihrer Idee fand. »Lass uns eine Flasche Wein mitnehmen und eine Decke, dann können wir los.«

»Aber es ist schon 23 Uhr und ich muss morgen arbeiten.« Die abenteuerlustige Seite von Jochen lag noch im Koma. Und es dauerte noch eine geschlagene Viertelstunde, bis auch er den Reiz eines spontanen Ostseetrips entdeckte.

Eine Stunde später gingen sie Hand in Hand durch den Sand und rüttelten so lange an den hölzernen Strandkorbgittern, bis sie einen unverschlossenen Korb fanden ... Am nächsten Morgen waren sie zwar unausgeschlafen, aber strahlten, als hätte jemand ein Licht in ihnen angezündet. Danach krempelten sie Stück für Stück ihr Leben um, begannen Livekonzerte zu besuchen, spontane Städtetrips zu unternehmen, erprobten sich als Team in einem Hochseilgarten und bummelten im Herbst mit einem Wohnmobil durch Italien. Also: Je mehr Konventionen und Gewohnheiten Sie über Bord werfen, desto lebenswerter und authentischer empfinden Sie Ihr Leben. Und Sie kennen einander besser denn je, denn durch die neuen, vielfältigen Aktivitäten erleben Sie bis dato unbekannte Facetten des anderen. Sie beobachten sich gegenseitig im Umgang mit Herausforderungen, manchmal sogar mit Extremsituationen – und entwickeln sich zu einem immer stärkeren und vor allem verliebten Team. Haben Beate und Jochen Sie inspirieren können? Was sind Ihre Ideen für Ihr ganz persönliches Pink? Nachfolgend ist der Platz für Ihre Ideen. Runter vom Sofa und rein in den Spaß mit Ihrem Liebsten:

1. ....

2. ....

3. ....

4. ....

5. ....

6. ....

usw.

5. Liebe? Versprochen!

Oder: Das Wir-Bekenntnis

Gemeinsam zum Ziel – Bitte da lang! Oder doch nicht?

»Wo soll's denn hingehen?«, fragt der Taxifahrer. Ein Mann und eine Frau – sie sind ein Paar – sitzen im Lebenstaxi und werden um die klare Ansage Ihres gemeinsamen Wunschziels gebeten.

Variante 1:

Sie: »Familienleben im Grünen mit Hund!«

Er: »Nein, bitte keine Kinder, dafür aber ein Loft in der Stadt!«

Sie: »Loft geht gar nicht. Und Kinder müssen sein. Mindestens zwei.«

Er: »Wir wollen ein Stadtloft für uns beide – genau, wie ich gesagt habe. Los geht's.«

Sie: »Nein, warten Sie, das wollen wir nicht.«

Ergebnis: Das Lebenstaxi fährt keinen Zentimeter und der Taxifahrer beißt entnervt ins Lenkrad.

Variante 2:

Sie: »Familienleben im Grünen mit Hund!«

Er: »Nein, bitte keine Kinder, dafür aber ein Loft in der Stadt!«

Sie: »Vielleicht zunächst ein Stadtloft, und später, wenn wir Kinder wollen, ein Haus auf dem Land.«

Er: »Einverstanden. Und jetzt fahren wir erst einmal zum Loft.«

Ergebnis: Das Lebenstaxi fährt relativ zügig los und der Taxifahrer freut sich über eine lange, kostspielige Fahrt.

Variante 3:

Sie: »Familienleben im Grünen mit Hund!«

Er: »Ja, genau. Mit zwei Kindern. Los geht's!«

Ergebnis: Das Lebenstaxi fährt sofort los und direkt ans Ziel.

Welches der Paare erinnert Sie an Ihre eigene Situation? Im ersten Kapitel hatten Sie auf der Skala »Kompatibilität« angekreuzt, wie gut Ihre und die Werte und Ziele Ihres Partners zusammenpassen. Paar 1 repräsentiert 0 bis 3 Punkte, Paar 2 könnte man bei 4 bis 6 Punkten einordnen und das Paar 3 erreicht natürlich glatte 10 Punkte. Bei etwas mehr Diskussionsbedarf wären es wohl 7 bis 9 Punkte gewesen.

Die Frage »Was will ich eigentlich?« ist eine der schwierigsten überhaupt in unserer multioptionalen Gesellschaft. Viele Menschen tun sich schwer damit zu definieren, was sie wirklich glücklich macht und wo sie im Leben hinwollen, weil sie sich selbst nicht gut genug kennen. Sie lassen sich treiben oder entscheiden sich dafür, die Ziele ihres Partners zu ihren eigenen zu machen. Oder sie können sich unter den ungeheuer vielen Möglichkeiten nicht entscheiden, weil jede Entscheidung für ein Ziel zugleich den Verzicht auf alle anderen Möglichkeiten bedeutet – unerquicklich, wenn man sich alle Türen offen halten will oder Angst hat vor Fehlentscheidungen. Wieder andere können sich nicht vorstellen, auf die Realisierung einiger ihrer Ziele zu verzichten, und werfen lieber ihre Beziehung über Bord als diese Ziele. Bei existenziell wichtigen Zielen ist das sicherlich angemessen, denn sonst wird man dem Partner eines Tages vorwerfen, ihm sein Lebensglück geopfert zu haben. (Dies kann beispielsweise Frauen passieren, die einen starken Kinderwunsch haben, aber für ihren Partner auf Kinder verzichten.) Wer aber selbst zweitrangige Lebenspläne oder Werte über die Liebe stellt, dürfte es schwer haben mit einer langfristigen Beziehung. Wenn Ihnen schon mal Männer über den Weg gelaufen sind, die eigentlich nur eine weibliche Besetzung für einen klar definierten Lebensplan suchten und sich bei Abweichungen kompromisslos zeigten, wissen Sie, was ich meine. Man soll übrigens auch schon von Frauen gehört haben, die so sind ...

Für alle, die jetzt gerne intensiver auf dem Thema Ziele und Werte herumdenken möchten, kommen jetzt einige Übungen. Es geht darum, was Sie im Leben verwirklichen wollen, um rundum zufrieden zu sein. Und es geht um die Entwicklung einer gemeinsamen Vision als Paar. Denn etwas gemeinsam erreichen zu wollen, kann Sie ungeheuer zusammenschweißen und Ihnen helfen, schwierige Beziehungsphasen besser durchzustehen. Ganz nebenbei liefern Ihnen gemeinsame

Visionen und Ziele dauerhaft Gesprächsstoff, sodass die Kommunikation und damit auch die innere Verbindung zwischen Ihnen nicht abreißt. Außerdem belegen Untersuchungen, dass gemeinsame Interessen und Projekte die Gefahr eines Seitensprungs reduzieren.

Um die gemeinsame Vision zu krönen – und für alle Romantikerinnen unter Ihnen – werden wir etwas später eine wunderschöne Zeremonie für Sie und Ihren Liebsten kreieren, mit der Sie einander geloben, den gewählten Weg zusammen zu gehen und sich dabei gegenseitig zu fördern und zu unterstützen. So, nun starten wir aber erst mal mit der Erforschung Ihrer Ziele. Dafür nutzen wir einige Vorgehensweisen aus dem Business-Coaching, konkreter gesagt aus der Arbeit mit beruflichen Zielen.

1. Die Traumliste

Im ersten Schritt greifen Sie sich Ihr Notizbuch und notieren Sie alles, was Sie sich in Ihrem Leben jemals erträumt haben. Ich meine damit ganz explizit nicht die Kategorie von Projekten, die mit »Ich sollte ...« oder »Es wäre doch wirklich vernünftig ...« anfangen. Das sind nämlich nicht Ihre Träume, sondern die Träume von anderen Menschen, die sie sich überstülpen. Es geht ausschließlich um Träume, bei denen schon die Vorstellung reicht, damit Sie sich glücklich, beschwingt und erfüllt fühlen. Bitte verschwenden Sie keinen Gedanken an die Umsetzbarkeit, lassen Sie Ihrer Fantasie einfach freien Lauf. Ihre Träume können alle Lebensbereiche betreffen: Liebesleben und Familie, Beruf und Finanzen, Gesundheit, Fitness, Freizeit, Spiritualität oder Religion, Persönlichkeitsentwicklung, kreative Selbstentfaltung, Reisen. Egal, ob Sie davon träumen einen Marathon zu laufen, ein Haus in Norditalien besitzen möchten, gerne Mutter von drei Kindern wären, am liebsten eine Surf-Schule auf Hawaii leiten würden, selbstsicher genug sein möchten, um einen Vortrag vor Hunderten von Zuschauern zu halten – schreiben Sie alles auf. Gönnen Sie sich wenigstens drei Tage für diese Liste. Und motivieren Sie unbedingt auch Ihren Liebsten dazu, das Gleiche zu tun. Wenn er sich sträubt, könnte der Hinweis helfen, dass es sich hierbei um eine Methode handelt, die fast alle Erfolgreichen dieser Welt anwenden.

2. Die Traumselektion

Nachdem Sie nun einen Überblick über Ihre Träume haben, wird nach Kategorien sortiert. Sie markieren jetzt Ihre Träume mit den Buchstaben A. B, C oder D. A steht für einen Traum, den Sie um jeden Preis verwirklichen wollen, weil Sie es sonst bis ans Ende Ihrer Tage bedauern würden. Also ein essenzielles Lebensziel. B zeigt einen Traum an, den Sie für die Entfaltung Ihrer Persönlichkeit wichtig finden. Auch ein Lebensziel, das Beachtung und Engagement verdient. C steht für einen Traum, auf dessen Realisierung Sie bei Bedarf auch verzichten könnten. Und D für eine Fantasie, die auch eine solche bleiben darf. Führen Sie sich jeden einzelnen Traum in Ruhe vor Augen, spüren Sie in ihn hinein und entscheiden Sie: Ist dies ein Traum, der Traum bleiben darf, ohne dass es Ihnen das Herz bräche? Oder geht es um etwas ganz Existenzielles, das Sie unbedingt verwirklichen möchten? Sie können sich auch vorstellen, wie Sie im hohen Alter auf Ihr Leben zurückblicken. Wie geht es Ihnen bei der Vorstellung, die einzelnen Punkte Ihrer Liste erlebt oder nicht erlebt zu haben? Wenn Sie sehr viele A- und B-Ziele bestimmt haben, stellt sich die Frage nach den Prioritäten. Vertragen sich alle Lebensziele miteinander? Oder müssen Sie doch noch eine Kategorieänderung vornehmen? Ihr Partner verfährt bitte mit seinen Träumen ganz genauso und sortiert und selektiert.

3. Der Abgleich

Jetzt wird es spannend, denn nun legen Sie Ihre und seine Liste nebeneinander. Gibt es Übereinstimmungen, also gemeinsame Lebensvisionen, die Sie zusammen verwirklichen möchten? Ja? Hurra, das ist schon mal ein guter Anfang.

Möglicherweise gibt es aber auch Punkte, bei denen Ihre Vorstellungen von der Zukunft kollidieren. Das ist völlig normal und kein Grund zur Sorge. Es wird niemals zwei Menschen geben, deren Träume völlig identisch sind. Die Frage ist nur, ob die Differenzen existenziell sind und wesentliche Lebensziele der Kategorie A betreffen oder ob es um Dinge geht, die nett wären, aber nicht zwingend notwendig sind, also um C-Träume. Bei denen ist der Verhandlungsspielraum groß. Wie sieht es mit kreativen Kompromisslösungen für kollidierende A- und B-Ziele aus? Werden Sie sich einig, wenn Sie einige der Ziele auf einen späteren Realisierungszeitraum verschieben?

Was ist eigentlich mit Vorhaben auf seiner oder Ihrer Liste, die den anderen so begeistern, dass er sie unbedingt unterstützen möchte? Gibt es auch Ziele des Partners, bei denen Sie einander einfach nur ermutigen würden, weil Ihnen das Glück des anderen wichtig ist? Als Paar sind Sie umso stärker, je mehr Sie hinter den Projekten des anderen stehen und sie mittragen, als seien es Ihre eigenen.

Sie sehen – es gibt zahlreiche Möglichkeiten, um die Träume von zwei Menschen, die sich lieben, unter einen Hut zu bekommen, und zugleich die Partnerschaft mit gemeinsamen Zielen zu festigen.

Sabine und Stefan gelang das leider nur partiell. Auf ihren Listen gab es jeweils Gemeinsamkeiten mit B-Wertung und vieles, worin sie sich gegenseitig gern unterstützen wollten. Unglücklicherweise offenbarten die Listen aber auch massive Unterschiede in für die Beziehung entscheidenden A-Bereichen. Die Übereinstimmung: Sowohl Sabine wie auch Stefan planten in unmittelbarer Zukunft Bücher über Themen zu schreiben, die ihnen am Herzen lagen, beide wollten innerhalb der nächsten drei Jahre eine selbstständige Tätigkeit aufbauen und waren auch gerne bereit, sich bei Büchern und den beruflichen Zielsetzungen gegenseitig zu fördern. Die heiklen Unterschiede: Auf Sabines A-Liste standen als unbedingt zu realisierende Punkte »Heiraten« und »Kauf eines Hauses im Grünen innerhalb der nächsten fünf Jahre«. Stefan lehnte beides vehement ab. Er hatte schon eine lange Ehe, während der er mit seiner damaligen Frau in einem großen Bauernhaus wohnte, hinter sich. Die Ehe endete mit vielen emotionalen Verletzungen und der Hausbesitz mit einem schwierigen Verkauf – so etwas wollte er nie wieder durchmachen müssen. Sein Lebenstraum war eine Weltreise, und zwar eine Reise im Wohnmobil, die mehrere Jahre dauern sollte. Dieses Projekt war für ihn wichtiger als die Karriere und auch wichtiger als Sabine, die sich bei dem Gedanken an einen Trip mit dem Wohnmobil schüttelte. Bevor die beiden anfingen, aus dieser Erkenntnis konkrete Schlüsse abzuleiten, beschäftigten sie sich erst einmal mit ihren Werten.

4. Die Werte

Und damit sind auch Sie dran mit dem vierten Schritt: Welche Werte bestimmen Ihr Leben? Welche Maßstäbe beeinflussen Ihre Entscheidungen? Welche Grundsätze liegen Ihnen am Herzen? Auch in diesem Schritt ist es am sinnvollsten, erst einmal im Notizbuch ungeordnet zu sammeln, anschließend nach Wichtigkeit zu sortieren und zu priorisieren. Erlaubt ist alles, was Ihnen einfällt. Das kann von Loyalität, Selbstverwirklichung und Liebe über Verantwortung für die Nächsten, Ehrlichkeit, Freiheit und Familie bis hin zum Verzicht zugunsten einer größeren Sache/anderer Menschen oder zu Macht, Toleranz, Heimat, Glaube, Erfolg, Reichtum und Verbindlichkeit reichen. Jeder der Werte hat seine Existenzberechtigung und gehört zu Ihnen, es könnte allerdings hier und da sinnvoll sein, genauer hinzuschauen, welche Inhalte sich hinter dem Wert verbergen. Ein typisches Beispiel für einen Wert, den es sich lohnt zu hinterfragen, ist die Treue. Wenn ich Menschen frage, ob ihnen Treue wichtig es, heißt es immer: »Ja, ganz wichtig!« Frage ich nach, wie sie Treue definieren, sind sie sich schon weniger einig. Für eine Frau bedeutet es schon Untreue, wenn der Partner eine innige emotionale Beziehung zu einer anderen Frau unterhält, für ihren Partner beginnt Untreue aber erst bei einem Kuss. Manch einer fühlt sich betrogen, wenn er beim Sex an eine andere Frau denkt. Für einige Männer ist Sex mit Prostituierten keine Untreue oder sie verbuchen alles unter dem Begriff »Treue«, was weniger als Geschlechtsverkehr ist. Wir kennen das von Bill Clinton.

An diesem Punkt zeigt sich bereits, wie wichtig es ist, mit Ihrem Partner darüber zu reden, wie Sie beide Ihre Werte konkret definieren. Noch interessanter wird die Sache, wenn Sie den Aspekt »Fehlertoleranz« mit einbeziehen. Denn Menschen neigen nun mal dazu, Fehler zu machen. Wie also gehen Sie beispielsweise mit einem Verstoß gegen den Wert Treue um? Wäre das für Sie ein Grund, die Beziehung sofort zu beenden? Oder sind andere Werte wie die Partnerschaft selbst oder die Familie wichtiger, sodass Sie über einen oder mehrere Fehltritte hinwegsehen können? Und umgekehrt: Wäre Ihrem Partner bewusst, dass er mit Aussagen wie »Untreue und Lügen wären für mich Gründe, die Beziehung sofort zu beenden« bewirken kann, von Ihnen im Fall eines einmaligen Ausrutschers belogen zu werden? Hohe Ansprüche an den anderen bewirken ja keinesfalls richtiges Verhalten, sondern lediglich größere Bemühungen, das Fehlverhalten zu vertuschen ...

Nachdem Sabine und Stefan die Werte des jeweils anderen erfahren hatten, wurde ihre Inkompatibilität immer offensichtlicher. Stefan legte größten Wert auf Freiheit und Unverbindlichkeit, weil er im Laufe der langen Zeit als Ehemann und Familienvater zu viel Verantwortung übernommen und seine eigenen Bedürfnisse geopfert hatte. Und Sabine kam gerade an den Punkt, ihre Freiheit zumindest partiell aufgeben zu wollen zugunsten von mehr Verbindlichkeit und einem Heimatgefühl, das ein gemeinsames Haus für sie repräsentierte.

5. Die Vision

Nachdem Stefan nicht willens war, seine emotionalen Verletzungen mit BSFF zu heilen oder Wege für Sabines Einbindung in sein Weltreiseprojekt zu suchen, hätte man vermuten können, dass sich die beiden sofort trennten. Aber weil sie einander sehr mochten und auch die Chemie nach wie vor stimmte, fanden sie eine andere Lösung: Sie entschieden, ihre verbindliche Beziehung in eine Freundschaft mit Sex umzuwandeln und sich gegenseitig bei ihren Buchprojekten und im Beruf bestmöglich zu helfen. Wie Menschen, die einander wichtig sind, das so tun. Der Sex sollte erst wegfallen, wenn einer von ihnen eine neue Partnerschaft einging.

Solch eine Regelung ist sicher nicht jedermanns Sache, und glücklicherweise geht es den meisten Paaren anders als Stefan und Sabine, wenn sie sich intensiv mit ihren Zielen und Werten beschäftigen. Sie entdecken neue Möglichkeiten, ihre Partnerschaft noch sinnstiftender und erfüllender zu gestalten, weil ihre Liebe durch die langfristigen gemeinsamen Projekte und die geteilten Ideale eine neue Dimension erhält. Dieses Gefühl, zusammen als Team etwas Großes verwirklichen zu wollen, sollte an dieser Stelle auch schriftlich festgehalten werden.

Und nun kommen Sie: Als nächsten Schritt der Übung formulieren Sie als Paar einen Text, in dem Sie festlegen, was Sie in Ihrer Verbindung verwirklichen wollen, zu welchen Idealen Sie sich bekennen und was

Ihr »Wir« ausmacht. Um das Ganze noch konkreter zu gestalten und die Wahrscheinlichkeit zu erhöhen, dass aus den guten Vorsätzen reale Erfolge werden, ist es nützlich, Termine festzulegen, also beispielsweise aufzuschreiben: »Im August 2014 starten wir unsere gemeinsame sechsmonatige Europarundreise mit dem Wohnmobil«, statt: »Wir machen zusammen eine Europarundreise im Wohnmobil.« Denn wenn Sie erst einmal festgelegt haben, was Sie wann realisieren wollen, können Sie daraus auch Aktionspläne mit den notwendigen Vorbereitungsschritten ableiten, die Ihnen zur Orientierung im Alltag dienen. Mit den darin genannten Zwischenzielen bleiben Sie immer auf der Spur in Richtung Ziel.

Auch wenn Ihre Gemeinsamkeiten eher ideeller Natur sind – »Wir wollen zusammen dafür sorgen, dass diese Welt ein besserer Ort wird« – brauchen Sie einige konkrete Orientierungspunkte auf diesem Weg. Wie genau wollen Sie das erreichen? Was wollen Sie tun? Bis wann wollen Sie es erledigt haben? Andernfalls versickert der gute Vorsatz im Alltagsbrei. Je größer und begeisternder Ihre Wir-Visionen sind, desto besser. Denn in Relation zu diesen Visionen wirken viele alltägliche Belastungen, etwa herumliegende Socken, plötzlich unbedeutend.

Was Sie heute zusammen formulieren, ist natürlich nicht in Stein gemeißelt. Im Gegenteil – es ist sogar eine gute Idee, sich in regelmäßigen Abständen wieder zusammenzusetzen und zu überprüfen, ob Ihre Ziele und Ideale immer noch für beide gelten. Der Mensch ändert sich, der Mensch entwickelt sich, und was uns vor fünf Jahren noch ungeheuer wichtig war, kann uns heute belanglos vorkommen und neuen Zielen gewichen sein. Entscheidend ist, einander immer informiert zu halten über diese inneren Prozesse und nach gemeinsamen Zielen zu suchen, die allen Beteiligten gerecht werden.

Alle Jahre wieder romantisch – Das Gelöbnis

Machen Sie's doch mal wie Heidi! Während viele junge Frauen Heidi Klum nacheifern, wenn es darum geht, Supermodel zu werden, möchte ich sie Ihnen als Vorbild in Hinblick auf eine Besonderheit ihrer Ehe ans Herz legen: Alle Jahre wieder bestätigen sich Heidi und Seal rituell ihre Liebe.

Häufiger mal vor einen Traualtar zu treten und sich ewige Liebe zu schwören – das haben natürlich auch andere Promis gemacht, wie Zsa Zsa Gabor, die es bis heute auf neun Hochzeiten brachte, und Elisabeth Taylor, die achtmal »Du bist der Richtige« sagte; Joschka Fischer, Gerhard Schröder und Lothar Matthäus scheinen ebenfalls Spaß am Heiraten zu haben. Aber im Gegensatz zu Heidi und Seal sagen diese VIPs jedes Mal zu einem neuen Menschen »Ja«, was gewisse Zweifel an der Ernsthaftigkeit ihres Gelübdes aufkommen lässt. Und das, obwohl alle – von Gabor bis Matthäus – ihre Eheversprechen auch noch jedes Mal amtlich machen. Irritierend.

Nun will ich Ihnen keinesfalls vorschlagen, ständig zum Standesamt oder in die Kirche zu rennen, um dort ihre Liebe besiegeln zu lassen. Das tun auch Heidi und Seal nicht. Mein Vorschlag lautet: eine private Zeremonie, bei der Sie feierlich Ihr ganz persönliches Bekenntnis zueinander und zu Ihrer Liebe ablegen und damit das Band zwischen Ihnen stärken. Als inhaltliche Grundlage für Ihre Versprechen dient der Text, den Sie bei der Entwicklung Ihrer gemeinsamen Lebensvision zusammen formuliert haben. Damit wird das, was Sie einander geloben, weitaus konkreter und persönlicher als die üblichen Trau- oder Eheversprechen bei standesamtlichen und kirchlichen Hochzeiten.

Solch ein Fest der Liebe kann jeder veranstalten, egal ob seit Jahren offiziell verheiratet oder Trauscheinmuffel. Vielleicht wäre das auch eine gute Lösung für den bindungsphobischen Stefan und die heiratswillige Sabine gewesen ... Eine besondere Bedeutung hat das Bekenntnis für Paare, die kurz nach dem Kennenlernen bereits geheiratet haben und nun – Jahre später und ohne rosarote Brille – noch einmal von Herzen zueinander »Ja« sagen. Auch wenn man gerade zusammen eine schwierige Phase durchgestanden hat, in der die Beziehung wackelte, stärkt so ein feierliches »Wir gehören zusammen«-Ritual die Innigkeit der Verbindung.

Interessant ist solch ein Gelübde insbesondere, wenn Sie das Thema Persönlichkeitsentwicklung darin aufnehmen. Einander feierlich zu versprechen, den anderen dabei zu unterstützen, sein höchstes Potenzial zu verwirklichen, wirkt sich nachhaltig im Alltag aus. Wenn Sie sich beide bewusst und aufrichtig zu einer solchen Grundhaltung bekennen, haben Umerziehungsversuche oder Bestrebungen, den anderen klein zu halten, keinen Platz mehr in Ihrer Partnerschaft. Schon dieses kleine Beispiel zeigt Ihnen, welche Bedeutung die Worte haben, die Sie für Ihr Liebesbekenntnis wählen. Nehmen Sie sich ruhig viel Zeit für die Formulierung und erwägen Sie zudem, ob Sie beide den gleichen Text sprechen wollen oder ob jeder etwas anderes versprechen möchte.

Wie häufig Sie so eine individuelle Hochzeit veranstalten, hängt von der Bedeutung ab, die Sie ihr geben. Soll es ein Ereignis sein, das sich jährlich wiederholt und bei dem Sie Ihre Liebe und die Bereitschaft bekräftigen, den Weg zusammen zu gehen und Ihre Ziele gemeinsam zu verfolgen? Dann wird das Ganze vermutlich einen etwas kleineren, unaufwendigeren Rahmen erhalten. Verbinden Sie es mit einer im Abstand von mehreren Jahren stattfindenden Überprüfung Ihrer Partnerschaft? Dann wäre das so eine Art feierliche Verleihung des TÜV-Prüfsiegels für Ihre Liebe. Egal wie Sie das Ritual gestalten, dieses Vorgehen hat natürlich den Vorteil, dass beide Partner motiviert bleiben, sich auch im Alltag umeinander zu bemühen. Gedanken wie »Den/die hab ich sicher, jetzt kann ich aufhören zu werben und mich einfach gehen lassen« können nicht aufkommen, denn damit setzt man die Liebesplakette aufs Spiel.

Vielleicht soll das Liebesgelübde für Sie doch eher eine einmalige Angelegenheit bleiben, die Sie dafür im ganz großen Stil feiern – mit Familie und Freunden an einem Ort, der für Sie eine ganz besondere Bedeutung hat, und in einer Art und Weise inszeniert, die Ihre gemeinsamen Interessen widerspiegeln. Maria und Sepp aus einem kleinen Dorf bei München veranstalteten ein solches Fest im Anschluss an ihre standesamtliche Trauung. In mittelalterlichem Ambiente trugen nicht nur das Brautpaar und die Zeremonienmeister historische Gewänder, sondern sogar alle Gäste. Auf der Wiese am Dorfteich wurden alle Zeuge, wie Maria und Sepp mit einem ganz individuell formulierten Text zeigten, wie Sie Ihren weiteren Weg zusammen gehen wollten. Wein, Brot, magische Steine, Räucherwerk – der Zeremonienmeister kreierte bei diesem Gelübde eine unvergessliche Atmosphäre. Und genau darum geht es bei dieser Form von freier Hochzeit oder regelmäßig wiederholtem Gelübde, es geht um starke, emotionsgeladene Bilder, die im Unterbewusstsein die tiefe Überzeugung verankern: Dieser Mensch und ich gehören zusammen!

Was wäre für Sie das perfekte Szenario, um zu Ihrem Liebsten und zu gemeinsamen Zielen und geteilten Werten »Ja« zu sagen? Mögen Sie es lieber romantisch, stylisch, mystisch oder religiös? Sollen viele Menschen Zeuge Ihres Liebesbekenntnisses sein oder bevorzugen Sie einen kleinen Kreis? Leitet sich das Motto Ihres Festes vielleicht aus den gemeinsam beschlossenen Lebenszielen ab? Wie auch immer Sie Ihre große Liebe feiern, letztendlich sorgen Sie für eine bleibende Erinnerung. Und zwar nicht nur in Ihrem Kopf, sondern möglicherweise sogar auch in Form eines Videos, das diesen ganz besonderen Tag für Sie festhält. Es gibt in jeder Beziehung Momente, in denen man versucht, alles hinzuschmeißen oder wahlweise den Partner zu Hackfleisch zu verarbeiten. Da ist es hilfreich, kurz das Video abzuspielen und wieder einzutauchen in die Atmosphäre dieses ganz besonderen Moments, in dem Sie sich zu dem Mann Ihres Herzens und Ihrer Liebe bekannt haben.

6. Halbwegs ein Happy End

Oder: Trennung muss kein Drama sein

Gehen oder bleiben – Der Weg zur Klarheit

Er ist es einfach nicht! Vielleicht haben Sie schon beim Lesen des 1. Kapitels den Eindruck gewonnen, bei dem Mann an Ihrer Seite könnte es sich um einen Hardcore-Frosch handeln. Vielleicht haben Sie auch sämtliche Anregungen in diesem Buch ausprobiert und mussten dennoch erleben, dass Ihr Miteinander sich nicht verbesserte: Miese Skalenwerte vorher, miese Skalenwerte hinterher. Möglicherweise haben Sie im letzten Kapitel erkannt, dass Ihr Partner einfach nicht zu Ihnen passt, weil Ihre Werte und Lebensvisionen einfach nicht vereinbar sind. Unter Umständen haben Sie sich durch Ihre innere Arbeit zu einer Frau entwickelt, die sich einen reiferen oder bewussteren Gefährten wünscht als Ihren aktuellen. Sie könnten sich auch einfach anderweitig verliebt haben. Oder Sie sind jetzt der Ansicht, stark und selbstsicher genug zu sein, um eine Verbindung zu beenden, die eigentlich schon längst tot war.

Es gibt tausend Gründe, eine Beziehung zu beenden. Was auch immer Ihr Grund sein mag, an Trennung zu denken – leicht werden Sie es sich bestimmt nicht machen. Und Sie wissen so gut wie ich: Ohne Schmerzen geht es selten ab. Deshalb werde ich Ihnen in diesem Kapitel nicht erzählen, man könne mit BSFF alle Gefühle, die mit einer Trennung einhergehen, locker auflösen. Das wäre gelogen. Stattdessen möchte ich Ihnen Anregungen geben:

* Wie Sie für sich klären können, ob die Trennung der richtige Schritt ist.
* Was zu einem Abschied mit Anstand und Würde gehört.
* Wieso ein Abschied Ihnen wichtige Erkenntnisse beschert.
* Wie Sie unnötige Schuldgefühle oder Selbstvorwürfe über Bord werfen.
* Wie Sie in Ihrem Inneren den Weg frei machen für die nächste glückliche Beziehung.

Sollten Sie sich bereits hundertprozentig sicher sein, dass ein Schlussstrich die richtige Entscheidung ist, brauchen Sie diesen Abschnitt nicht zu lesen. Haben Sie aber doch noch Zweifel, lassen Sie uns gemeinsam für mehr Klarheit sorgen. Es gibt zwei gefährliche Faktoren, die Sie bei der Trennungsentscheidung in die Irre führen können: ihre Emotionen und der Rat Ihrer Freundinnen. Diese Aussage mag Sie jetzt verblüffen, aber hier kommt auch schon die Erklärung: Mit Emotionen meine ich spontane emotionale Wallungen wie Wut, Enttäuschung oder Traurigkeit. Diese Gefühle sind intensiv, taugen aber nicht als Indikator dafür, ob der männliche Auslöser ein geeigneter Partner ist oder nicht. Die Gefahr ist groß, eine Beziehung spontan zu beenden, nur damit dieses schlimme Gefühl verschwindet. In der Regel funktioniert das nicht. Man ersetzt die ungewollten Gefühle nur durch ein anderes, das noch schlimmer ist: Liebeskummer, weil der geschasste Mann den Schlussstrich tatsächlich akzeptiert, statt zerknirscht und reumütig angekrochen zu kommen. Deshalb mein Tipp an Sie: Trennen Sie sich niemals im Affekt. Warten Sie lieber einige Tage, bis die extremen Gefühle abgeklungen sind, und treffen Sie dann erst Ihre Entscheidung. Ganz nebenbei verhindert das auch, dass Ihre Partnerschaft Ihren außer Rand und Band geratenen Hormonen zum Opfer fällt. PMS – Sie wissen schon …

Und nun zu den Freundinnen: Die meisten Frauen, und da nehme ich mich keinesfalls aus, erörtern wirklich jedes Detail ihres Liebeslebens mit ihren Freundinnen. Gemeinsam freut man sich über die schönen Momente mit dem Liebsten, gemeinsam verflucht man ihn, wenn er sich mal wieder aufführt wie der letzte Depp, und gemeinsam rätselt man, welche verborgene Aussage sich hinter einem lapidaren Satz oder einer banalen Handlung verbergen könnte. All das gehört zu Frauenfreundschaften und stärkt die Verbundenheit. Kritisch wird es erst dann, wenn die Freundinnen Ratschläge zu Themen geben, die eine Beziehung entscheiden. Denn diese Ratschläge sind immer hochgradig subjektiv. Ihre Freundinnen hören ja in der Regel nur Ihre Sicht der Dinge, nicht die des Partners. Außerdem haben sie eigene Überzeugungen und Glaubenssätze zum Thema Partnerschaft, die in die Ratschläge mit einfließen. Stellen Sie sich vor, Sie seien verheiratet, hätten kleine Kinder und ein Haus und wollten sich von Ihrem Ehemann trennen. Für Ihre beste Freundin ist aber Familienleben im eigenen Haus das höchste Ziel, das sie sich sehnlichst wünscht. Die Gefahr ist groß, dass diese Freundin Ihnen vehement von einer Trennung abrät, denn das würde die Freundin mit der Möglichkeit des Scheiterns ihres idealen Lebenskonzeptes konfrontieren. Sie kann Ihnen also gar nicht zu der Entscheidung raten, die für Sie die beste ist. Andere Situation: Ihre Freundin ist gerade von einem Mann enttäuscht worden, hat dies noch nicht verarbeitet und legt Ihnen deshalb eine Trennung als Lösung Ihrer Beziehungsprobleme nahe. Vielleicht haben Sie aber auch selbst das Gefühl, eine Trennung sei unumgänglich, und Ihre Freundinnen drängen nun zu einem raschen »Schluss! Aus! Vorbei!«.

Wie auch immer Ihre und die Situation Ihrer Freundinnen sein mögen – lassen Sie sich bitte niemals motivieren, Entscheidungen zu treffen, die sich für Sie nicht hundertprozentig richtig oder zum jetzigen Zeitpunkt noch nicht rund anfühlen. Sie haben durch die Arbeit mit BSFF eine intensive Verbindung mit Ihrem Innersten erlangt, sodass Sie dessen Botschaften trauen dürfen. Orientieren Sie sich an Ihrer ganz individuellen Wahrheit, Ihren persönlichen Prioritäten und Ihrem eigenen Tempo.

Als Unterstützung beim Erspüren Ihrer Wahrheit nachfolgend einige Fragen. Sie brauchen einfach nur wahrzunehmen, wie Ihr Innerstes auf die verschiedenen Antwortmöglichkeiten reagiert: zustimmend, ertappt, entspannt, traurig; schnürt sich Ihnen die Kehle zu oder bildet sich ein Kloß in ihrem Bauch ...? Sie werden die Zeichen zu deuten wissen.

1. Warum sind Sie zum jetzigen Zeitpunkt noch zusammen?

Ist es Gewohnheit? Angst vor dem Alleinsein? Angst vor unangenehmen Veränderungen, die eine Trennung mit sich bringen könnte? Die Chance, in der Auseinandersetzung zu wachsen? Tiefe Sympathie? Gemeinsame Ziele? Das Ehegelübde? Gesellschaftliche Konventionen? Echte Liebe? Seine guten Seiten, die für Sie bisher überwogen? Der Wunsch, Ihre Kinder mit Vater und Mutter aufwachsen zu lassen? Hassliebe? Hoffnung, er könnte sich doch noch positiv verändern? Mitleid? Gedeckelte Liebe? Sexuelle Anziehung? Positive Aspekte, die Sie denken lassen: »Das finde ich nie wieder bei einem anderen Mann«? Finanzielle Interessen? Tiefe Verbundenheit durch eine lange gemeinsame Vergangenheit?

2. Welche Prioritäten haben Sie im Leben?

Sicherheit? Persönliches Wachstum? Freude? Harmonie? Wohlstand? Familie? Spiritualität? Authentizität? Vielleicht fallen Ihnen noch andere Dinge ein, die Ihnen elementar wichtig sind. Welche davon teilen Sie mit Ihrem Partner? Welche bleiben derzeit ungelebt? Wie wichtig ist Ihnen das, was Sie nicht mit Ihrem jetzigen Mann teilen können? Was ist verzichtbar? Welche Werte würden Sie niemals opfern?

3. Sie und Ihr Mann – tun Sie einander gut?

Es gibt Menschen, die voneinander fasziniert sind, aber einfach nicht zueinanderpassen. Sie reiben sich aneinander auf oder einer von beiden muss sich immer wieder verbiegen, um die Beziehung aufrechtzuerhalten. Einer kostet den anderen viel Kraft und blüht auf, während der andere immer matter wird. Tun Sie einander gut? Geben und nehmen Sie beide in einem ausgewogenen Verhältnis und können Sie beide miteinander Sie selbst sein?

4. Wie stellen Sie sich ein Leben ohne Ihren Partner vor?

Wenn Sie in Gedanken durch einen Alltag wandeln, in dem es diesen Mann nicht mehr gibt – wie fühlt sich das an? Frei? Angstvoll? Erleichtert? Sehnsüchtig? Wie reagiert Ihr Körper auf so eine Fantasiereise? Entspannt er sich oder krampft sich etwas in Ihnen zusammen?

Sollten Sie augenblicklich an Trennung denken und sich diese Fragen gestellt haben, dürften Sie intensive Reaktionen bei allen vier Fragen gespürt haben. Was immer Ihnen das sagt – nehmen Sie die Botschaft einfach an.

Ach, was ich dir noch sagen wollte – Danke

Welche Rolle Expartner in unserem weiteren Leben spielen, hängt sicherlich davon ab, auf welche Weise die Beziehung zu Ende gegangen ist. Vielfach ist das aber auch einfach eine Frage der persönlichen Lebensphilosophie. Für manche Menschen ist es normal, mit Ex-Lebensgefährten oder Ex-Ehemännern einen freundschaftlichen Kontakt zu pflegen. Für andere heißt Ex wirklich Ex, man möchte von dem früheren Geliebten nichts mehr hören oder sehen. Aber unabhängig davon, ob man später weiterhin miteinander umgehen oder nichts mehr miteinander zu tun haben möchte, ist ein Abschied mit Anstand und Würde bereichernd. Natürlich immer vorausgesetzt, man ist bei der Trennung noch in der Lage, ruhig miteinander zu reden. Bei gewetzten Messern oder völliger Funkstille kann man aber zumindest Teile der folgenden Anregungen nutzen bzw. sie in Form von Visualisierungsübungen durchführen. Dazu lesen Sie mehr im Abschnitt »Das Urteil – Unschuldig!«. Wenn es irgendwie machbar ist, führen Sie zum Abschied ein Gespräch, bei dem es um folgende Themen geht:

1. Wofür ich mich bei dir entschuldigen möchte.
2. Wofür ich dir danken möchte.
3. Was ich mit dir klären möchte.

Nur damit wir uns hier nicht missverstehen – wer über diese drei Aspekte spricht, tut das keinesfalls für den zukünftigen Ex, sondern ausschließlich für sich selbst. Das stellte auch Birte fest, als sie sich auf das Experiment »Klärungsgespräch« einließ. Sie wollte einen Schlussstrich unter ihre Beinahe-Beziehung mit Tobias setzen. Fast zwei Jahre waren Sie umeinander herumgeschlichen, mal hatte Tobias sich um sie bemüht und ihr den Eindruck vermittelt, ernsthaft an ihr interessiert zu sein, dann war er wieder abgetaucht und hatte sich völlig distanziert verhalten. Genug der Ambivalenz, fand Birte, so ein Rumgeeiere brauchte sie nicht in ihrem Leben. Tobias war ein Feigling und beziehungsunfähig, ganz klar. Fand sie. Und eigentlich hätte ihr ein »Mir reicht es, verschwinde aus meinem Leben!« als Abschied völlig genügt. Dennoch ging sie auf meinen Vorschlag ein, bei einem letzten Treffen die drei oben angeführten Themen mit Tobias zu besprechen. Das erforderte Vorbereitung in Form von intensiver Innenschau. Es folgen Birtes Notizen zur Frage, wofür sie sich bei Tobias entschuldigen wollte:

Ich habe dir vorgespielt, deine Hobbys zu teilen, weil ich dachte, dass du mich dann magst.

Ich habe dir auch dann, wenn ich mich unsicher oder schwach fühlte, die toughe Frau vorgespielt und dich damit um die Chance gebracht herauszufinden, wer ich wirklich bin.

Ich hab versucht, von dir nach viel zu kurzer Zeit eine verbindliche Aussage über unseren Status zu erhalten, und dich damit bedrängt.

Ich habe von dir erwartet, dass du die Rolle spielst, die ich dir zugedacht habe, und habe dich kritisiert, wenn nur einfach nur du selbst warst.

Holla die Waldfee – diese Erkenntnisse trafen Birte wie ein Schlag. Plötzlich begriff sie, wie ungeheuer viel sie für ihr persönliches Wachstum aus der Beschäftigung mit den drei Themen ziehen konnte. Ja, es ging um ihre Entwicklung, es ging um ihre Veränderungen, es ging um ihre Befreiung, es ging um ihre Chancen auf eine neue, glückliche Liebesbeziehung getreu dem Motto: »Ändere nicht deinen Partner, ändere dich selbst«. Und Tobias war der Sparringspartner gewesen, der ihr ihre eigenen Beziehungsängste und Hemmungen, sich auf einen Mann einzulassen, gespiegelt hatte. Sie können sich wahrscheinlich vorstellen, welche Qualität und Intensität das Abschlussgespräch mit Tobias durch diese Erkenntnisse bekam. Dass sich Birte ihm so offenbarte und nicht mit Aggressionen mit Entschuldigungen auf ihn zuging, ließ auch seinen Panzer aufbrechen ...

Mal unabhängig davon, ob Sie sich trennen wollen oder eigentlich mit ihrem Privatprinzen ganz glücklich sind – was wären Ihre Antworten?

1. Wofür ich mich bei IHM entschuldigen möchte:

....

....

....

....

Hatte Birte sich bei der Frage nach ihren eigenen Fehlern noch wirklich anstrengen müssen, gestaltete sich die Suche nach den positiven Aspekten schon viel leichter. »Wofür ich dir danken möchte ...« Da fielen ihr plötzlich Menschen ein, die sie durch Tobias kennengelernt hatte, inspirierte Bücher, die sie ohne ihn nie entdeckt hätte, Momente voller Genuss, Erkenntnisse über sich selbst ... Kurz: Sie war sprachlos, in welchem Ausmaß er ihr Leben bereichert hatte. Nicht zuletzt hatte er ihr durch sein So-Sein geholfen, ihre eigenen Konturen zu erforschen und zu realisieren, was sie wollte und was ihr wichtig war. Mit anderen Worten: die zwei Jahre mit ihm waren keinesfalls verlorene Zeit gewesen. Auch wenn es nun anders endete als gewünscht, hatte er sie doch – wenn auch unfreiwillig – ein ordentliches Stück reifer und bewusster werden lassen.

Wenn Frauen zu solch einer inneren Haltung finden, bewirkt das nicht nur eine reibungslose Abnabelung vom aktuellen Mann ihres Lebens, es bewahrt auch ein positives Männerbild. Der Fokus auf Bereicherung und Dankbarkeit verhindert, dass wir bitter werden und hart. Härte ist okay – an unseren Oberschenkeln, aber nicht in unserem Herz. Und Bitterkeit zeichnet unkleidsame Linien ins Gesicht, die andere Männer spontan denken lassen: »Vorsicht, volle Deckung, emotionale Trümmertaube!« Wahrscheinlich kennen auch Sie solche Frauen, die schon von Weitem ausstrahlen: »Beweis mir, dass du kein Hardcore-Frosch bist. Und sei dir sicher – ich werde allem, was du tust, sehr lange misstrauen.« Die Steigerung dieser Haltung lautet: »Männer interessieren mich nicht mehr. Ich komme wunderbar alleine zurecht.« Klingt nach weiblicher Stärke, ist in den meisten Fällen aber eher ein Zeichen, dass eine Frau mit aller Vehemenz an den Prägungen negativer Erfahrungen mit Männern festhält. Sie wollen das nicht? Dann beantworten Sie die nächste Frage:

2. Wofür ich IHM danken möchte:

....

....

....

....

»Wenn ich nur wüsste, warum ...« ist eine Frage, die einen wirklich lange umtreiben kann. Vermutlich geht es Ihnen auch so, dass es Sie kirre macht, nicht zu wissen, warum Ihr Ex sich so und nicht anders verhalten hat, aber Sie können ihn nicht mehr fragen. Man grübelt, man analysiert, doch es gibt keine endgültige Klarheit. Aber ohne die ist es schwer, etwas abzuschließen. Auch deshalb empfiehlt es sich, eine Aussprache am Endpunkt der Beziehung zu nutzen, um Antworten auf offene Fragen zu erbitten und Missverständnisse zu klären. Das macht es weitaus leichter, diesen Lebensabschnitt ad acta zu legen. Für Birte war beispielsweise ganz wichtig zu erfahren, warum Tobias manchmal so eiskalt zu ihr gewesen war. Hatte er sie quälen wollen? Hatte er Angst vor seinen Gefühlen gehabt? Hatte er sie gar nicht geliebt? Als sie schließlich erfuhr, dass er immer schon dazu neigte, sich extrem zurückzuziehen, wenn ihn ein wichtiges Problem beschäftigte und ihm seine Kälte oft gar nicht bewusst war, konnte sie das Thema endlich abhaken. Und bei Ihnen? Welche offenen Fragen treiben Sie um?

3. Was ich mit IHM klären möchte:

....

....

....

....

Das Urteil - Unschuldig!

Einen Menschen loszulassen, den man einmal sehr geliebt hat oder vielleicht auch immer noch liebt, ist schon hart genug. Doch es gibt keinen vernünftigen Grund, sich die Sache auch noch mit Schuldgefühlen oder Selbstvorwürfen zusätzlich schwer zu machen. Ellen quälte sich sehr wegen der Trennung von Rüdiger. Nach sechs Jahren voller Leidenschaft, Streit und Frustration hatte sie Rüdiger gesagt, dass es vorbei war. Endgültig. Rüdiger war ein Mann, der das Leben leicht nahm, in den Tag hineinlebte und so gar keine Lust hatte, langfristig zu planen und Verantwortung zu übernehmen. Ellen hatte diese unbeschwerte Art, dieses Vertrauen, dass sich schon alles irgendwie fügen würde, am Anfang faszinierend gefunden. Sie selbst war ein Mensch, der plante und Stabilität brauchte. Darüber hinaus wünschte sie sich endlich eine Familie. Eine Weile hatte sie geglaubt, Rüdiger könnte sich ändern, wenn er älter und reifer würde. Oder wenn sie ihn nur genug liebte. Aber Rüdiger hatte sich nicht geändert, obwohl Ellen immer wieder versuchte, ihm die Idee einer soliden, langfristigen Zukunftsplanung und eines Lebens als Familie schmackhaft zu machen.

Nun war es also vorbei. Im Grunde wusste Ellen, dass sie alles Menschenmögliche getan hatte, ihre unterschiedlichen Naturelle und Lebenskonzepte aber einfach nicht vereinbar waren. Dennoch ertappte sie sich dabei, wie sie sich schwere Vorwürfe machte. »Ich habe versagt«, meinte eine Stimme in ihr. »Ich hätte es hinbekommen müssen. Meine Liebe hätte stark genug sein müssen, um seine Ängste vor Stabilität und Familienleben aufzulösen.« Natürlich wusste Ellen eigentlich, dass Rüdiger für ihre Lebensziele einfach nur eine Fehlbesetzung gewesen war. Rindviecher sind als Stepptänzer völlig ungeeignet – Rüdiger war es als Familienvater mit Bausparvertrag. »Aber trotzdem ...« Hatte Ellen nicht noch vor einem halben Jahr mit Freundin Julia über Paare den Kopf geschüttelt, die einfach so alles hinwarfen, statt ihre Probleme zu lösen? »So leicht sollte man es sich nicht machen«, waren sich beide einig gewesen und hatten über den Trend zur Ex-und-Hopp-Beziehung den Kopf geschüttelt. Julia fand Frauen, die einfach aufgaben, oberflächlich und beziehungsunfähig. Und nun hatte sie, Ellen, es selbst getan. War sie möglicherweise auch so? Hätte sie mit Rüdiger einfach nur länger durchhalten oder andere Lösungswege finden müssen? Eigentlich war ihr Ideal doch die große Liebe gewesen – »bis dass der Tod uns scheidet«.

Bei ihrer Selbstzerfleischung übersah Ellen den Umstand, dass dieses Beziehungskonzept aus Zeiten stammt, als Frauen jung im Kindbett starben und Männer durch Krankheiten, Kriege und gefährliche körperliche Arbeit nicht wirklich alt wurden. Da war eine Liebe bis zum Tod eine realistische und eher kurzfristige Angelegenheit. Kein Vergleich zu unserer heutigen Zeit, in der man es einige Jahrzehnte miteinander aushalten muss, um ein biologisches Beziehungsende zu erreichen ...

Im Grunde sind solche Erklärungsversuche aber sinnlos, denn Schuldgefühle und Selbstvorwürfe lassen sich nicht mit vernünftigen Argumenten verscheuchen. Um sie loszuwerden, brauchen wir wieder mal BSFF in Kombination mit Vergebungsarbeit. Man könnte beispielsweise versuchen, die belastenden Gefühle pauschal aufzulösen mit: »Liebes Unterbewusstsein, bitte behandle jede Kritik und jedes Unverzeihen mir selbst gegenüber, »bitte behandle alle Schuldgefühle und Selbstvorwürfe.« Wenn das nicht funktioniert, geht man ins Detail und nimmt sich in gewohnter Manier alle Gedanken, Gefühle, körperlichen Signale und Erinnerungen vor, die mit dem Thema in Zusammenhang stehen. Je sorgfältiger, desto besser. Es ist eine gute Idee, sich die Zeit zu gönnen, mit BSFF so lange fortzufahren, bis man sich wirklich befreit und wohlfühlt. Zur Inspiration wieder einige Vorschläge für Behandlungssätze. Wie immer gilt, »Jetzt« und Ihr Schlüsselwort am Ende des Satzes anzufügen:

Liebes Unterbewusstsein, bitte behandle dieses Gefühl, versagt zu haben.

Liebes Unterbewusstsein, bitte behandle diesen Gedanken, dass meine Liebe nicht stark genug war, ihn zu verändern.

Liebes Unterbewusstsein, bitte behandle den Gedanken, aufgegeben zu haben.

Liebes Unterbewusstsein, bitte behandle diesen Knoten im Bauch, wenn ich denke, ich hab es mir zu leicht gemacht.

Ich erlaube mir jetzt zu spüren, dass es okay ist, diesen Gedanken/ dieses Gefühl loszulassen.

Ich bin jetzt bereit, alle Schuldgefühle loszulassen und frei davon zu sein.

Liebes Unterbewusstsein, bitte ersetze das Gefühl, versagt zu haben, durch die Gewissheit, mein Bestes gegeben zu haben.

Ich entscheide, sicher zu sein, dass ich das Richtige getan habe/dass meine Entscheidung dem höchsten Wohl aller Beteiligten dient.

So gut wie unverzichtbar ist die Vergebungsarbeit in Bezug auf die emotionalen Schmerzen des verlassenen Partners. Ihm wehgetan zu haben und ihn leiden zu sehen, vielleicht sogar miterleben zu müssen, wie sein Leben durch die Trennung aus den Fugen gerät, belastet viele Frauen schwer. In einem solchen Fall hilft es zum einen, sich selbst zu vergeben (mit BSFF verstärkt), und zum anderen Visualisierungen durchzuführen, beispielsweise eine Szene, in der man den verletzten Partner um Verzeihung bittet, worauf er einem von Herzen vergibt. Die Vergebungsarbeit mit BSFF könnte Sätze beinhalten wie:

Liebes Unterbewusstsein, bitte behandle meine Schuldgefühle, weil ... (Name des Ex-Partnes) unter unserer Trennung so leidet.

Liebes Unterbewusstsein, bitte behandle den Druck, weil ich mich für ... (Name des Ex-Partners) Leid verantwortlich fühle.

Liebes Unterbewusstsein, bitte behandle den Kloß im Bauch, weil es ... (Name des Ex-Partners) jetzt so schlecht geht, nachdem ich die Beziehung beendet habe.

Ich bin jetzt bereit mir zu verzeihen, dass ich ... (Name des Ex-Partners) mit meiner Entscheidung wehgetan habe.

Ich erlaube mir zu verzeihen, dass ich ... (Name des Ex-Partners) durch die Trennung Schmerz zufügen musste.

Auch wenn ich ... (Name des Ex-Partners) mit meiner Entscheidung wehgetan habe und er leidet, entscheide ich mich dazu, mir von Herzen zu verzeihen und zu wissen, dass die Entscheidung gut war.

Ich erlaube mir, jetzt alle Schuldgefühle und Selbstvorwürfe in Bezug auf den Liebeskummer von ... (Name des Ex-Partners) loszulassen und mir meinen Anteil daran zu verzeihen.

Und im Anschluss könnten Sie sich vorstellen, wie der Ex-Partner Ihnen gegenübersteht und Sie sich bei ihm dafür entschuldigen, ihn mit der Trennungsentscheidung verletzt zu haben. Wenn Sie das Bedürfnis danach verspüren und Sie im realen Gespräch nicht die Gelegenheit dazu bekommen haben, können Sie ihm auf diese Weise – sozusagen auf der Seelenebene – mitteilen, wie leid Ihnen die unschönen Dinge tun, die Sie im Laufe Ihrer Beziehung getan oder gesagt haben. Jeder Mensch macht im Umgang mit dem Partner mal Fehler, die er hinterher bereut. Diese Visualisierung ist die Chance auf einen großen emotionalen Hausputz, bei dem dieses ganze alte Zeug losgelassen wird. Sehen Sie vor Ihrem inneren Auge, wie der Mann Ihre Entschuldigung annimmt, Ihnen bereitwillig verzeiht und nun seinerseits um Vergebung bittet für alles, was er mit Ihnen falsch gemacht hat. Er bereut jede Kränkung und jede Lieblosigkeit. Sind Sie bereit, seine Entschuldigung anzunehmen? Sehen Sie seine Zerknirschung? Dann können auch Sie ihm verzeihen. Wie wäre es, wenn Sie einander am Ende der Visualisierung herzlich umarmen, sich alles Gute wünschen und sich dann loslassen, um getrennte Wege zu gehen?

Diese Visualisierung ist selbst dann ausgesprochen wohltuend und befreiend, wenn Sie lange nach dem Ende der Beziehung durchgeführt wird. Falls es also den einen oder anderen ehemaligen Partner gibt, der in Ihnen bis zum heutigen Tage Gefühle von Schuld oder Wut auslöst – weg mit diesem Psychomüll. Es sei denn – und das können nur Sie beurteilen –, Sie brauchen die Wut oder andere negative Gefühle noch, beispielsweise als Antreiber für die erfolgreiche Gestaltung Ihres Lebens ohne diesen Mann. Oder als Schutz, damit Sie seinen Avancen nicht wieder erliegen. Wenn Wut Ihnen nützt oder guttut – pflegen Sie sie und nutzen Sie sie. Alles andere wäre dusselig.

Wo wir schon beim Thema Visualisierungen sind – auch die Übung »Schnipp, schnapp – energetische Verbindung trennen« aus Kapitel 2 ist eine wunderbare Unterstützung bei Loslösungsprozessen. Sie erinnern sich? Stellen Sie sich alle negativen Emotionen zwischen Ihnen und Ihrem Partner als Energieschnüre vor, die beide Körper miteinander verbinden, und trennen Sie diese Schnüre (manchmal sind es auch dicke Taue), können Sie die Erleichterung meist unmittelbar spüren.

Welche Gedanken oder Gefühle gibt es noch, die man behandeln oder auflösen kann, um den Schritt in einen neuen Lebensabschnitt leichter zu machen? Kehren wir kurz zu Ellen und ihrer Entscheidung zurück, ihr weiteres Leben ohne Rüdiger zu gestalten. Diese Entscheidung war schmerzvoll aus vielerlei Gründen. Natürlich war da Herzschmerz, weil sich ein geliebter Mensch nicht mehr an ihrer Seite befand. So ein Verlust tut weh – alles andere wäre merkwürdig. Der Verlust will betrauert werden, und bis die emotionale Wunde verheilt ist, dauert es seine Zeit. Ellen war aber auch noch aus ganz anderen Gründen unglücklich: Sie weinte um Hoffnungen und Träume, die sie in Bezug auf ihr Leben mit Rüdiger hatte und die sie nun begraben musste. Sie weinte wegen der Enttäuschung, weil er sich für sie nicht ändern konnte oder wollte. Sie weinte, denn wieder mal war ein Mann nicht »der Richtige« gewesen. Und sie hatte Angst, es könnte »den Richtigen« möglicherweise gar nicht geben. Sie weinte aus Wut über die vielen Jahre, die sie hoffend investiert hatte, obwohl schon in der Kennenlernphase absehbar war, welchen Stellenwert Rüdiger Freiheit und Spontaneität einräumte. Sie weinte aus Frust, mit einem nächsten Mann wieder ganz von vorne anfangen zu müssen. Und sie weinte aus Sorge, ihre biologische Uhr könnte ihren Traum vom Familienleben durchkreuzen.

Viele Frauen kennen solche Facetten des Schmerzes. Allerdings ist nicht jede Frau dabei so ehrlich zu sich selbst wie Ellen. Doch genau das ist entscheidend: Nur wenn ich mir eingestehe, was die wahren Ursachen meiner Tränen sind – und dazu gehört meist jede Menge Selbstmitleid und Enttäuschung über unerfüllte Lebenserwartungen –, kann ich mir diese Gefühle auch zugestehen, kann sie annehmen, ausleben und später loslassen. Rede ich mir aber ein, dass ich einfach um eine zerbrochene Liebe oder den Mann traure, ist das zwar ungeheuer edel, aber eben nur ein kleiner Teil der Wahrheit. Der ganze Rest gärt unbeachtet und unbehandelt im Inneren. Insbesondere dann, wenn ich mich mit Aktivitäten und Pseudospaß von meinem Leid abzulenken versuche.

Sie sehen – wieder mal sind wir bei der Kernfrage, die uns seit Beginn dieses Buches leitet: WAS IST WIRKLICH? Mentales Zwiebelschälen ist auch bei Liebeskummer wichtig. Kein Selbstbetrug, kein Leugnen oder Verdrängen, sondern das Eingeständnis der Wahrheit: »Ich weine zu einem nicht unwesentlichen Teil um mich selbst.« Das ist die normalste Sache der Welt, völlig in Ordnung und auch gesund. All die Gründe für Ellens Tränen sind bei einer Trennung, auch wenn sie sie selbst initiiert hat, angemessen und möchten erst mal liebevoll angenommen werden. Später, wenn Sie spüren, genug getrauert zu haben, können Sie diese Gefühle behutsam mit BSFF behandeln, Angst, Frust und Wut Schritt für Schritt loslassen und sich mit positiven, stärkenden Affirmationen auf Ihr neues Leben vorbereiten. Das ist wie ein Häutungsprozess, zu dem es unabdingbar gehört, vollständig aus der alten, trockenen Haut herauszuschlüpfen. So eine Transformation ist auch ein guter Anlass für ein Ritual: Eine schöne, würdevolle Handlung, die Ihrem Bewusstsein genauso wie Ihrem Unterbewusstsein bildhaft und hochemotional signalisiert: »Ich verabschiede mein altes Leben und alle damit zusammenhängenden negativen Gefühle und heiße einen freudvollen Neubeginn willkommen.« Wie so ein Ritual aussehen kann, hängt einzig von Ihrer Kreativität und Ihren Vorlieben ab. Ich kenne Frauen, die für diesen Zweck ganz allein in den Wald gehen und Symbolgegenstände vergraben oder sie einem fließenden Gewässer übergeben. Andere gestalten das Ritual als ein gemeinsames Event mit ihren Freundinnen, bei dem der Prosecco in Strömen fließt. Und wieder andere schreiben einfach alles Negative auf, verbrennen es zu Hause und kaufen sich ein schönes Schmuckstück, das sie ab sofort immer daran erinnert, den neuen Lebensabschnitt optimistisch und positiv anzugehen.

Augen und Herz auf – Männer sind wunderbar

Ja, ja, ich weiß: Diese Kapitelüberschrift in diesem Kontext wirkt ein klitzekleines bisschen deplaziert. Und falls Sie gerade in einer Trennungssituation der Sorte »Wie konnte der Sch...kerl mir das antun?« stecken sollten, sind Sie vermutlich nicht gerade motiviert weiterzulesen. In diesem Fall seien Sie bitte versichert: Mir ist mehr als bewusst, dass man an Männer geraten kann, die einen vorsätzlich belügen, ausnutzen, schädigen, verletzen und auf den Gefühlen einer Frau herumtrampeln wie auf einer alten Fußmatte. Ich nenne sie, das kennen Sie schon, Hardcore-Frösche und finde, sie gegen die Wand zu donnern ist viel zu nett. Bei mir wandern sie in den Mixer. Aber sie sind nicht repräsentativ für die Gesamtheit der Männer, sondern lediglich für die Gesamtheit der bösen Menschen. Die beiderlei Geschlechts sein können – schließlich verdienen auch nicht alle Frauen einen Heiligenschein. Und neben den Hardcore-Fröschen gibt es viele Männer, die einfach Psychomüll unterschiedlichster Art und Menge mit sich herumschleppen, die mal feige sind, phasenweise nicht wissen, was sie wollen, oder blöderweise etwas anderes wollen als Sie. Auch die können einer Frau sehr wehtun, aber sie haben keinen grundsätzlich miesen Charakter. Und wenn man nicht gerade persönlich von ihrem Psychomüll betroffen ist, kann man durchaus Verständnis für sie entwickeln und gut mit ihnen auskommen. Und es gibt – man glaubt es kaum – eine ganze Menge Männer mit überraschend wenig Psychomüll, mit denen eine ausgesprochen glückliche Beziehung möglich ist. Um für genau diese Männer wieder offen zu sein, sobald Sie die Trennung verarbeitet haben, ist ein positives Männerbild erforderlich. Wie gesagt: Männer sind wunderbar sind wunderbar sind wunderbar.

Um genau das irgendwann wieder voller Überzeugung denken zu können, sollten Sie alle prägenden Erfahrungen, die Sie im Laufe einer oder mehrerer früherer Beziehungen gemacht haben, mit BSFF behandeln und heilen. Es ist nicht erforderlich, das unmittelbar im Anschluss an die Trennung zu machen, aber früher oder später gehört dieser innere

Hausputz auf die Agenda. Sonst tragen Sie die emotionalen Verletzungen mit all der daraus entstehenden Vorsicht in die nächste Liebe mit hinein und reagieren stachelig, wo es gar nicht sein muss.

Nicht dass wir uns missverstehen: Das soll Sie nicht ermutigen, Männern gegenüber naiv und blauäugig zu sein. Clevere Frauen halten immer Augen und Ohren nach Indikatoren offen, die ihnen verraten, mit wem sie es eigentlich zu tun haben. Aber sie halten zugleich ihr Herz offen und erlauben den richtigen Männern, es zu berühren. In diesem Sinne: Genießen Sie die Liebe und erlauben Sie sich, sicher zu sein: Was immer die Liebe bringt, Sie können damit umgehen.

Zweisamkeit der Güteklasse A

Oder: Das gute Gefühl

Nun sind wir also am Ende dieses Buches angelangt. Doch ein Buch über die Liebe sollte nicht mit Gedanken über Trennung aufhören. Lieber wenden wir uns noch einmal dem zu, was Sie und ich eigentlich wollen: Zweisamkeit der Güteklasse A. Bei Hühnereiern sind die Güteklassen und die Kriterien der Einteilung durch die EG-Verordnung festgelegt. In der Liebe gibt es leider keine messbare Größe wie etwa die Luftkammerhöhe beim Ei. Deshalb habe ich Ihnen am Anfang des Buches die Nutzung der Zehnerskala zur Orientierung vorgeschlagen. Nachdem Sie dieses Buch nicht nur durchgelesen, sondern idealerweise – hoffentlich!? – auch schon so manche Anregung umgesetzt haben, ist es Zeit für einen erneuten Status-Check.

Was hat sich verändert, seit Sie begonnen haben, Ihre eigenen Gefühle, Gedanken und Reaktionsmuster bewusst zu betrachten? Was hat Ihre zunehmende Gelassenheit und innere Ruhe im Umgang mit Ihrem Liebsten bewirkt? Wie hat sich die Atmosphäre geändert, seit Sie eine neue liebevolle, wertschätzende Haltung kultivieren? Wie geht es Ihnen, seit Sie selbst mehr Verantwortung für Ihre Zufriedenheit übernehmen? Bitte kreuzen Sie jetzt noch einmal zu den nachfolgenden Punkten an, wie Sie Ihre Beziehung zum heutigen Zeitpunkt einschätzen. Wenn Sie damit fertig sind, blättern Sie zurück zum Anfang des Buches und vergleichen Sie die Werte von damals und heute.

1. Meine Zufriedenheit in der Partnerschaft:

10				5					0
superglücklich				okay					kreuzunglücklich

2. Meine Liebe für den Partner:

10				5					0
wow				okay					tot

3. Ich fühle mich von meinem Partner geliebt und respektiert:

10	5	0
tief und innig	okay	Kälte

4. Unsere Kommunikation:

10	5	0
intensiver, tiefer Austausch	okay	Schweigen

5. Unsere Konflikte:

10	5	0
lösen wir easy	okay	Drama/einseitige Dominanz

6. Unser Umgang miteinander:

10	5	0
liebevoll/fürsorglich	okay	lieblos

7. Sex und Zärtlichkeit:

10	5	0
hot	okay	gibt's nicht/frustrierend

8. Toleranz/Akzeptanz:

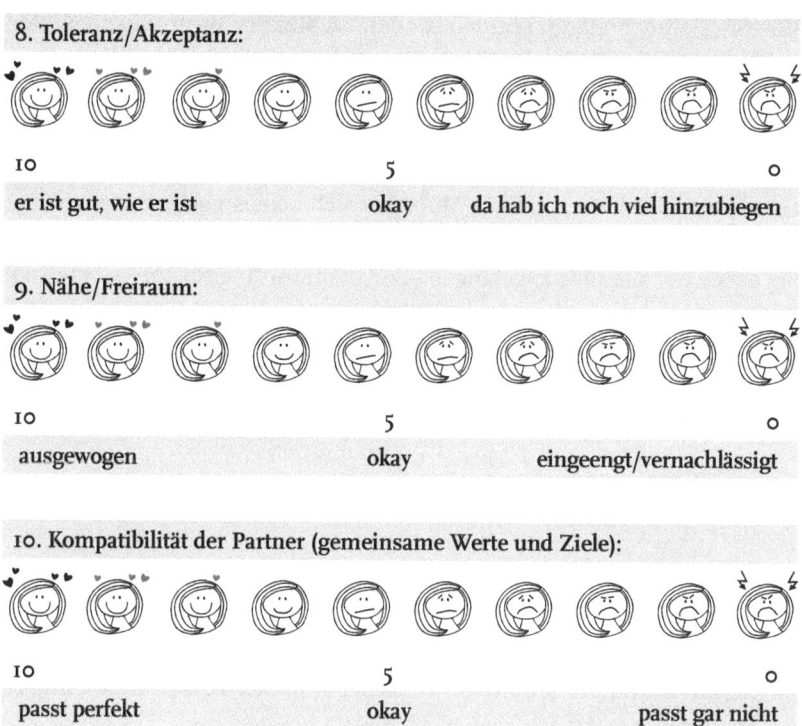

10   5   o

er ist gut, wie er ist   okay   da hab ich noch viel hinzubiegen

9. Nähe/Freiraum:

10   5   o

ausgewogen   okay   eingeengt/vernachlässigt

10. Kompatibilität der Partner (gemeinsame Werte und Ziele):

10   5   o

passt perfekt   okay   passt gar nicht

So, fertig mit dem Abgleich? Und wie sieht's aus?

Stagnation? Nichts passiert?

Hey, haben Sie dieses Buch wirklich durchgearbeitet oder nur gelesen? Lesen allein bringt zwar einige Erkenntnisse, aber nicht die spektakulären Verbesserungen, die Sie sich doch erträumen, oder? Wenn Sie sich auf die Lektüre beschränkt haben, obwohl Sie meine Ideen und Überlegungen ganz vernünftig finden, wirken bei Ihnen möglicherweise unbewusste Liebes-Sabotagemechanismen. Das heißt, etwas in Ihnen ist mit dem Gedanken einer erfüllenden, harmonischen, dauerhaften Beziehung noch nicht wirklich einverstanden. Wenn Ihr Kopf »Ja« zur großen Liebe sagt – eine andere Stimme in Ihnen aber »Nein« zuflüstert – welche Stimme ist das? Und warum sagt sie »Nein«?

Wie Sie sie überzeugen können, finden Sie heraus, wenn Sie die ersten beiden Kapitel in Ruhe durcharbeiten.

Erste Verbesserungen in einigen Bereichen?

Herzlichen Glückwunsch! Ihre Mühe hat sich bereits gelohnt, Sie sind auf dem richtigen Weg. Egal ob die Fortschritte klein oder etwas größer sind – Sie haben auf alle Fälle angefangen, die Verantwortung für Ihren Anteil am Beziehungsklima zu übernehmen. Machen Sie weiter so und genießen Sie die Schritte, die Sie Ihrer optimalen Liebesbeziehung immer näher bringen. Folgen Sie dabei einfach Ihren positiven Gefühlen. Tun und sagen Sie Dinge, bei denen Sie sich gut fühlen, denn genau das tut auch Ihrer Liebe gut:

* Nett und freundlich zu sein fühlt sich besser an, als böse und egoistisch zu sein.

* Über die Macken, Eigenheiten und verbalen Tapsigkeiten des Partners mit einem Lächeln hinwegzugehen fühlt sich besser an, als sie zu verurteilen und sich darüber aufzuregen.

* Gelassen und vertrauensvoll zu sein fühlt sich besser an als innere Anspannung und Misstrauen.

* Zu loben, zu danken und wertzuschätzen fühlt sich besser an, als zu kritisieren.

* Es fühlt sich besser an, im Konfliktfall die Bedürfnisse zu durchleuchten, die Ihrer und der Position Ihres Geliebten zugrunde liegen, und dann gemeinsam kreative Lösungen zu entwickeln, als zu kämpfen und auf seinem Recht zu beharren.

* Hingabe fühlt sich besser an als Kontrollstreben.

* Neugier fühlt sich besser an als Gleichgültigkeit.

* Im Hier und Jetzt zusammen spontan zu lachen, zu genießen und zu spielen fühlt sich besser an, als vernünftig zu sein und die Zukunft zu planen. (Natürlich ist Planung wichtig, aber Spontaneität macht das Leben bunt.)

* Liebe zu geben, dem anderen einfach so etwas Gutes zu tun und ihm eine Freude zu bereiten fühlt sich besser an, als darauf zu achten, was

man selbst bekommt und ob die eigenen Erwartungen erfüllt werden.

❋ Zu zweit neue, ungewöhnliche Erfahrungen zu machen fühlt sich besser an als Alltagsroutine.

❋ Einander zu helfen fühlt sich besser an als zuzuschauen, wie jeder alleine vor sich hinstrampelt.

❋ »Warum?« zu fragen fühlt sich besser an, als »Finde ich Sch...!« zu sagen.

❋ Gut für sich selbst zu sorgen und liebevoll mit sich umzugehen fühlt sich besser, an als darauf zu warten, dass der andere das tut.

❋ Ruhig und klar Grenzen zu setzen und bei Bedarf »Nein« zu sagen fühlt sich besser an, als zähneknirschend Dinge zu tun oder zuzulassen, die man eigentlich gar nicht will.

Sie sehen – im Grunde brauchen Sie gar kein Buch, das Ihnen sagt, was Sie wann tun oder lassen sollen, damit es in der Liebe flutscht. Sie verfügen bereits über einen »eingebauten« Beziehungsratgeber, der Sie sicher leitet: ihr Gefühl. BSFF dient vorrangig dazu, alle Prägung und Konditionierung wegzuputzen, die es Ihnen erschweren, auf Ihre innere Stimme – Ihre Gefühle – zu hören, ihr zu vertrauen und zu folgen.

Was ist noch notwendig, damit sich Ihre Skalenwerte in Zukunft in Richtung 10 entwickeln? Geduld! Ja, das böse, böse G-Wort. Geduld, die Sie mit sich selbst während dieses inneren Prozessen haben, vor allem aber Geduld mit Ihrem Partner. Bitte bleiben Sie auch dann auf Ihrem neuen Weg, wenn Ihr Partner nicht sofort positiv darauf reagiert. Vielleicht traut er dem Frieden nicht, vielleicht braucht er einfach Zeit, um aus seinen alten Reaktionsmustern auszusteigen. Aber Sie wissen ja: Steter Tropfen höhlt den Stein! Machen Sie trotzdem unbeirrt weiter, wenn er es Ihnen wert ist. Ihre Beharrlichkeit wird sich auszahlen.

Große Verbesserungen in vielen Bereichen?

Ich bin schwer beeindruckt von Ihnen. Ihre Liebe war Ihnen so wichtig, dass Sie Vollgas gegeben haben. Keine Spur von »Na ja, ich kann's ja mal probieren ...«, sondern ein kraftvolles »Ich mach das jetzt und weiß, dass es sich lohnt!«. Mit dieser Einstellung werden Sie auch in vielen anderen Lebensbereichen ausgesprochen erfolgreich sein. Sie nehmen Ihr Glück in die eigenen Hand und erreichen damit scheinbar Unmögliches. Wenn der Mann an Ihrer Seite über eine ähnliche Power und Klarheit verfügt, sind Sie ein beeindruckendes Paar.

Das Einzige, was ich Ihnen noch mitgeben kann, ist die Ermutigung, dem neuen Weg auch dann treu zu bleiben, wenn es trotzdem eines Tages mal holprig wird. Wir entscheiden selbst, wie wir mit den Herausforderungen des Lebens umgehen. Das wusste auch schon meine Großmutter. Befragt, wie es ihr denn gelungen sei, trotz Flucht im Krieg, Verlust aller Besitztümer und der Unterschiedlichkeit ihrer Naturelle so viele Jahrzehnte mit meinem Großvater glücklich und harmonisch zusammenzuleben, sagte meine Großmutter den folgenden Satz: »Warum hätte ich mich mit deinem Großvater streiten sollen? Ich habe ihn geheiratet und wollte mit ihm eine schöne Zeit haben.« Das ist den beiden gelungen: Fast 50 Jahre sind sie liebevoll und fürsorglich miteinander umgegangen, haben sich gegenseitig unterstützt, die Romantik gepflegt und ihrer Umwelt eine solide, erfüllende Liebe vorgelebt.

Solch eine große, kraftvolle Liebe wünsche ich Ihnen auch.

All the best!

Ihre

Gabriela Friedrich

Lesefutter

❋ Bauer, Joachim: *Prinzip Menschlichkeit – Warum wir von Natur aus kooperieren*, München 2008

❋ Delis, Dean C., Phillips Cassandra: *Ich lieb' Dich nicht, wenn Du mich liebst – Nähe und Distanz in Liebesbeziehungen*, Berlin 2003

❋ Fischer, Helen: *Warum wir lieben – Die Chemie der Leidenschaft*, München 2007

❋ Gottman, John M., *Die 7 Geheimnisse der glücklichen Ehe*, Berlin 2002

❋ Kast, Bas: *Die Liebe und wie sich Leidenschaft erklärt*, Frankfurt 2007

❋ Keller, Erich: *Endlich frei in der Partnerschaft – Beziehungsblockaden auflösen mit Emotional Freedom Techniques – EFT*, Berlin 2005

❋ Klein, Peter W.: *BSFF bringt Ihr Leben ins Gleichgewicht – Wie Sie einfach die Kraft Ihres Unterbewusstseins aktivieren*, Ahlerstedt 2009

❋ Klein, Stefan: *Die Glücksformel – oder Wie die guten Gefühle entstehen*, Hamburg 2003

❋ Marx, Susanne: *BSFF kompakt – Probleme sofort lösen mit der Kraft des Unbewussten*, Kirchzarten 2008

❋ Meyer, Hermann: *Jeder bekommt den Partner, den er verdient – ob er will oder nicht*, München 2009

❋ Stollnberger, Verena: *BSFF – Das Anti-Viren-Programm für die Psyche – So löst das Unbewusste Ihre Probleme*, Kirchzarten 2008

Danksagung

Was hier steht, lesen Sie wahrscheinlich sowieso nicht. Wenn doch, finden Sie an dieser Stelle erst einmal die zu erwartende Danksagung an meine Familie, den Mann, den ich liebe, meine Klientinnen und all die Männer, die mir in den letzten 25 Jahren erzählt haben, wie sie ticken und was sie sich von Frauen wünschen.

Außerdem möchte ich meiner Lektorin Frau Dr. Sybille Wallner Danke sagen. Durch ihre Unterstützung wurde das Schreiben dieses Buches ein echtes Vergnügen. Und mein besonderer Dank gilt meinen Freundinnen, die ich dazu verdonnert hatte, die Kapitel vorab zu lesen und mir schonungslos ihre Meinung zu sagen. Alle Freundschaften haben diesen Härtetest überstanden – danke!

Über die Autorin

Gabriela Friedrich wurde 1966 in Hamburg geboren. Parallel zu ihrer Arbeit in einer PR-Agentur studierte sie Kommunikationswirtschaft und absolvierte im Anschluss daran eine Coaching-Ausbildung mit den Schwerpunkten »NLP – Neurolinguistisches Programmieren« und »Klinische Hypnose nach Milton Erickson«. Später erweiterte sie ihr Know-how um Verfahren wie Klopfakupressur, BSFF (Be Set Free Fast), die Choices Technique nach Pat Carrington, Kinesiologie und CQM (Chinesische Quantum Methode). Im Jahr 2008 erhielt sie die Zertifizierung als LMI-Coach für Persönliche Führung/Zielerreichung.

Seit 1997 entwickelt sie als selbstständige Kommunikationsberaterin PR- und Marketingkonzepte und schreibt Artikel und Sachbücher über Gefühle und wie sie sich mit einer von ihr optimierten Version der Mentaltechnik beeinflussen lassen. Männer findet sie einfach wunderbar und ist froh und dankbar für die Männer, die bisher ihr Leben geteilt haben. Insbesondere für den, dem derzeit ihr Herz gehört.

Kontakt:

Gabriela Friedrich

Tel. +49 (0)40 – 82 27 95 98

Mobil: +49 (0)177 – 328 67 23

Mail: gf@gabriela-friedrich.de

Websites:

Für Beziehungsthemen: www.wellness-fuer-die-liebe.de

Für Individualkunden mit beruflichen und privaten Themen:
www.gabriela-friedrich.de

Für Unternehmen: www.friedrich-friends.de

FSC
www.fsc.org
MIX
Papier | Fördert
gute Waldnutzung
FSC® C083411

Zeitfracht Medien GmbH
Ferdinand-Jühlke-Straße 7
99095 Erfurt, Deutschland
produktsicherheit@kolibri360.de

Druck:
CPI Druckdienstleistungen GmbH
im Auftrag der
Zeitfracht Medien GmbH
Ein Unternehmen der Zeitfracht - Gruppe
Ferdinand-Jühlke-Str. 7
99095 Erfurt